비판적 사고와 논증적 글쓰기

비판적 사고와 논증적 글쓰기

초판 인쇄 2019년 3월 1일
초판 발행 2019년 3월 5일

지은이 김보현 · 김용성 · 김효섭 · 박수범 ·
이상엽 · 이아름 · 이재춘
펴낸이 이찬규
펴낸곳 북코리아
등록번호 제03-01240호
주소 13209 경기도 성남시 중원구 사기막골로 45번길 14
우림2차 A동 1007호
전화 02-704-7840
팩스 02-704-7848
이메일 sunhaksa@korea.com
홈페이지 www.북코리아.kr
ISBN 978-89-6324-650-5 03170

값 17,000원

비판적 사고와 논증적 글쓰기

김보현 · 김용성 · 김효섭 · 박수범 ·
이상엽 · 이아름 · 이재춘 지음

북코리아

머리말

이 책은 비판적으로 사고하고 논증적으로 글을 쓰는 데 도움이 될 만한 기초적인 것들을 다루고 있다. 감상문이나 문학적 글쓰기처럼 공감과 감동을 목적으로 하는 글쓰기는 우리의 삶에서 언제나 커다란 의미를 지니고 있다. 자신의 정서를 적절하게 표출하고 표현하는 능력은 자신의 주장을 논리적으로 표현해 상대를 설득하는 능력만큼이나 매우 중요한 가치가 있다. 하지만 비판적 사고와 논증적 글쓰기 능력은 오늘날 필수적인 능력으로 요구되고 있다. 현대사회는 다양한 의견이 서로 부딪치고 이해관계가 대립하는 특성을 지니고 있다. 그렇기 때문에 여러 삶의 문제를 합리적인 의사소통을 통해 해결하는 능력이 그 어느 때보다도 더 필요한 것처럼 보인다. 또한 현대사회는 정보가 끊임없이 생산되어서 흘러넘치는 정보의 홍수 현상을 겪고 있다. 따라서 정보나 지식을 비판적으로 재구성하는 과정에서 새로운 가치를 창출할 줄 아는 능력도 역시 요구되고 있다. 이러한 이유들로 인해 비판적 사고와 논증적 글쓰기는 현대의 삶을 살아가는 데 꼭 필요한 실천적 지혜와 기예로 간주되고 있는 것이다.

이 책은 비판적 사고와 논증적 글쓰기의 힘을 강조하고자 한다. 비판적 사고는 우리의 생각을 분석하고 추론하고 평가하고 개선하는 방법을 익히는 데 도움을 줄 것이고, 논증적 글쓰기는 이것을 토대로 훌륭한 논증을 구성하여 설득을 목적으로 하는 글을 쓰는 데 기여할 것이다. 이 책은 분석적 사고력, 추론적 사고력, 종합적 사고력, 대안적 사고력 등을 기반으로 하여 비판적 사고력과 논증 구성력을 키우는 동시에, 주장만 있는 글이 아니라 합리적인 논거를 갖춘 글을 쓸 수 있는 글쓰기 능력을 키우는 데 역점을 두고 있다. 이를 위해 이 책은 인문학, 사회과학, 자연과학 등 개별 분야의 특성을 감안한 다양한 지문과 연습문제를 제시하였고, 이를 토대로 하여 각 분야에 특화된 논증적 글쓰기 능력이 함양될 수 있도록 시도했다.

이 책은 공동으로 집필되었다. 1장은 김보현이 쓴 글을 이재춘이 보완했고, 2장, 3장은 이재춘, 4장은 김용성, 5장은 박수범, 6장은 김효섭, 7장은 이아름이 집필했으며, 전체적인 조율과 편집은 이상엽이 했다. 책을 만들어가는 동안 집필자들은 몇 번의 스터디 모임을 갖고 부족한 부분에 대해 상호 토론과 조언의 시간을 가졌다. 그럼에도 불구하고 아직도 많은 아쉬움이 남는다. 앞으로 좀 더 긴밀한 공동 작업을 통해 부족함을 채워 나갈 것이고, 훌륭한 책이 될 수 있도록 계속 노력해 나갈 것이다. 이 책이 독자들의 비판적 사고와 논증적 글쓰기 능력을 키우는 데 조금이나마 도움이 되었으면 하는 바람이다.

2019년 2월 28일

집필자 일동

CONTENTS

CONTENTS

CONTENTS

1

비판적 사고란 무엇인가

누군가가 현재 시행되는 대학입시제도에 불만을 가지고 있는 경우, 그가 '대학입시제도를 개혁해야 한다'고 크게 소리친다고 해서 사람들을 설득할 수 있을까? 세 번, 네 번 주장을 반복해서 말한다고 하더라도, 그의 말이 진실이 되는 것도 아니며 사람들이 그 주장을 쉽사리 받아들이지도 않을 것이다. 자신이 주장하는 바에 동의를 얻고자 한다면, 입시제도와 관련된 사람들을 설득할 수 있을 만한 충분한 이유와 개혁을 위한 합리적인 대안을 제시해야 할 것이다.

이처럼 우리의 일상은 매순간 무엇을 믿어야 하는지, 무엇을 해야 하는지, 다른 사람의 주장을 받아들일 것인지, 무엇이 올바른 결정인지 생각하고 판단하는 일로 가득 차 있다. 특히 현대 사회는 인터넷, TV, 책 등 다양한 매체를 통해 엄청난 정보들이 쏟아지기 때문에 무엇이 올바른 정보인지, 무엇을 받아들여야 할지 신중한 선택이 필요하다. 또한 다양한 가치와 관점이 공존하는 다원화된 현대 사회에서는 구성원들 사이의 상반된 주장이 대립하는 경우가 빈번하기 때문에 어떤 의견이 합리적인지 판단할 수 있는 방법이나 능력이 필요하다. 이러한 현실에서 우리가 올바른 판단과 선택, 그리고 갈등 해소를 하면서 잘 살아나가고자 할 때, 올바른 사고의 습관, 즉 비판적 사고가 필요하다는 것은 너무나도 당연한 이야기이다.

비판적 사고란 믿음이나 행위의 이유나 근거를 성찰함으로써, 그것이 올바른 것인가를 철저히 평가하는 이성적인 사고활동이다. 다시 말해 비판적 사고는 우리가 가지고 있는 생각이 타당하고 적절한 근거를 가지고 있는지 또 그 생각의 의미는 무엇인지 따지고 검토함으로써, 그 생각을 받아들일 것인지 받아들이지 않을 것인지를 판단하기 위한 사고방식이다. 다음은 미국철학회가 델피보고서(Delphi Report, 1990)에 제시한 비판적 사고에 대한 정의이다. 이를 통해 비판적 사고의 의미와 특성을 더 구체적으로 생각해 보자.[1)]

> 우리는 비판적 사고가 해석, 분석, 평가 및 추리를 산출하는 의도적이고 자기규제적인 판단이며, 동시에 그 판단에 대한 근거가 제대로 되어 있는가, 개념적, 방법론적, 표준적 또는 맥락적 측면을 제대로 고려하고 있는가에 대한 설명을 산출하는 의도적이고 자기규제적인 판단이라고 이해한다.
>
> (…중략…)
>
> 이상적인 비판적 사고자는 습관적으로 이유를 꼬치꼬치 묻고, 잘 알고자 하고, 근거를 중요시하며, 평가에 있어서 열린 마음을 가지고 있고, 공정하고, 자신의 편견을 공정하게 다루고, 판단을 내리는 데 있어 신중하고, 기꺼이 재고(再考)하고, 현안 문제들에 대해 명료하고, 복잡한 문제들을 다루는 데 있어 체계적이고, 유관한 정보를 부지런히 찾고, 표준을 선택하는 데 있어서 합리적이고, 집중하여 탐구하고, 주제와 탐구의 상황이 허락하는 한 되도록 정확한 결과를 끈기 있게 추구한다. (…생략)

우리는 매일매일 해결해야 하는 여러 문제 상황에 당면하는데, 문제의 해결방안을 찾아내는 것이 항상 쉬운 일만은 아니다. 우리가 비판적 사고능력을 가지고 있다면, 일상생활의 특정한 문제에 대해 적절하게 대처할 수 있고 보다 올바른 판단이나 선택을 하는 데 도움이 될 것이다. 왜냐하면 비판적 사고는 문제가 무엇인지 문제의 상황을 정확히

1) 김광수, 《논리와 비판적 사고》, 철학과현실사, 2007, 24-25쪽 참고.

파악할 수 있게 하며 그로부터 문제의 해결 방안을 모색해 가는 수단을 제공하기 때문이다. 따라서 비판적 사고는 문제의 핵심이 무엇인지, 문제와 관련된 요소들이 무엇인지 분석할 수 있는 도구를 제공하며, 그로부터 문제의 상황을 명료하게 이해할 수 있도록 만들어 주는 사고의 기술이라고 할 수 있다.

비판적 사고의 과정은 문제 해결에 도달하기 위하여, 자료를 해석하고 증거에 비추어 믿음이나 주장을 끊임없이 재검토해 볼 것을 요구한다. 그리고 분석한 요소들의 논리적 관계를 고려함으로써 처음부터 끝까지 추론상의 오류는 없는지 확인할 것을 요구한다. 앞서 제시한 정의에서 볼 수 있듯이, 비판적 사고의 핵심적인 활동은 판단을 내리는 것이라 할 수 있는데, 판단이 근거에 기반을 둔다는 점은 매우 중요하다. 어떤 논증이 신뢰할 수 있는 근거를 제시하고 그로부터 논리적 추론에 입각하여 내린 판단이라면, 그 판단은 어느 정도 사고의 객관성을 확보할 수 있기 때문이다.

위의 정의에 비춰 보면, 비판적 사고는 능동적인 사고활동이다. 왜냐하면 비판적으로 사고하는 사람은 어떤 주장이나 견해에 대해 스스로 의문을 제기하고 그것의 정당성을 검토하려고 하기 때문이다. 비판적 사고의 핵심은 '왜?'라는 질문을 던지는 것에 있다고 볼 수 있다. 나는 왜 대학에 가야하는가, 왜 특정 정당의 활동을 지지하는가, 왜 부모에게 효도해야 하는가, 왜 플라스틱제품 사용을 줄여야 하는가, 왜 윤리적인 행동을 해야 하는가라는 '왜'라는 의문을 통해 믿어야 할 이유나 해야 할 이유를 묻고 이로써 우리의 생각을 검토하게 된다. 이처럼 비판적 사고는 아무 생각 없이 무비판적으로 무조건 받아들이기를 거부하고 무엇을 받아들이고 거부해야 하는지 스스로 납득할 이유를 찾는 사고의 과정이자 사고의 활동이다.

비판적 사고의 과정에서, 어떤 생각이나 주장이 어디서부터 어디까지 옳고 그른지 판단하기 위해서는 몇몇 평가의 기준을 활용한다. 비판적 분석의 요소에 따라 논증을 분석하고, 타당성, 정확성, 명확성 등 비판적 기준에 따라 논증을 평가한다. 하지만 비판적으로 분석하고 평가할 때, 논의의 배경이나 맥락, 글쓴이의 관점이나 세계관에 대한 고려가 배제되어서는 안 된다. 생각의 내용이 아무리 논리적으로 타당하다고 하더라도 우리가 수용할 만한 가치관이나 관점에서 논의된 내용이 아니라면 올바른 생각이라 볼 수 없기 때문이다. 따라서 비판적으로 사고하는 사람은 자신의 '사고에 관한 사고'를 할 수 있는 사람이여야 한다. 자신의 관점이 왜곡되거나 편파적인 것은 아닌지, 자신의 생각을 메타적으로 성찰하는 것이 바로 비판적 사고의 특성 중 하나가 된다.

정리해 보면, 비판적 사고를 하는 사람은 분석적 사고, 논리적 사고의 능력을 갖출 필요가 있고, 또한 능동적으로 문제를 발견하고 해결하려는 사고 성향을 가지고 있어야 한다. 뿐만 아니라 자신의 관점 이외의 다른 관점이 존재한다는 생각, 그리고 자신의 관점 또한 틀릴 수 있다는 것을 전제할 수 있어야 한다. 이러한 전제 하에서만 우리는 자신의 관점을 다른 관점과 비교하는 비판적 검토를 할 수 있다. 이와 같이 자신의 고정된 관점에 머무르지 않으려는 성향, 즉 주어진 쟁점에 대하여 나의 관점을 고수하지 않고 다른 관점을 잘 수용하려는 태도를 '열린 마음'이라고 할 수 있다. 열린 마음, 열린 태도는 특수한 관심사들을 무시하거나 평가절하 하는 사고 습관이나 고정된 사고 편향에 맞설 수 있게 한다. 그러므로 우리가 비판적 사고를 하려면 우선 열린 태도를 필수적으로 갖추어야 한다.

마지막으로, 비판적 사고라는 말이 상대방의 생각이나 논증을 비난하기 위한 부정적인 평가나 부정적인 태도를 취하는 것이 아니라는 점을 기억해 두자. 비판적 사고는 상대방의 생각이나 논증에서 나쁜 점만 찾아 비난하는 것과는 무관하다. 앞서 말했듯이, 비판적 사고는 어떤 주장이나 견해를 가능한 모든 관점에서 분석, 평가하고 종합하는 과정이다. 그러므로 비판적 사고는 해결해야 하는 사안에 대하여 '무엇이 문제인가', '왜 그러한가?'를 물으면서 자신의 생각이나 타인의 생각이 타당할 가능성과 그렇지 않을 가능성을 동시에 균형적 있게 살피고 전체를 통찰하려고 노력하는 과정으로 보아야 한다. 따라서 비판적 사고는 자신의 관점을 타인의 관점과 비교 분석할 뿐만 아니라 다른 관점에서도 문제를 바라볼 수 있게 해주며, 이러한 열린 태도에 기반을 둔 비판적 사고는 문제 해결을 위한 새로운 대안을 모색할 수 있는 가능성을 열어준다.

궁극적으로 건강한 비판적 사고는 우리 삶의 여러 측면에 이익을 가져다 줄 것이다. 첫째, 비판적 사고는 개인의 사고능력을 증진시켜 준다. 비판적 사고는 생각이나 정보를 분석하고 평가하는 사유의 기술이므로 우리가 이 기술을 배우고 익힌다면, 자신의 전공이나 전문분야에서 필요로 하는 올바른 정보를 쉽게 얻을 수 있으며, 또한 당면하는 문제를 적절히 해결할 수 있는 생각의 힘을 얻게 될 것이다. 둘째, 비판적 사고는 창의적인 사고로 나아가는 발판이 된다. 문제 해결을 위한 해법이나 합리적 대안을 모색하는 과정에서, 우리의 사고는 분석적, 논리적인 사고를 넘어 창의적인 사고능력으로 확장되어 간다. 또한 창의적 사고를 가능하게 하는 열린 마음은 우리의 생각 확장시키고 변화시킬 수 있으며, 새로운 사실을 알게 하고, 보지 못했던 세상을 볼 수 있게 한다.

셋째, 비판적 사고는 합리적 의사결정을 가능하게 한다. 해결해야 할 문제를 인식하고, 해결방안을 모색하고, 해결책을 선택하는 모든 과정에서 비판적 사고는 가장 효과적인 해결책을 선택하는 길로 이끌어 주기 때문이다. 넷째, 비판적 사고는 자신의 생각을 스스로 검토하는 합리적이고 주체적인 사고자가 될 수 있게 한다. 비판적 사고는 자신이 부지불식간에 받아들였던 불합리한 것들을 찾아내고, 자신을 지배하려는 편파적인 생각을 통제할 수 있게 해주기 때문이다. 다섯째, 비판적 사고는 최선의 생각을 활용할 수 있게 해주는 사고의 기술이며 이로써 더 나은 삶을 선택하도록 해준다. 개인적인 삶과 인간관계 속에서 후회스러운 판단이나 행동은 잘못된 추론에서 기인하는 경우들이 많다. 비판적 사고에 입각한, 자신의 생각에 대한 평가는 자기 설득을 가능하게 하므로 더 나은 삶으로 변화하거나 인간관계를 개선할 수 있는 계기를 마련해 줄 것이다.

이러한 비판적 사고의 기술은 아주 값진 것이므로, 무엇이 비판적 사고의 기술인지 잘 모른다면 우선 비판적으로 사고하는 방법을 배워야 한다. 그리고 일상에서 올바른 판단을 내리고 보다 나은 삶을 선택할 수 있기 위해서는 비판적 사고를 습관화할 필요가 있다. 비판적 사고의 방법을 안다고 해서 바로 사고의 실천으로 옮겨지는 것은 아니기 때문에 반복적인 연습과 훈련을 통해 나의 사고 습관으로 자리 잡을 수 있도록 노력해야 할 것이다.

연습문제

1. 다음 제시된 주장들을 비판적으로 사고해 보자. 각 주장들은 인문, 사회, 과학, 예술, 문화 등 다양한 영역에서 제기되는 주장들이다. 우선 각각의 주장에 찬성하는지, 혹은 반대하는지 자신의 생각을 검토해 보자.

- ▶ 안락사를 합법화해야 한다.
- ▶ 낙태죄를 폐지해야 한다.
- ▶ 사형제를 폐지해야 한다.
- ▶ 소년법을 폐지해야 한다.
- ▶ 양심적 병역 거부를 허용해야 한다.
- ▶ 전면적 무상급식을 시행해야 한다.
- ▶ GMO 표시제를 시행해야 한다.
- ▶ 인공지능은 인간의 삶을 풍요롭게 한다.
- ▶ 원자력발전소 건설을 중단해야 한다.
- ▶ 예술 작품의 표현의 자유를 제한해야 한다.
- ▶ 동성 결혼제도를 합법화해야 한다.
- ▶ 난민 수용정책을 개선해야 한다.

2. 위의 제시된 주장들에 찬성한다면 그 이유가 무엇인지, 혹은 반대한다면 그 이유가 무엇인지 제시해 보자. 자신이 선택한 입장을 지지하는 이유들을 검토한 후, 아래 표 안에 가장 중요한 이유부터 순서대로 제시해보자.

안락사를 합법화해야 한다

찬성 입장

〈찬성 이유〉

❶

❷

❸

반대 입장

〈반대 이유〉

❶

❷

❸

2

비판적 사고와 논증

1. 논증이란 무엇인가

1) 논증의 정의와 구조

일상생활에서 우리는 다양한 주제에 대해 논의할 때, 주장과 함께 나름의 이유를 제시한다.

> 플라스틱 사용을 자제해야 한다. 왜냐하면 플라스틱이 환경오염의 주범이며, 환경오염은 인간의 삶을 파괴할 것이기 때문이다.

> 많은 전문가들이 정부의 강한 규제 때문에 4차 산업 발전에 장애가 있다고 이야기한다. 따라서 정부는 규제를 완화해야 할 것이다.

이처럼 자신의 주장이 참이라는 것을 정당화시키고자 할 때, 그리고 자신의 주장이 참이라는 것을 설득하기 위해 우리는 주장을 뒷받침하는 합리적인 이유나 증거를 제시한다. 이때 주장을 뒷받침하기 위해 제시되는 이유나 증거를 '전제'라고 부르고 전제를 통해 참임을 입증하려는 주장을 '결론'이라고 부른다. 이와 같이 결론(주장)과 전제(근거)로 이루어진 글을 논증이라고 한다.

논증 = 결론(주장) + 전제(근거)

논증은 어떤 명제가 참이라는 것을 정당화할 목적으로 사용된다. 논증은 어떤 명제가 참이라는 것을 정당화시키기 위해 제시하는 명제들의 집합이다. 논증은 반드시 주장을 나타내는 명제와 그 명제를 받쳐주는 근거로서 제시된 명제(들)로 이루어진다. 그렇기 때문에 단순히 명제들을 여러 개 나열한다고 해서 논증이 되는 것은 아니다. 제시하려는 주장이 있고 그 주장이 참임을 뒷받침하기 위한 이유나 증거를 제시하고 있을 때에만 논증적인 글이 된다. 그러므로 주장만 나열한 글, 단순히 사실을 서술한 글, 개념이나 현상에 대해 설명하는 글, 합리적인 이유가 아니라 감정적 호소나 심리적 선동을 통해 설득의 목적을 달성하려는 글 등은 논증이 아니다.

〈논증〉 하나의 주장과 하나 이상의 근거(들)로 이루어진 명제들 또는 그와 같은 명제들을 포함하는 글

그래서 주어진 글을 읽을 때 글이 논증을 포함하고 있는지 아닌지 구분할 수 있어야 한다. 하나의 논증에는 하나 혹은 그 이상의 근거가

있을 수 있지만, 주장은 하나만 있어야 한다. 주장이 여럿인 경우는 글에 여러 논증이 들어 있는 경우이다. 짧은 글이라면 비교적 주장과 근거를 찾아내는 것은 쉬운 편이다. 그러나 긴 글이거나 주장이 여럿 포함된 복잡한 글에서 주장과 근거를 찾아 체계적으로 정리하는 것은 쉬운 일이 아니다.

보통 우리는 근거와 주장을 제시할 때 특정한 표현들을 자주 사용한다. 예를 들어 어떤 근거를 제시할 때는 그 근거 앞에 '왜냐하면'이라는 표현을 사용한다. 또한 어떤 주장을 제시할 때는 그 주장 앞에 '따라서'라는 표현을 사용한다. 우리가 분석하고자 하는 글에도 근거와 주장을 알려 주는 단어를 사용하고 있을 수 있다. 그렇기 때문에 그러한 단어에 주목하면 근거와 주장을 식별하여 논증을 구성하는 데에 도움이 될 수 있다. 논증을 쉽게 파악하기 위해 근거를 지시하는 단어(전제 지시어)와 결론을 지시하는 단어(결론 지시어)를 알아 둘 필요가 있다. 〈표 2-1〉은 그러한 지시 표현들의 예들을 정리한 것이다.

〈표 2-1〉 전제 지시어와 결론 지시어

전제 지시어	결론 지시어
왜냐하면 때문에 ~ 이므로 ~ 인 까닭에 ~ 을 이유로 ~ 임에 비추어	따라서 그러므로 ~ 이 따라 나온다. 그 결과, 결론적으로 그래서 ~ 을 의미한다.

제시된 글이 논증적인 글이라고 해도, 근거나 주장을 지시하는 단어가 전혀 없다면 근거와 주장을 찾아 논증을 구성하는 데 어려움을 겪

을 수 있다. 이럴 경우, 근거와 주장을 찾아내기 위해 '따라서' 내지 '왜냐하면'과 같은 지시어를 문장들 사이에 넣고 읽어 보는 것이 좋은 방법이 될 수 있다. 예를 들어 어떤 사람이 "플라스틱 사용을 자제해야 한다. 플라스틱이 환경오염의 주범이다"라고 말했다고 하자. 여기서 두 문장에 각각 '따라서'라는 표현을 덧붙여 볼 수 있다.

(1) 플라스틱 사용을 자제해야 한다. 따라서 플라스틱은 환경오염의 주범이다.

(2) 플라스틱이 환경오염의 주범이다. 따라서 플라스틱 사용을 자제해야 한다.

둘 중 (2)가 더 자연스럽다고 할 수 있다. 그렇기 때문에 여기서 '플라스틱이 환경오염의 주범이다'라는 문장은 근거 역할을 하고, '플라스틱 사용을 자제해야 한다'는 문장은 주장 역할을 한다고 판단할 수 있다.

글에서 근거와 주장을 찾아내어 논증 형식으로 구성해 보면, 글쓴이의 핵심적인 생각이 무엇인지를 한눈에 파악하기 쉽다. 찾아낸 근거와 주장을 토대로 논증의 구조를 도식화할 수 있다. 이때 근거와 주장 사이의 지지관계는 화살표로 표시한다. 논증의 구조를 도식화하는 방법은 다음과 같다. 〈보기 1〉과 같이 주장을 하나의 근거가 지지하는 경우를 단순형이라고 한다. 단순형의 논증 구조는 다음과 같이 구조화한다.

보기 1

① 흡연은 건강에 해를 끼친다. ② 따라서 흡연은 나쁜 습관이다.

①
↓
②

〈보기 2〉와 〈보기 3〉의 경우, 하나의 주장을 여러 근거들이 지지하고 있다. 여기서 〈보기 2〉는 근거들이 각각 독립적으로 하나의 주장을 지지하는 구조이며 병렬형이라고 한다. 이와 달리 〈보기 3〉은 근거들이 결합해서 하나의 주장을 지지하는 구조이며 합동형이라 부른다. 병렬형의 논증 구조와 합동형의 논증 구조는 각각 다음과 같다.

보기 2

① 흡연은 흡연자의 건강에 해를 끼친다. ② 흡연은 비흡연자에게 불쾌감을 준다. ③ 따라서 흡연은 나쁜 습관이다.

① ②
↘ ↙
③

보기 3

① 밤에 충분한 숙면을 취하지 못한 사람은 낮 시간의 활동에 어려움이 있다. ② 그는 밤에 충분한 숙면을 취하지 못했다. ③ 따라서 그는 낮 시간의 활동에 어려움이 있다.

① + ②
↓
③

병렬형과 합동형처럼 하나의 논증 안에 여러 개의 근거들이 제시되는 경우, 근거들 사이의 관계, 근거와 주장 사이의 관계를 모두 세밀하게 살펴보아야 한다. 예를 들어, 〈보기 2〉는 근거 ① 없이 근거 ②만으로 주장 ③을 지지할 수 있지만, 〈보기 3〉은 근거 ① 없이 근거 ②만으로 주장 ③을 지지하기 어렵다. 〈보기 3〉은 근거 ①과 근거 ②의 결합을 통해서만 주장을 추론할 수 있다.

보다 긴 글에는 앞서 살펴본 기본적인 구조들이 다양하게 섞여 복잡한 논증 구조를 이루는 경우가 많다. 그렇기 때문에 긴 글의 경우, 논증의 구조를 명확하게 드러낸다면 글쓴이가 글을 전개하는 전략이 무엇인지 쉽게 파악할 수 있다. 〈보기 4〉와 같이 근거가 주장을 지지하고 그 주장이 다시 근거 역할을 하여 또 다른 주장을 지지하는 연쇄적인 논증 구조를 연쇄형이라고 한다. 〈보기 4〉에서 ③은 근거 ①과 ②로부터 추론되는 중간 결론이며, ⑤는 ③과 ④로부터 추론된 최종 결론이다.

보기 4

① 블라인드 채용을 시행한다면 공정한 사회가 될 것이다. ② 현 정부는 블라인드 채용을 시작했다. ③ 따라서 우리 사회는 공정한 사회가 될 것이다. ④ 공정한 사회가 된다면 우리 사회에 만연해 있는 차별 문화가 사라질 것이다. ⑤ 따라서 우리 사회에 만연해 있는 차별 문화도 사라질 것이다.

① + ②
↓
③ + ④
↓
⑤

연습문제 1

다음 글에서 우선 근거와 주장을 찾아 보자. 그런 다음 그것들 사이의 관계를 고려하여 논증 구조도를 그려 보자.

1. ① 사형제도는 범죄 예방 효과가 없다. ② 사형제도는 범죄자를 교화하는 형벌제도의 목적에 부합하지 않는다. ③ 사형제도는 오판을 되돌릴 수 없는 제도이다. ④ 따라서 사형제도는 폐지되어야 한다.

2. ① 기록적인 폭염에 전기료가 부담스러워 에어컨을 틀지 못하는 가정이 너무 많다. ② 더운 날씨에 에어컨을 틀지 못한다면 노약자의 온열질환이 심각해질 수 있다. ③ 그러므로 정부는 가정용 누진세를 완화해야 한다.

3. 이군: 오늘 저녁에 야구나 보러 갈까?

   김군: ① 오늘 저녁 야구 경기는 취소될 것이 분명해. ② 왜냐하면 비가 오면 야구 경기가 취소될 것이 뻔한데. ③ 일기예보로 봐선 오늘 저녁에 비가 많이 올 것 같아.

4. ① 스트레스를 많이 받는 사람은 술을 많이 마신다. ② 그는 스트레스를 많이 받는다.③ 그래서 그는 술을 많이 마신다. ④ 술을 많이 마시는 사람은 숙면을 취하기 어렵다. ⑤ 그러므로 그는 숙면을 취하기 어렵다.

5. ① 많은 전문가들이 정부의 강한 규제 때문에 4차 산업 발전에 장애가 있다고 이야기한다. ② 드론이나 자율주행차는 안전과 보완 관련 규제에 묶여 중국과의 기술 경쟁에 뒤처지고 있다. 또한 ③ 의료용 로봇이나 원격 진료에서도 사정은 마찬가지다. ④ 따라서 정부는 규제를 완화해야 할 것이다.

6. ① CCTV의 설치로 인해 완전범죄의 가능성이 점점 사라지고 있다. ② 최근 통계를 보면 CCTV를 설치한 지역과 CCTV의 사각지대에서의 범죄율을 비교해 보니, 사각지대에서 주로 범죄가 발생하고 있는 것으로 파악되었다. ③ 이는 단순히 CCTV가 범죄자의 신원을 찾는 데 도움을 주는 역할을 넘어 범죄의 동기 자체를 약화시키는 적극적인 역할을 한다는 증거이다. ④ 더군다나 요즘 고화질 CCTV가 보급되면서 과거에는 가능했던 완전범죄라는 표현 자체가 사라질 위기에 있다. ⑤ 따라서 범죄 조사뿐만 아니라 범죄 예방을 위해 더욱더 많이 설치되어야 한다.

7. ① 회사에 오면 그는 제일 먼저 회의실에 들러 모두에게 인사를 한다. ② 그가 회의실에 들른 것 같지 않다. ③ 오늘 어느 누구도 회사에서 그를 본 사람이 없다. ④ 그는 오늘 아직 회사에 오지 않았을 것이다.

8. ① 정부는 국민들의 건강을 위해 금연정책을 강화시켜야 한다. 왜냐하면 ② 담배에는 4천여 종의 발암물질이 함유되어 있기 때문에 흡연은 치명적인 독성을 흡입하는 것과 같다. ③ 흡연이 흡연자의 건강에 나쁜 영향을 미친다는 사실은 금연정책을 실시해야 하는 가장 큰 이유이다. 게다가 ④ 비흡연자도 간접흡연에 의해 수천 가지 유해물질에 노출된다. ⑤ 간접흡연 역시 폐암이나 호흡기 질환 등 여러 질병의 원인이 되어 심각한 사회문제가 될 것이다.

9. ① 청년 실업이 만연한 요즘 청년들은 취직하기 위해 온갖 노력을 다한다. ② 그렇지만 청년들은 당장 취업 준비에 필요한 돈을 벌기 위해 아르바이트를 해야 하므로 결국 취업 준비에 필요한 시간이 부족하게 된다. ③ 이러한 악순환으로 청년들은 취업에 실패할 확률이 높아진다. ④ 이제 청년수당 정책을 적극적으로 검토할 때다.

10. ① 로또 복권 제도를 유지해야 한다. 왜냐하면 ② 대박이라는 인생 역전의 행운을 가져다 줄 수 있기 때문이다. 물론 ③ 복권을 구입하는 것은 개인의 자유다. 그리고 ④ 로또 복권은 중독성이 강한 불법 도박들과 성격이 전혀 다르다. ⑤ 중독성이 강한 도박은 대개 정규적으로 작은 당첨을 제공함으로써 습관적, 중독적 도박꾼에게 당첨될 수 있다는 확신을 심어 준다. 그러나 ⑥ 로또 복권은 당첨에 확신을 심어 줄 만한 기회를 제공하지 않는다. 왜냐하면 ⑦ 복권에 당첨될 확률이 매우 낮기 때문이다.

2) 논증의 형식

확보된 근거를 토대로 자신의 주장을 정당화시키는 논증 형식에는 연역논증과 귀납논증이 있다. 근거를 통해 주장을 어느 정도의 강도로 지지하느냐에 따라 두 종류의 논증으로 구분된다. 우선 연역논증이란 근거가 참이면 주장이 거짓일 수 없는 논증 형식이다. 다시 말해 근거가 참이라면 주장은 필연적으로 참이 되는 논증을 연역논증이라 한다. 이와 같이 근거가 주장의 참을 필연적으로 보증하는 연역논증과 달리, 귀납논증은 근거가 주장의 참을 개연적으로 지지하는 논증이다. 다시 말해 귀납논증은 근거의 참이 주장의 참을 반드시 보증해 주지는 못한다.

우선 연역논증의 사례를 살펴보자.

[전제 1] 모든 인간은 죽는다.

[전제 2] 나는 인간이다.

[결론] 따라서 나는 죽는다.

이 논증에서 [전제 1]과 [전제 2]가 모두 참일 경우 결론은 필연적으로 참이 되는 것을 쉽게 알 수 있다. 이 논증에서 알 수 있듯이, 연역논증에서 결론의 의미는 이미 전제의 의미 안에 포함되어 있다. 그렇기 때문에 전제를 받아들이면서 결론을 거부할 수 없다. 다시 말해 전제를 받아들인다면 결론 또한 반드시 받아들여야 한다. 앞의 사례에서 볼 수 있듯이, '모든 인간은 죽는다'라는 전제의 내용에 '나는 죽는다'라는 결론의 내용이 포함되어 있음을 확인할 수 있다. 이처럼 전제의 참으로부터 결론의 참이 반드시 따라 나오는 논증을 '타당한' 논증이라고 한다. 이와 달리 전제들이 참일지라도 결론의 참이 필연적으로 도출되지 않는 경우, '부당한' 논증이 된다. (이 책의 형식적 오류를 다루는 부분에서 부당한 논증의 사례들을 구체적으로 다루고 있다.)

다음으로 귀납논증에 대해 알아보자. 귀납논증의 사례는 다음과 같다.

[전제 1] 첫 번째 까마귀는 검다.

[전제 2] 두 번째 까마귀는 검다.

[전제 3] 세 번째 까마귀는 검다.

⋮

[전제 N] n번째 까마귀는 검다.

[결론] 따라서 모든 까마귀는 검다.

이 논증은 지금까지 관찰된 모든 까마귀들이 검다는 사실을 근거로 제시하여 그로부터 아직 발견되지 않은 까마귀를 포함하여 모든 까마귀는 검다는 결론을 추론하는 형식이다. 이와 같은 논증은 제시된 근거의 사례가 아무리 많아도 결론의 참을 필연적으로 보장하지 못한다. 그 이유는 전제에 없는 내용이 결론에 포함되어 있기 때문이다. 예를 들어, n+1번째에 검지 않은 까마귀를 발견하게 된다면 '모든 까마귀는 검다'는 일반화된 명제는 더 이상 참인 명제로 간주할 수 없다. 이는 [전제 1]부터 [전제 N]까지 모든 전제가 참이라 해도 결론이 필연적으로 참이 되지 않는다는 사실을 잘 보여 준다. 이런 점에 비추어 연역논증은 전제가 결론의 참을 필연적으로 지지해 주는 논증인데 반해, 귀납논증은 전제가 결론의 참을 개연적으로 지지해 주는 논증이라고 할 수 있다.

귀납논증은 전제로부터 결론의 참이 반드시 따라 나오거나 혹은 전제로부터 결론이 반드시 따라 나오지 않거나 하는 논증이 성립하지 않는다. 그러므로 귀납논증의 경우, 좋은 논증을 타당한 논증이라고 구분할 수 없고, 대신 전제가 결론을 얼마나 강하게 뒷받침하는가에 따라 좋은 논증과 그렇지 못한 나쁜 논증으로 구분한다. 귀납논증의 경우, 좋은 논증은 전제가 결론을 강하게 지지하는 논증이며, 나쁜 논증은 전제가 결론을 약하게 지지하는 논증이다. 따라서 '강한' 논증과 '약한' 논증의 구분 방식으로 귀납논증의 지지관계를 평가할 수 있다.

따라서 연역논증과 귀납논증의 형식이 갖는 장단점을 알고 있다면, 자신의 주장을 정당화해야 하는 순간에 어떤 논증을 구성할 것인지 적절한 전략을 세울 수 있다. 연역논증은 전제의 참이 결론의 참을 반드시 보장하는 장점이 있는 반면, 결론의 내용이 전제의 내용에 이미 포함되어 있기 때문에 결론에서 새로운 정보를 얻을 수 없는 한계가 있다. 이와 달리 귀납논증은 전제의 참이 결론의 참을 개연적으로만 보장하기 때문에 연역논증처럼 결론의 확실성을 보장할 수 없지만, 전제에 포함된 내용을 넘어선 내용을 결론으로 추론할 수 있다. 따라서 귀납논증은 전제로부터 결론을 추론하는 과정에서 우리가 알고 있는 것을 넘어서게 됨으로 지식확장을 가능하게 해준다.

(1) 연역논증

연역논증이란 전제로부터 결론이 반드시 도출되는 형식을 말한다. 다시 말해 전제의 참이 결론의 참을 필연적으로 보장하는 논증이다. 연역논증이 타당한 논증이 되는 이유는 전제의 참, 거짓 여부와 상관없이 순전히 그 형식 때문인 경우들이 있다. 타당한 연역논증 형식으로 많이 사용되는 네 가지 논증 형식을 살펴보자.

사례 1

[전제 1] 비가 오면 땅이 젖는다.

[전제 2] 비가 왔다.

[결론] 따라서 땅이 젖는다.

〈사례 1〉은 전제로부터 결론이 쉽게 따라 나온다는 것을 이해시켜 준다. 첫 번째 전제, 즉 비가 오면 땅이 젖는다는 사실을 우리가 너무나 잘 알고 있는 경우, 뉴스를 통해 지금 비가 온다는 새로운 정보로 알게 된다면, 우리는 지금 땅이 젖고 있다는 사실을 받아들일 수밖에 없다.

〈사례 1〉은 연역적으로 올바른 논증이며 '전건긍정논증'이라고 부른다. 이 논증의 형식은 다음과 같이 설명할 수 있다. 조건문인 [전제 1] '비가 오면 땅이 젖는다'에서 '비가 온다'를 조건문의 '전건'이라고 부르고, '땅이 젖는다'를 조건문의 '후건'이라고 부른다. 조건문인 [전제 1]과 조건문에서 전건에 해당하는 [전제 2]를 긍정하게 되면 이 조건문의 후건인 [결론]은 반드시 참이 되는 형식을 갖는다.

전건긍정논증(modus ponens)

만약 p이면 q이다.	$p \rightarrow q$
p이다.	p
따라서 q이다.	$\therefore q$

사례 2

[전제 1] 비가 오면 땅이 젖는다.

[전제 2] 땅이 젖지 않았다.

[결론] 따라서 비가 오지 않았다.

〈사례 2〉도 위의 설명과 유사하게 논증의 타당성을 설명할 수 있다. 우리는 비가 오면 땅이 젖는다는 사실을 아주 잘 알고 있는 상황에서, 창밖으로 보이는 땅이 말라 있다면 이로부터 우리는 당연히 비가 오지 않았다는 사실을 추론할 수 있다. 이 논증은 조건문의 후건을 부정하는 형태의 논증이라는 의미에서 '후건부정논증'이라고 부르며 타당한 연역논증에 해당한다. 이 논증을 형식화하면 다음과 같다.

후건부정논증(modus tollens)

만약 p이면 q이다.	$p \rightarrow q$
p가 아니다.	$\sim q$
따라서 p가 아니다.	$\therefore \sim p$

사례 3

[전제 1] 만일 내가 상상력이 풍부하다면, 나는 다른 사람의 생각에 쉽게 공감할 수 있을 것이다.

[전제 2] 만일 내가 다른 사람의 생각에 쉽게 공감할 수 있다면, 나는 쉽게 많은 친구들을 사귈 수 있을 것이다.

[결론] 따라서 만일 내가 상상력이 풍부하다면, 나는 쉽게 많은 친구들을 사귈 수 있을 것이다.

〈사례 3〉과 같은 연쇄논증의 타당성은 조건명제의 전건이 후건의 충분조건이라는 논리적 관계에 의해 설명된다. 〈사례 3〉에서 두 전제는 'A(나는 상상력이 풍부하다)이면, B(나는 다른 사람의 생각에 쉽게 공감할 수 있다)', 'B이면 C(나는 쉽게 많은 친구들을 사귈 수 있다)'라는 형식을 갖추고 있다. 이때 [전제 1]과 [전제 2]는 [전제 2]의 전건인 B를 매개로 연쇄적으로 서로 연결되어 있다는 것을 쉽게 알 수 있다. 이 논증은 B를 매개로 하여 'A(나는 상상력이 풍부하다)'가 'C(나는 쉽게 많은 친구들을 사귈 수 있다)'의 충분조건이 되는 '결론(만일 내가 상상력이 풍부하다면, 나는 쉽게 많은 친구들을 사귈 수 있을 것이다)'을 추론할 수 있다. 이 논증은 '조건삼단논증'이라 부르고 다음과 같이 형식화할 수 있다.

조건삼단논증(hypothetical syllogism)

만약 A이면 B이다.	$A \rightarrow B$
만약 B이면 C이다.	$B \rightarrow C$
따라서 만약 A이면 C이다.	$\therefore A \rightarrow C$

사례 4

[전제 1] 재희는 액션 영화를 좋아하거나 코미디 영화를 좋아한다.

[전제 2] 재희는 액션 영화를 좋아하지 않는다.

[결론] 따라서 재희는 코미디 영화를 좋아한다.

〈사례 4〉에서 [전제 1]의 의미를 다음 세 가지로 구분해 볼 수 있다. 누군가 나에게 '재희는 액션 영화를 좋아하거나 코미디 영화를 좋아해'라고 전한다면, 나는 '재희가 액션 영화도 좋아하고 동시에 코미디 영화도 좋아할 수 있다', 즉 두 선택지 모두 좋아하는 경우를 생각할 수 있다. 이와 더불어 나는 재희가 하나의 선택지만 좋아하는 경우, 즉 액션 영화만 좋아하는 경우를 생각할 수도 있고, 마찬가지로 코미디 영화만 좋아하는 경우를 생각할 수도 있다. 따라서 [전제 1]을 통해 재희의 영화 취향을 세 가지 경우로 생각해 볼 수 있다. 그렇기 때문에 [전제 1]만으로는 재희의 영화 취향을 정확히 알 수 없을 것이다. 이때 재희가 액션 영화를 좋아하지 않는다는 사실을 알게 된다면([전제 2]), 그 사실은 첫 번째 전제와 결합하여 재희가 코미디 영화를 좋아한다는 사실을 필연적으로 추론할 수 있다. 이와 같이 [전제 1]에서 제시한 선언 문장에서 하나의 선택지를 부정하는 경우 나머지 선택지를 결론으로 추론하는 형태의 논증을 '선언삼단논증'이라고 부르며 타당한 논증 형식에 포함된다. 선언 삼단논증 형식은 다음과 같다.

선언삼단논증(disjunctive syllogism)

A이거나 B이다.	A이거나 B이다.	$A \lor B$	$A \lor B$
~ A이다.	~ B이다.	$\sim A$	$\sim B$
따라서 B이다.	따라서 A이다.	$\therefore B$	$\therefore A$

앞서 제시한 네 가지 사례는 모두 형식적으로 타당한 논증들이다. 논증이 타당하는 것은 좋은 논증이 되기 위한 필요조건이다. 즉 연역논증이 좋은 논증으로 평가받기 위해서는 우선 타당한 논증이어야 한다. 그러나 어떤 논증이 타당한 논증이지만 실제로 거짓인 전제로부터 결론을 추론한다면, 혹은 결론이 거짓이어서 받아들이기 어려운 경우, 우리는 이 논증을 좋은 논증이라고 볼 수 없을 것이다. 좋은 연역논증이란 형식적으로 타당해야 하며 동시에 내용적으로 참인 전제로부터 결론이 도출되는 논증어야 한다. 이러한 논증은 '건전한' 논증이라고 부른다.

사례 5

만약 내가 날 수 있다면, 나는 날개가 있다.
나는 날 수 있다.
따라서 나는 날개가 있다.

〈사례 5〉는 형식상 전건긍정논증으로서 타당한 논증이다. 그런데 '나는 날 수 있다'는 전제는 참인가! 이처럼 논증에 거짓인 전제가 포함되어 있다면, 이 논증은 건전한 논증이 되지 못한다. 다시 말해, 타당한 형식을 가진 논증이 참인 전제를 포함하고 있는 경우에는 건전한 논증이라고 할 수 있지만, 〈사례 5〉처럼 논증에 포함된 전제가 참이 아닌 경우라면 건전한 논증이라고 할 수 없다.

(2) 귀납논증

타당한 연역논증의 경우 전제가 참이라면 결론은 반드시 참이 되는 특성이 있다. 반면 귀납논증은 연역논증과 달리 전제가 참이라고 해도 결론의 참을 반드시 보장해주지 않는다. 일반적으로 많이 사용되는 대표적인 귀납논증의 유형을 살펴보자.

① 단순 일반화

단순 일반화란 몇 가지 개별적인 사례들을 포함하는 전제를 기초로 하여 결론에서 일반적인 주장을 펼치는 논증을 말한다. 다음 사례는 가장 전형적인 귀납적 일반화 형식이다.

사례 1

첫 번째 개나리는 노랗다.

두 번째 개나리는 노랗다.

세 번째 개나리는 노랗다.

⋮

n 번째 개나리는 노랗다.

따라서 모든 개나리는 노랗다.

〈사례 1〉의 논증은 지금까지 관찰된 모든 개나리가 노랗다는 사실을 근거로 제시하여 그로부터 아직 발견되지 않은 개나리를 포함하여 모든 개나리가 노랗다는 일반화된 결론을 추론하는 형식이다. 제시된 근거의 사례가 아무리 많아도 결론은 전제를 넘어선 내용을 추론하는 형식이므로 전제가 결론의 참을 필연적으로 보장하지 못하는 귀납논증이다. 단순 일반화의 형식은 다음과 같다(아래 형식에서 A는 대상, F는 대상이 갖는 속성이다).

<단순 일반화>

A1은 F다.

A2는 F다.

A3은 F다.

⋮

An은 F다.

따라서 모든 A는 F다.

보통 귀납논증 자체를 단순 일반화와 동일시하는 경우가 있는데, 단순 일반화 형식은 귀납논증의 한 가지 유형일 뿐이다. 일상생활에서 단순 일반화 형식 이외에, 아래 제시되고 있는 통계적 일반화, 유비 논증 등 다양한 귀납논증 형식들을 우리가 빈번하게 사용하고 있다는 점을 기억하자.

② 통계적 일반화

통계적 일반화도 특수한 사례들에서 일반화된 결론을 추론한다는 점에서 단순 일반화와 유사하다. 〈사례 1〉처럼, 개별적인 개나리들의 속성을 관찰한 다음, 결론에서 모든 개나리에 대한 보편적 속성을 도출하는 단순 일반화와 달리, 통계적 일반화는 주어 집합에 속하는 일부 대상에 대한 논의를 결론으로 도출한다. 〈사례 2〉의 경우, 결론에서 대학생 전체에 해당하는 보편적 속성을 논의하는 것이 아니라, 대학생의 일부, 즉 대학생 80%가 갖는 보편적 속성에 대해서만 논의하고 있다는 것을 알 수 있다.

사례 2

표본 대학생들의 80%가 아르바이트를 한다.

따라서 전체 대학생의 80%가 아르바이트를 한다.

<통계적 일반화>

A의 표본 중 X%가 F이다.

A중 X%가 F이다.

통계적 일반화에서 중요한 것은 선택된 표본이 전체 집단을 대표하는 표본인가 하는 점이다. 표본이 전체를 대표할 만큼 다양하지 않은 경우 편향적이라고 한다. 무작위로 표본을 선출하면 표본이 한쪽으로 쏠리는 것을 막을 수 있다. 이러한 무작위 표본 선출이 표본의 다양성 확보를 위한 한 가지 방법이 될 수 있다.

③ 통계적 삼단논증

통계적 삼단논증은 통계적 일반화와 달리, 전체 집단에 대한 정보에서 그 전체 집단의 한 요소나 부분 집합에 대한 결론을 도출하는 것이다. 다른 귀납논증과 달리 결론의 내용이 일반화된 사실을 추론한 것이 아니라 하나의 개별적인 사례에 대한 정보를 준다. 이러한 귀납논증의 형식을 고려한다면, 개별적인 사례들로부터 일반화된 명제를 결론으로 추론하는 논증을 귀납논증의 정의로 사용하는 것은 편협한 정의라고 볼 수 있다.

〈사례 3〉은 대학생 80%가 아르바이트를 한다는 전제로부터 성훈이에 대한 정보를 결론으로 추론하는 논증 형식을 취한다. 이 논증은 전제에서 추론된 결론이 참일 확률이 높은 논증으로 보인다. 다시 말해 전제로부터 '대학생 성훈이가 아르바이트를 한다'는 결론이 잘 따라 나오는 개연성이 강한 논증이라고 평가될 수 있다. 그러나 이 논증은 통계에 의존한 추론이기 때문에 결론의 참이 확실히 보장될 수 없는 귀납논증에 속한다.

사례 3

전체 대학생 80%가 아르바이트를 한다.

성훈이는 대학생이다.

따라서 성훈이는 아르바이트를 한다.

<통계적 삼단논증>

A의 대부분이(X%) F이다.

a는 A이다.

따라서 a는 F이다.

④ 유비논증

유비논증은 비교되는 두 대상이나 사건 사이의 유사점이 있다는 전제로부터 아직 밝혀지지 않은 결과까지 참이라고 추론하는 논증이다. 〈사례 4〉의 논증은 원숭이와 인간의 여러 유사점을 통해 원숭이에게 독성 반응이 없었던 신약을 인간에게 투여해도 부작용이 없을 것이라는 결론을 추론하고 있다. 유비논증을 구성할 때 비교하는 대상이나 사건 사이의 유사성이 크면 클수록 결론이 참일 개연성이 높아질 수 있다는 점을 고려할 필요가 있다.

사례 4

원숭이는 해부학적, 생리학적 측면에서 인간과 가장 유사하고 약효 및 독성 발현 기전이 비슷한데, 이번에 개발한 신약을 원숭이에게 투여한 결과 독성 부작용이 없다는 결과가 나왔다. 따라서 이번에 개발한 신약은 인간에게도 독성 부작용이 없을 것으로 기대된다.

<유비논증>

P는 a, b, c, d의 속성을 가지고 있다.

Q는 a, b, c의 속성을 가지고 있다.

따라서 Q는 d의 속성을 가지고 있다.

⑤ 최선의 설명에 의한 논증

최선의 설명에 의한 논증은 문제가 되는 상황을 적절하게 설명할 수 있는 가설을 채택하여 논증을 구성하는 형식을 취한다. 채택된 가설이 문제의 현상을 잘 설명하는 경우, 그 가설은 현상에 대한 설명력이 확대되므로 개연성이 높은 귀납논증이 될 수 있다. 하지만 채택한 가설이 현상을 잘 설명하더라도 결론이 거짓일 가능성은 얼마든지 열려 있다.

〈사례 5〉의 경우, 회사의 설비 상황과 예전에 발생했던 누전의 경험 등에 비추어 시설 노후화에 의한 누전 가능성을 가설로 채택하고 있다. 하지만 누군가에 의한 방화나 최근 도입한 어떤 기계의 오작동을 화재의 가능성으로 생각해 볼 수도 있다. 그렇기 때문에 여러 가능성 중에서 어떤 가설이 채택된다면 그 가설은 경쟁하는 다른 가설보다 문제의 현상을 더 그럴듯하게 설명해야 한다.

사례 5

우리 공장에서 어젯밤에 화재 사건이 발생했다. 우리 회사 설비 시설은 10년이 넘었고, 지난번에도 시설 노후화로 누전이 된 적이 있다. 어젯밤 화재 사건의 원인은 시설 노후화로 인한 누전일 가능성이 있다.

<최선의 설명에 의한 논증의 조건>

어떤 가설은 A라는 현상을 설명해 준다.

그 가설은 다른 대안적 가설보다 더 좋은 최선의 설명이다.

따라서 그 가설은 참이다.

연습문제 2

다음 논증이 연역논증인지 귀납논증인지 구별하시오.

1. 모든 눈이 나쁜 사람은 안경을 낀다. 길동이는 안경을 끼지 않았다. 그러므로 길동이는 눈이 나쁘지 않다.

2. 회사원 대부분은 여름휴가를 다녀왔다고 한다. 현영이는 회사원이다. 아마도 현영이는 여름휴가를 다녀왔을 것이다.

3. 사람은 기본적인 인권을 가지고 태어난다. 인권은 어떤 사람에게도 예외가 있어서는 안 된다. 그러므로 아동이라고 해서 그 인권을 침해받아서는 안 된다.

4. 동성애적인 성향은 유전에 의한 것이거나 아니면 환경적인 요인에 의한 것이다. 그런데 유전에 의한 것이 아니라는 점은 확실히 밝혀졌다. 그러므로 동성애적 성향은 환경 탓으로 보아야 한다.

5. 규모 7.1은 대단히 강한 지진이다. 따라서 지진 발생으로 사망자가 많이 발생할 것이다.

6. 안정성 평가기준을 통과한 유전자 조작 식품은 인체에 안전하다. 우리 밥상에 올라오는 유전자 조작 식품은 안정성 평가기준을 통과한 식품이다. 따라서 우리 밥상에 올라오는 유전자 조작 식품은 인체에 안전하다.

7. 출구조사 결과 최 후보자를 지지한 사람들이 65%였다. 따라서 이번 선거에서 최 후보자가 당선되리라 생각한다.

8. 자동차 연료에 해양 미생물 추출물을 첨가하면 자동차 배기가스 감소 효과를 기대할 수 있다. 자동차 연료에 해양 미생물 추출물을 첨가했다. 따라서 자동차 배기가스 감소 효과를 기대할 수 있을 것이다.

9. 내일 해가 뜰 것이다. 어제도 그저께도, 또 이전에도 계속 해가 떴기 때문이다.

10. 전 세계 축구공 70%가 파키스탄에 있는 공장에서 생산되고 나머지는 국내에서 생산된대. 어제 축구공을 샀는데 이거 파키스탄에서 만들었을 확률이 크네.

2. 논증과 오류

근거가 주장을 잘 뒷받침하지 못하는 추론, 즉 잘못된 논증을 '오류'라고 한다. 추론에서 발생하는 오류는 좋은 논증을 방해하는 늪과 함정이 된다. 그러므로 빈번하게 저지르게 되는 오류를 알고 있다면 논증을 구성할 때 오류를 피할 수 있다.

오류를 검토하는 일은 우리에게 여러 이득을 가져다준다. 우선 오류 검토를 통해 명료한 사고를 방해하는 요소들을 제거할 수 있다. 그렇게 함으로써 자신의 논증이 잘못된 방향으로 향하는 함정에서 벗어날 수 있다. 그 뿐만 아니라 다른 사람이 저지른 오류를 지적해 냄으로써 의견 대립의 상황에서 유리한 고지에 설 수 있게 된다.

이제 여러 가지 방식으로 논증에 결함이 생길 수 있다는 것을 알아보자. 우선 논증의 오류가 논증의 형식에서 비롯되었는지 혹은 내용에서 비롯되었는지에 따라 크게 형식적 오류와 비형식적 오류로 나누어 살펴보기로 하자.

1) 형식적 오류

형식적 오류란 논증의 형식에 잘못이 있다는 것이다. 그렇기 때문에 보통 형식적 오류란 연역적 관점에서 볼 때 잘못된 논증들을 일컫는다. 어떤 연역논증이 잘못된 형식, 즉 타당하지 못한 논증 형식을 가지고 있다면 그것은 형식적 오류를 범한 논증이다. 따라서 부당한 논증은 모두 형식적 오류를 범하고 있다. 다음 논증들을 살펴보자.

(1) 전건 부정의 오류

전건 부정의 오류는 하나의 조건명제를 제시하고 그 조건명제의 전건에 해당하는 문장을 부정하게 될 때 후건의 부정 문장으로 추론되는 결론을 반드시 참이라고 받아들일 때 발생한다.

사례

만약 이 약을 먹는다면 은영이의 병이 나을 것이다.

이 약을 먹지 않았다.

따라서 너는 병이 낫지 않을 것이다.

첫 번째 전제인 '은영이가 이 약을 먹는다면 은영이의 병이 나을 것이다'라는 명제는 전건과 후건 사이의 필연성을 보장하는 주장이 담겨 있다. 그러므로 이 전제는 은영이가 이 약을 먹을 경우 병이 반드시 낫는다는 것을 보장할 수 있지만, 이와 달리 은영이가 그 약을 먹지 않았을 경우 반드시 일어날 일에 대한 정보를 제공하지 않는다. 우리는 은영이가 그 약을 먹지 않더라도 병이 나을 수 있다는 것을 생각해 볼 수 있다. 정리해 보면, 이 논증은 은영이가 다른 약을 먹고 병이 나을 수 있다는 것을 간과한 채 결론을 추론하고 있다. 이러한 추론상의 오류를 '전건 부정의 오류'라고 한다. 그 형식은 다음과 같다.

<전건 부정의 오류>

만약 p라면 q이다.

p가 아니다.

따라서 q가 아니다.

(2) 후건 긍정의 오류

후건 부정의 오류는 하나의 조건명제를 제시하고 그 조건명제의 후건에 해당하는 문장을 긍정하게 될 때 전건의 긍정 문장으로 추론되는 결론을 반드시 참이라고 받아들일 때 발생한다.

사례

만약 이 약을 먹는다면 은영이의 병은 나을 것이다.

은영이의 병이 나았다.

따라서 이 약을 먹은 것이다.

전제로 주어진 조건명제에 대하여 그 후건을 긍정한 진술이 또 하나의 전제로 주어질 경우, 결론으로 추론되는 해당 논증의 전건이 참이라고 단정적으로 말할 수 없다. 사례에서 볼 수 있듯이, 은영이의 병이 나았다고 해도 반드시 이 약을 먹었는지 알 수 없다. 예를 들어, 은영이가 다른 약을 먹었거나 오랜 시간이 지나 자연스럽게 병이 나을 수도 있기 때문이다. 이런 추론상의 오류를 후건 긍정의 오류라고 한다. 그 형식은 다음과 같다.

<후건 긍정의 오류>

만약 p라면 q이다.

q이다.

따라서 p이다.

(3) 선언지 긍정의 오류

선언지 긍정의 오류는 선언문의 한 선택지를 긍정하는 문장을 전제로 삼아 선언문의 나머지 선택지의 부정을 결론으로 도출할 때 발생한다.

사례

재희는 액션 영화를 좋아하거나 코미디 영화를 좋아한다.

재희는 액션 영화를 좋아한다.

따라서 재희는 코미디 영화를 좋아하지 않는다.

위 논증은 선언지 중 하나를 긍정함으로써 나머지 선언지를 부정하는 형식을 취하고 있다. 그런데 이 논증은 전제가 모두 참이라 하더라도 결론이 거짓일 수 있는 부당한 논증이다. 왜냐하면 첫 번째 전제의 의미가 '재희는 액션 영화를 좋아하면서 동시에 코미디 영화도 좋아하는' 경우라면 위 논증의 결론은 거짓이 되기 때문이다. 이러한 추론상의 오류를 '선언지 긍정의 오류'라고 한다. 그 형식은 다음과 같다.

<선언지 긍정의 오류>

$p \lor q$	$p \lor q$
$\underline{p}$	$\underline{q}$
$\sim q$	$\sim p$

'재희가 액션 영화를 좋아하거나 코미디 영화를 좋아한다'라는 명제처럼 두 선언지가 동시에 참일 수 있는 관계인 경우, 그 명제를 포괄적 선언명제라고 부른다. 이처럼 논증의 전제가 포괄적 선언명제일 때에는 선언명제에 포함된 하나의 선언지를 부정해야만 타당한 형식의 논증이 된다. 반면 두 선언지의 관계가 동시에 참일 수 없는 경우가 있다. 예를 들어 지금 '재희는 영국에 있거나 한국에 있다'라는 명제에서, 재희는 영국과 한국 두 곳에 존재할 수 없다. 이와 같이 두 선언지의 관계가 동시에 참일 수 없는 경우를 배타적 선언명제라고 한다. 이처럼 논증의 전제가 배타적 선언명제의 경우에는 선언명제에 포함된 하나의 선언지를 긍정하더라도 결론이 참이 된다.

2) 비형식적 오류

비형식적 오류는 논증의 형식에는 문제가 없으나, 형식 이외의 다른 이유로 오류를 범하는 경우에 해당한다. 전제가 실제로 참이 아닌데 참이라고 간주하는 경우, 또 형식적으로 문제가 없고 전제가 참이라 하더라도 내용상 문제가 있는 경우가 비형식적 오류에 포함된다. 비형식적 오류를 분류하는 방법은 다양하지만, 대체로 증거적 오류, 논증의 수행과정에서 생기는 오류, 언어적 오류로 나누어 보면 이해하기 쉬울 것이다. 이제 우리가 일상생활에서 빈번하게 저지르는 비형식적 오류들을 몇 가지 살펴보기로 하자.

(1) 대중에 호소하는 오류

대중에 호소하는 오류는 주장에 대한 근거를 제시하는 대신 다수결의 원리를 도입하여 주장을 뒷받침하려는 경우에 발생하는 오류이다.

사례

소년법을 폐지하는 것은 정말 옳은 일입니다. 최근 청와대 청원 게시판을 보면 소년법 폐지에 대한 긍정적인 여론들이 넘쳐 나는 것을 볼 수 있습니다. 따라서 소년법은 폐지되어야 합니다.

위 사례는 소년법 폐지에 대한 현실적인 근거들을 구체적으로 제시하는 대신 대중의 여론을 근거로 사용하였기에 위의 논증은 오류를 범하고 있다.

(2) 힘에 호소하는 오류

힘에 호소하는 오류는 어떤 지위나 힘을 이용하여 자신의 주장을 받아들이도록 위협하는 경우에 발생하는 오류이다.

사례

오늘 회식이 있습니다. 오늘 회식에 참석하지 않는다면 어떻게 될까 생각해 보십시오. 곧 인사이동이 있을 예정입니다. 후회하지 마세요.

위 사례에서 상사가 직원들에게 오늘 회식이 있을 예정이라고 말하고 있다. 회식의 참여는 회사 업무와 무관하고 사원의 능력을 평가하는 것에 포함될 수 없는데도, 상사는 회식 이후 있을 인사이동에 회식 참여 여부를 고려하겠다고 말함으로써 직원들을 심리적으로 협박 혹은 위협하고 있다.

(3) 감정에 호소하는 오류

감정에 호소하는 오류는 상대에게 연민이나 동정심을 유발하여 자신의 주장을 받아들이도록 할 때 발생하는 오류이다.

사례

사장님, 제발 저를 해고하지 마세요. 저는 노부모님을 모시고 삽니다. 그리고 아내도 지난달에 실직을 당했고 아이도 여럿 있습니다.

위 사례에서 직원은 자신이 해고당하지 않아야 할 합당한 근거를 제시하지 못하고 있다. 그 대신 사장의 동정심이나 연민 같은 감정을 불러일으켜 자신의 주장을 정당화하려는 오류를 범하고 있다.

(4) 인신공격의 오류

인신공격의 오류는 상대방의 주장을 반박하고자 할 때, 주장의 내용을 비판하지 않고 주장을 하는 사람의 인품, 성격, 행실 등의 이유로 그 사람의 주장에 문제가 있다고 비판하는 경우에 발생하는 오류이다.

사례

그 국회의원의 이번 공약을 들을 필요도 없습니다. 그가 지난번에 교통신호를 위반했습니다.

국회의원의 공약을 반박하고 싶다면 국회의원의 공약의 내용을 검토하여 그 내용을 문제 삼아야 한다. 그런데 국회의원의 공약을 반박할 근거 대신 국회의원의 행실을 문제 삼아 비판하고 있기에 위의 논증은 오류이다.

(5) 흑백논리의 오류

흑백논리의 오류는 여러 가지 선택이 가능한 상황에서 합리적인 이유 없이 특정한 두 가지 선택지만을 전제로 제시하여 그로부터 결론을 이끌어 내고자 할 때 발생하는 오류이다.

사례

영희: 이 세상에는 자신의 성격이 이상하다는 것을 아는 사람과 모르는 사람밖에 없대. 너는 둘 중 어디에 속하니?

철수: 어, 당연히 나는 이상하다는 것을 아는 사람이지.

영희는 두 가지 선택지, 즉 '자신의 성격이 이상하다는 것을 아는 사람'과 '자신의 성격이 이상하다는 것을 모르는 사람'만 있다고 제안하며 철수에게 둘 중 하나를 선택하라고 제안하고 있다. 영희가 제시한 두 가지 선택지만 있는 것이 아니라, 제3의 선택지인 '성격이 이상하지 않는 사람'도 있는데 영희는 이것을 특별한 이유 없이 배제시켰다. 이와 같이 여러 가지 선택이 가능한 상황에서 합리적인 이유 없이 단지 두 가지 전제로부터 결론을 이끌어 내고자 할 때 잘못된 이분법, 즉 흑백논리의 오류를 범하게 된다.

(6) 논점일탈의 오류

논점일탈의 오류는 주장을 내세우려 할 때 자신의 중심 주제에서 벗어나 상관없는 주제로 향하게 될 때 발생하는 오류이다.

사례

나는 원자력 발전소 추가 건설을 전적으로 찬성한다. 왜냐하면 나는 이런저런 것에 관해 항상 불평만 늘어놓는 환경주의자들에게 질렸거든. 그들은 모든 일을 반대하기만 하거든.

위 사례는 우리나라에 원자력 발전소 건설이 왜 필요한가에 대한 합당한 근거를 제시해야 하는 상황에서, 해당 논의와 무관한 환경주의자들을 비판하는 주제로 화제를 전환하는 오류를 범하고 있다.

(7) 거짓 인과의 오류

거짓 인과의 오류는 어떤 사건의 원인이라고 보기에 충분한 근거가 아닌 것을 실제 원인으로 삼고, 그로부터 주장을 이끌어 내려 할 때 발생하는 오류이다.

사례

나는 고양이만 보면 안 좋은 일이 생기더라. 그런데 지난밤 산책하다 검은 고양이를 보았지 뭐야. 그러더니 횡단보도에서 차 사고가 났지!

위 사례는 횡당보도 차 사고가 일어나게 된 실질적인 원인들을 검토하지 않고, 그 대신 엉뚱한 원인으로부터 결론을 추론함으로써 오류를 범하고 있다. 보행자나 운전자가 신호 위반을 했는지, 보행자가 주위를 잘 살피고 길을 건넜는 지와 같이 차 사고의 실제 원인을 파악하는 대신에, 차 사고가 일어나기 전에 고양이를 본 우연적인 사건을 차 사고의 원인으로 혼동하고 있다.

(8) 무지에 호소하는 오류

무지에 호소하는 오류는 어떤 주장이 거짓이라 밝혀진 적이 없으니 그 주장이 정당하다고 주장하거나, 반대로 어떤 주장이 참이라고 증명되지 않았으니 그 주장을 거짓이라고 할 때 생기는 오류이다.

사례

과학자: 우리 중에 아무도 신이 존재한다는 사실을 증명한 사람이 없습니다. 따라서 신은 존재하지 않습니다.

신학자: 아닙니다. 신은 존재하지요. 누구도 신이 존재하지 않는다는 것을 증명하지 못하지 않았습니까.

위 대화에서 과학자와 신학자 모두 무지에 호소하는 오류를 범하고 있다. 실제로 좋은 논증이 되려면, 신이 존재하거나 존재하지 않는다는 결론을 뒷받침하는 적극적인 이유를 제공해야 한다. 그러나 과학자와 신학자가 각자 제시한 논증 모두 신의 존재에 관해 아무것도 알려주지 않고, 그것을 증명하지 못했다는 사실만 제시하고 있을 뿐이다. 두 논증 모두 입증해야 할 사실에 대해 미약한 근거만 제시할 뿐 충분한 근거를 제시하지 못하고 있다.

(9) 잘못된 유비논증

잘못된 유비논증은 비교하는 두 대상이나 사건의 유사성을 충분히 파악하지 않고 추론할 때 발생하는 오류이다.

사례

지난 세기의 인기 영화배우 김씨는 미남이고 키가 훤칠했으며 장수했다. 최근 등장한 인기 영화배우 문씨도 미남이고 키가 훤칠하다. 아마 문씨도 장수할 것이다.

위 사례는 비교의 대상인 김씨와 문씨의 공통점이나 유사성을 충분히 파악하지 않고 문씨가 장수할 것이라는 결론을 추론함으로써 오류가 발생한다.

(10) 성급한 일반화의 오류

성급한 일반화의 오류는 몇 가지 사례나 경험만을 가지고 그 전체 또는 전체의 속성을 섣불리 단정 짓거나 판단하는 데서 생기는 오류이다.

사례

어제 우리 학교 유학생 모임이 있었다. 그런데 모임에 지각한 학생들은 모두 같은 나라 사람이라고 했다. 그 나라 사람들은 항상 지각을 하나 보다.

경험한 일부의 사례, 즉 해당 모임에 지각한 몇몇 학생들을 근거 삼아 해당 학생들이 속한 나라의 모든 사람들도 그들과 같은 속성을 가졌을 것이라고 일반화시켜 추론하고 있다. 이처럼 성급한 일반화의 오류는 귀납적 일반화의 과정에서 전제로 제시된 표본의 크기가 너무 작아 결론을 일반화하기에 충분하지 않은 경우에 발생하는 오류이다.

(11) 편향된 자료의 오류

편향된 자료의 오류는 결론을 이끌어 내기 위해 사용된 표본이 다양하지 못한 경우에 발생하는 오류이다.

사례

화장실 불법촬영 행위를 퇴치해야 한다는 목소리가 높아지고 있다. 그래서 서울시에서는 학내 안전지킴이 활동이 강화되어 있는 우리 대학교 학내 화장실 몰래카메라 전수조사를 실시하였다. 서울시 여성 안심 정책 팀장이 그 결과를 알렸는데, 전수조사 결과 우리 대학교 화장실에서 몰래카메라가 나오지 않았다고 했다. 그렇다면 서울에 있는 대학교는 몰래카메라로부터 안전한 것인가!

위 논증은 서울에 있는 모든 대학이 몰래카메라로부터 안전하다는 결론을 추론하기 위해 편향된 자료를 제시하고 있다. 결론을 추론하기 위해 제시한 표본은 서울에 위치한 대학 중 교내 안전에 힘쓰고 있는 특정 대학에 대한 것이므로, 서울에 있는 모든 대학교의 상황을 대변할 만큼 다양한 자료라고 보기 어렵다.

(12) 선결문제 요구의 오류

선결문제 요구의 오류는 논증의 전제가 증명되지 않았음에도 그것으로부터 결론을 추론하려 할 때 발생하는 오류이다. 이 오류는 순환논증의 오류라고 부르기도 한다.

사례

안락사를 금지해야 한다. 왜냐하면 살인은 금지해야 하기 때문이다.

위 논증에는 숨은 전제, 즉 '안락사는 살인이다'가 전제되어 있다. 그런데 이 숨은 전제가 참인가는 논란의 여지가 많은데, 이 전제를 참이라고 가정한 채 결론을 추론하고 있기 때문에 오류가 발생한다.

(13) 미끄러지는 경사면의 오류

미끄러지는 경사면의 오류는 한 가지 사건이나 판단에 뒤따르는 여러 연쇄 관계의 가능성을 모두 배제한 채 특정한 연쇄 관계만 고려하여 그것의 가능한 결과만을 제시할 때 전혀 예기치 못한 엉뚱한 결론에 도달하게 되는 오류이다.

사례

내 인생은 완전히 실패다. 왜냐하면 어제 승진에서 탈락했다는 통보를 받았다. 승진에서 탈락하면 가족으로부터 비난을 받을 것이다. 비난을 받는다면 나는 견딜 수 없을 것이며, 결국 가족을 떠나야 할 것이다. 가족과 함께 살 수 없다면 삶의 의미가 있는가!

위 사례는 승진에 탈락했다는 사실로 인해 가족들로부터 비난을 받을 것이라는 하나의 가정을 받아들이고, 그로부터 자신의 인생이 완전히 실패라고 추론하고 있다. 승진에서 탈락했다는 소식에 가족들이 격려와 위로를 할 수 있는 가능성은 배제하고, 가족으로부터 비난받을 것이라는 가정만을 참으로 받아들임으로써 엉뚱한 방향으로 주장을 전개하고 있다.

(14) 의도 확대의 오류

의도 확대의 오류는 생각, 소망, 의도 등을 확대 해석하여 주장할 때 범하게 되는 오류이다.

사례

딸: 아빠, 저 오늘 수학 학원에 안 갔으면 좋겠어요.

아빠: 너는 대학에 가고 싶지 않구나!

이 대화에서 딸은 어떤 이유로 오늘 하루만 수학 학원을 가지 않기를 원하고 있다. 아빠는 딸의 말과 '수학 학원을 가지 않으면 대학에 입학할 수 없다'는 하나의 인과관계를 연결하여, 딸이 실제로 의도하지 않은 결론을 마음대로 확대하여 추론하고 있다.

(15) 소망적 사고의 오류

소망적 사고의 오류는 X가 참이거나 거짓임을 소망하기 때문에 X가 정말로 참이거나 거짓이라고 잘못 가정할 때 범하게 되는 오류이다.

사례

나는 전쟁이 없는 날이 오기를 간절히 바랐고, 그래서 밤마다 기도를 했다. 봐라, 이제 더 이상 전쟁은 없다.

실제로 주장하는 바대로 모든 전쟁이 중단되었다고 해도, 그것은 마음속으로 혼자 기도했기 때문에 실현된 것이라고 볼 수 없다. 위 사례는 국가들 사이 혹은 사회 집단 간의 의견 조정을 위한 노력이나 평화롭게 공존하기 위한 무수한 협상을 종전의 이유로 고려하지 않고, 자기 편한 대로만 생각하고 결정하는 사고의 함정을 보여주고 있다.

(16) 애매어의 오류

애매어의 오류는 논증에서 사용되고 있는 하나 혹은 그 이상의 단어가 명확하지 않아 발생하는 오류이다. 이 오류는 여러 의미를 가진 한 단어를 전제나 결론에서 맥락에 따라 서로 다른 의미로 사용할 때 발생한다.

사례

인간은 모두 죄인이다. 죄지은 인간은 모두 교도소에 가야 한다. 그러니 우리 모두 교도소에 가야 한다.

'인간은 모두 죄인이다'에서 인간은 종교적 의미에서 '죄인'이며, '죄지은 인간'이라고 할 때 인간은 사법적 의미의 '죄인'이다. 이 사례는 '죄인'이라는 단어가 가진 두 가지 의미를 혼동하여 결론을 엉뚱하게 추론하는 오류를 범하고 있다.

연습문제 3

다음 논증이 범하고 있는 오류를 찾아내어 비판하라.

1. 운동을 열심히 하면 체중이 줄어든다. 길동이는 최근 운동을 전혀 하지 않았다. 그러므로 길동이의 체중은 늘었음에 틀림없다.

2. 새로운 시장이 선출된 지 3개월 후 우리 시는 10년 만에 처음으로 예산 적자가 났다. 분명 새 시장의 책임이므로 다음 선거에서 그는 낙선되어야 한다.

3. 이 다이어트 식품을 구입하세요. 날씬한 연예인들이 대부분 구입했다고 해요.

4. 제이슨 킴이 지난 선거 때 투표를 했다면, 그는 틀림없이 대한민국 국적을 가지고 있을 것이다. 그리고 실제로 그는 대한민국 국적을 가지고 있다. 그러므로 제이슨 킴은 틀림없이 지난 선거에서 투표를 했을 것이다.

5. 오늘 저녁 농구 동아리 회식은 당장 취소해야겠어. 거기 가면 보나 마나 늦은 시간까지 취하도록 술을 마실 거야. 그렇게 되면 나는 아침에 늦게 일어나게 될 것이고 내일 아침 토론 수업에 결석하게 될 것이 뻔해.

6. 우리 사회의 불안의 요소는 청년실업 문제이거나 고령인구 증가문제이다. 그런데 주위를 보니 청년 실업자 문제가 너무 심각하네. 고령인구 증가 문제는 우리 사회의 불안 요소가 아닌 것 같아.

7. 어제 상반기 경제인 협회 모임에 참석했다. 우리나라 유명 기업 재벌 2세 몇 명이 그 모임에 참석했는데 그들의 태도는 너무나 겸손했다. 아마도 재벌 2세는 모두 겸손한 것임에 틀림없다.

8. 이번 대학 총장 선거에서 나를 총장으로 선출하시오. 나를 총장으로 선출하든가 아니면 우리 학교를 폐교하든가 둘 중 하나를 선택하시오.

9. 일반적으로 담배가 폐암의 원인이라고 믿고 있다. 그러나 담배가 폐암을 유발한다는 결정적인 증거가 없다. 그러므로 담배로 인해 폐암이 생기는 것은 아니다.

10. 모든 사람에게 자신의 의견을 말할 것을 허용해야 한다. 왜냐하면 그렇지 않으면 언론의 자유에 위배될 것이기 때문이다.

11. 이 친구는 입사시키지 않는 것이 좋겠어. 이력서를 보니 이 친구는 지난번에 입사했던 김씨와 외모, 학력, 고향, 취미가 너무 비슷한데. 지난번 김씨가 우리 회사 기밀을 유출했잖아. 다시는 이런 일을 당하고 싶지 않아.

12. A시의 2017년 지역사회 건강통계 조사에 따르면, 금연 지원센터에서 교육을 받은 19세 이상 주민 500명을 대상으로 조사한 결과 A시 시민 흡연율은 2015년 24.5%, 2016년 22.2%, 2017년 17.9%로 감소 추세를 보이고 있다. 따라서 A시 전체 시민의 흡연율이 줄었다는 것을 알 수 있다.

13. 사람과 컴퓨터는 여러 측면에서 유사하다. 그러니 컴퓨터도 감정을 느낄 거야.

14. 정부는 대학입시 전형을 대대적으로 개편해야 할 것이다. 왜냐하면 수험생을 둔 모든 어머니들이 입시 개편에 대하여 한 목소리를 내고 있기 때문이다.

15. 인격체를 살인하는 것은 사회적으로 도덕적 비난을 받게 될 것이다. 그러므로 낙태를 허용해서는 안 된다.

3

비판적 읽기

1. 비판적 읽기와 그 목적

읽기의 대상에는 시, 소설, 설명문, 감상문 등 다양한 종류의 글이 포함된다. 하지만 여기서는 다양한 종류의 글 전체를 대상으로 하는 것이 아니라 논증적인 글에 한정하여 비판적 읽기가 무엇인지 알아보고자 한다. 우리는 책, 신문, 라디오, 인터넷 등과 같이 여러 매체를 통해 주장하는 바를 접하게 되므로, 책에 국한시키지 않고 다양한 매체를 통해 전달되는 논증적인 텍스트를 모두 비판적 읽기의 대상에 포함시킬 수 있다.

물론 읽기란 주어진 텍스트에 대하여 정확히 이해하는 것으로 출발한다. 하지만 저자를 무조건적으로 신뢰하거나 작품을 하나의 완성품으로 여긴다면, 단순히 글을 수동적으로 따라 읽게 된다. 이러한 수동적인 글 읽기 태도는 단지 저자의 생각이나 의도를 파악하는 것, 텍스트 내용에 대한 감상이나 저자에 대한 찬사, 그리고 정보 습득 측면만 머무르게 만들 수 있다.

비판적으로 글을 읽는다는 것은 이와 같이 수동적으로 글을 읽는 태도를 버리고 능동적으로 이것저것 꼼꼼히 따져 읽는 것을 말한다. 다시 말해 비판적 읽기란 논증적인 글이 갖추어야 할 요소들을 적절히 갖추었는지 분석하고 평가하며 읽는 과정을 의미한다. 그래서 비판적 읽기는 말이나 글로 표현된 주장과 근거의 논리적 관계를 따지는 일, 근거가 참인지를 확인하기 위해 다양한 정보를 수집하고 정보의 의미를 파악하고 그 정보가 참인지 유용한지 평가하는 과정, 그리고 글쓴이가 여러 관점에서 문제를 바라보고 있는지 다른 대안들을 고려하였는지 등을 분석하고 평가하는 사고의 과정 모두 포함된다.

이와 같은 비판적 읽기의 과정은 분석적 읽기와 평가적 읽기로 구분할 수 있다. 비판적 읽기는 첫째, 주어진 텍스트가 합리적인 사고의 절차를 갖추고 있는지 '분석하며 읽는 단계'와 둘째, 주어진 텍스트가 좋은 텍스트인지 '평가하며 읽는 단계'로 진행된다. 분석적 읽기의 도구로 사용할 비판적 사고의 구성 요소들은 글을 어떻게 분석해야 하는지 지침을 알려줄 것이다. 또한 평가적 읽기의 기준으로 제시되는 항목들은 좋은 글과 나쁜 글로 평가할 수 있는 안목을 길러줄 것이다. 그러므로 비판적으로 사고할 줄 안다는 것은 비판적 사고의 요소들을 고려하면서 글을 읽고, 사고의 평가 기준에 따라 글을 평가할 줄 안다는 것이다. 글의 분석과 평가의 기준을 익히고 반복적으로 훈련한다면 비판적 사고를 습관화할 수 있다.

비판적으로 읽는 것은 주어진 텍스트에만 머무는 것이 아니라 텍스트 분석과 평가를 하는 활동이므로 이러한 활동은 우리의 사유의 힘을 길러줄 뿐만 아니라 사유를 확장시켜 줄 것이다. 앞서 말했듯이 글의 내용을 확인하기 위해 다양한 정보를 수집하고 정보의 의미를 파악하고 그 정보를 평가하는 과정이 비판적 읽기에 포함된다. 그리고 서로 다른 관점과 대안들을 비교 평가하는 과정 역시 비판적 읽기에 포함된다. 이와 같은 능동적인 읽기의 과정은 저자가 제시한 정보를 넘어서 새로운 정보를 얻는 기회를 제공하며, 제시된 문제에 대한 여러 관점과 대안들에서 무엇이 더 좋은 것인지 평가할 수 있는 안목을 갖게 해줄 것이다.

이것은 우리가 비판적 읽기를 해야 하는 이유를 잘 보여준다. 첫째, 비판적 읽기를 통해 사고가 깊고 넓어지게 된다. 텍스트를 비판적으로 검토하면서 나의 생각이나 다른 사람들의 의견과 비교해볼 수 있기 때문이다. 여러 관점들을 비교 평가해 보는 과정에서 우리의 사유의 지평은 더욱 확장 될 것이다. 비판적 읽기의 과정은 단순히 타인의 생각을 수집하는 것이 아니라 어떤 생각이 더 합리적인 사고인가에 대한 비판적 검토를 포함한 활동이므로, 이 과정을 통해 자신의 생각을 적극적으로 정리할 수 있게 된다. 그리고 읽기 과정에서 생각해 낸 새로운 해결책이나 대안은 개인의 삶이나 사회 문제 해결에 활용할 수 있는 창의적 사고로 이어질 수 있는 발판을 마련해 준다.

둘째, 비판적 읽기의 과정을 통해 논증적 글쓰기가 무엇인지 배울 수 있다. 최근 우리 사회는 글쓰기 능력을 상당히 중요시하고 있다. 과거 수동적인 주입식 교육 현장이나 억압적인 사회 분위기에서는 자신의 생각을 적극적으로 제시할 기회가 드물었지만, 요즘은 학교나 사회, 그리고 인터넷상에서 자유로운 의견 교류가 가능하다. 이처럼 자신의 생각을 정리하여 전달하는 기회는 많아졌지만 글을 잘 쓰는 일은 여전히 쉽지 않다.

중요한 것은 비판적 읽기를 통해 훈련한 비판적 사고력이 나의 논리적 글쓰기 과정에서 빛나기를 기대해 볼 수 있다는 점이다. 읽기 과정에서 새로 알게 된 많은 정보와 이론들, 넓어진 사유의 지평과 높아진

안목 등은 글쓰기의 소재나 주제 선택의 도움을 줄 것이며, 읽기를 통해 익힌 비판적 분석과 평가의 방법은 나의 생각을 체계적으로 정리하는 일을 담당할 것이다.

2. 비판적 읽기의 방법

여러 방식으로 비판적 읽기를 진행할 수 있겠지만, 여기에서는 두 단계로 구분하여 비판적 읽기의 방법을 익히고 연습하고자 한다. 첫 번째 단계는 비판적으로 글을 분석하며 읽는 과정, 즉 '분석적 읽기'이고, 두 번째 단계는 분석한 글을 비판적으로 평가하면서 읽는 과정, 즉 '평가적 읽기'라 할 수 있다.

글이 좋은 글인지 아닌지 평가하기에 앞서, 우리는 글을 정확히 이해하고 분석할 필요가 있다. 이와 같이 주어진 글을 꼼꼼히 분석하는 단계가 바로 비판적 읽기의 첫 번째 일이라 할 수 있다. 우리는 비판적 사고의 구성 요소들에 비추어 분석적으로 글을 읽는 과정을 연습할 것이다. 글을 읽을 때 무엇을 어떻게 따져야 할지 잘 모른다면 비판적 사고의 구성 요소들에 어떤 것들이 있는지 확인할 필요가 있다. 글을 분석으로 읽은 다음, 비판적 사고의 평가 기준에 비추어 좋은 글인지 개선이 필요한 글인지 점검하는 두 번째 단계로 넘어갈 것이다. 마찬가지로 어떤 기준으로 평가해야 하는지 분명히 인식하지 못하고 있다면, 제시될 평가기준 항목을 눈여겨 볼 필요가 있다.

여기서 제시하는 비판적 사고의 구성요소와 평가 기준에 맞추어 글을 읽는 연습을 반복적으로 수행한다면, 비판적으로 사고하는 것을 쉽게 습관화시킬 수 있을 것이다.

1) 분석적 읽기

비판적 읽기의 첫 번째 단계는 분석적 읽기 과정이다. 이 과정의 목적은 주어진 글을 정확하게 이해하고 분석하는 것이다. 제시되는 비판적 사고의 구성 요소들은 글을 어떻게 분석할 것이지 구체적인 지침이 되어 줄 것이다. 이 책에서 제시하는 비판적 사고의 구성 요소는 쟁점이 되는 문제, 개념, 주장과 근거, 함축, 관점 등이다. 물론 글에 따라 혹은 글을 읽는 사람에 따라 제시된 구성 요소들 이외의 비판적인 분석의 요소들을 추가할 수도 있다. 또한 글을 읽는 사람에 따라 어떤 요소를 더 중요하게 생각하느냐도 다를 수 있다는 점을 고려하자.

이 책에서 제시하는 비판적 분석의 틀을 간략하게 요약하면 다음과 같다. 우선 저자가 해결하고자 하는 문제 상황이 무엇인지 확인해야 한다. 그리고 저자가 다루는 주제와 관련된 개념들을 찾아 그 개념의 의미와 전체 글의 의미를 정확히 이해하도록 한다. 그런 다음 논증적 글에 항상 포함되어 있는 주장과 근거를 찾아 논증을 구성해 보자. 개념, 주장, 근거 등과 같은 분석의 요소들은 글 안에 다소 명시적으로 드러나 있는 요소들이다. 이와 달리 글에 명시적으로 드러나 있지 않은 요소들도 비판적 읽기에서 고려해야 한다. 다시 말해 글이 함축하는 바, 저자의 관점 등을 알아내는 일도 비판적으로 분석할 때 주목해야 할 중요 요소들에 포함된다.

(1) 쟁점이 되는 문제

글의 주장은 대체로 쟁점이 되는 사안에 대해 저자가 제시하는 해결책이 된다. 논증은 저자가 문제 상황을 해결하기 위해 주장을 제시하고 그 문제를 해결해 가는 과정이다. 그렇기 때문에 논증적인 글에는 반드시 저자가 해결하고자 하는 문제가 제시되어 있다. 글에 대한 이해는 저자가 주로 다루는 문제가 무엇인지 정확히 파악하는 것으로 출발한다. 다음 논증을 예로 들어 보자.

> "낙태죄를 폐지해야 한다. 왜냐하면 낙태죄는 여성의 행복추구권을 무시하며 양성평등에 위배되기 때문이다."

여기서 저자가 문제시 하는 사안은 '낙태죄 문제를 어떻게 해결해야 하는가'이며, 쟁점이 되는 사안은 이와 같이 하나의 질문형태로 구체화시켜 서술하면 된다. 그리고 이 문제에 대한 저자의 주장은 '낙태죄를 폐지해야 한다'와 같이 주장이 담긴 서술형 문장으로 서술하면 된다.

(2) 개념

글을 읽을 때 저자가 사용하고 있는 단어들의 의미를 정확히 이해하는 것은 중요하다. 우선 글쓴이가 가장 중요하게 사용하고 있는 핵심 개념이 무엇인지 찾아내고, 그 의미를 정확하게 파악할 필요가 있다. 글을 분석할 때 핵심 개념이 무엇인지, 그 의미가 무엇인지 파악하는 것이 중요한 이유는 그 개념 자체가 글 전체의 의미나 글쓴이의 주장, 글의 주제를 이해하는 것과 맞물려 있기 때문이다. 다시 말해 개념의 의미를 정확하게 이해하지 못한다면 글의 내용을 이해할 수 없을 뿐만 아니라 저자의 의도를 왜곡할 수 있기 때문이다.

핵심 개념이 전문적이거나 생소하여 그 의미를 파악하기 어렵다면 사전의 도움을 받아 그 의미를 적극적으로 알아 가는 것이 필요하지만, 예를 들어 과학이나 경제학 같이 전문분야에서 사용되는 개념이라면 해당 분야에서 그 단어가 어떻게 사용되는지 반드시 확인해야 한다.

특히 우리가 단어 사용에 주의해야 하는 경우는 단어의 의미가 여럿인 경우이다. 보통 하나의 단어에는 하나의 의미만 있는 것이 아니라 여러 가지 의미가 있다. 다음의 주장을 예로 들어 보자.

"우리 사회는 평등한 사회로 나아가야 한다."

이 주장에 사용된 '평등'의 의미는 기회의 평등, 결과의 평등, 과정의 평등 등 여러 가지로 이해될 수 있다. 이처럼 하나의 단어가 여러 의미를 나타내는 경우, 글쓴이가 사용하는 의미와 독자가 이해하고 있는 의미가 다르다면 독자는 저자의 생각을 정확히 파악하기 어려우며 저자가 제시하는 논증을 분석하는 과정에서 어려움이 생기기 마련이다. 따라서 그 단어가 어떤 의미로 사용되고 있는지 정확하게 파악해야 할 필요가 있다.

우리가 일상적으로 잘 알고 있는 단어라 하더라도 글쓴이가 글에서 특별한 의미에 한정하여 단어를 쓰는 경우도 있다. 예를 들어, '인종차별주의'라는 개념을 저자가 자의적으로 '흑인에 대한 인종차별'에만 국한하여 사용하는 경우를 생각해 볼 수 있다. 글쓴이가 자의적으로 개념을 한정하여 사용하고 있다면 글쓴이의 이런 사정을 고려하면서 글을 읽고 분석하는 것이 필요하다.

(3) 주장과 근거

모든 논증은 주장과 그것을 뒷받침하는 근거로 구성된다. 따라서 논증적인 글은 반드시 주장을 나타내는 문장과 주장의 근거가 되는 문장들로 이루어지기 마련이다. 주장은 글쓴이가 해당 이슈에 대해 자신의 생각을 제시하는 것으로 글에서 가장 핵심이 되는 구성요소이다. 그러므로 논증적인 글을 분석할 때 해당 글에서 주장과 근거를 찾아내는 것은 분석과 평가의 중요한 출발점이라 볼 수 있다.

글을 분석해 보면 결론이 하나인 경우도 있고 결론이 여러 개 있는 경우도 있다. 결론이 여러 개 있다면, 글 안에 여러 개의 논증이 들어 있는 경우이다. 예를 들어 글 안에 각각 독립된 몇 개의 논증이 있을 수도 있고, 몇몇 근거와 주장들이 연쇄적으로 결합되어 최종 결론을 이끌어 내는 하나의 논증이 있을 수도 있다. 후자의 경우, 논증 전체의 결론을 최종 결론이라 하고, 최종 결론을 뒷받침하는 근거 역할을 하면서 동시에 다른 근거들로부터 도출되는 결론을 중간 결론이라고 구분하는 것이 유용하다. 근거 → 중간 결론 → 최종 결론으로 논증 구조도를 그리면 논의의 전체 구조를 한눈에 파악하기 좋다.

〈근거〉 겨울의 추운 날씨에는 원래 체온을 유지하기 위해 더 많은 칼로리를 소모한다.

↓

〈중간 결론〉 그러므로 일반적으로 겨울철의 신진대사율은 여름보다 증가한다.

↓

〈최종 결론〉 그러므로 여름보다 겨울에 다이어트 성공률이 높다.

논증을 분석할 때 글쓴이가 의도적으로 전제나 결론을 생략하는 경우도 있고, 일반적으로 모두 안다고 생각하는 전제나 결론을 생략하는 경우도 있다. 이럴 경우 글쓴이의 의도와 목적 등을 고려하여 논증에 나타나 있지 않은 숨은 전제나 결론을 찾아 논증 구조에 드러내 주어야 한다. 다음 논증을 예로 들어 보자.

"기호용 마약을 합법화해서는 안 된다. 왜냐하면 기호용 약물은 폭력과 범죄를 낳기 때문이다."

이 논증의 암묵적 가정은 '개인의 선택의 자유보다 사회 안전이 중요하다'라고 명시할 수 있다. 이러한 글쓴이의 가치 전제, 즉 가치관이 포함된 주장은 사회 안전보다 개인의 자유를 더 중시하는 가치관을 가진 사람들의 의견과 대립될 수 있다. 이처럼 가치관이 충돌하는 논쟁에서는 경쟁하는 가치 중 무엇이 더 우선시되어야 하는가를 평가하는 작업이 중요하기 때문에 글을 분석할 때 글의 암묵적 가정을 반드시 명시해야 할 것이다.

(4) 함축

비판적으로 글을 읽을 때는 표면적으로 드러나 있는 내용만 파악하는 것이 아니라 함축된 내용도 생각해야 한다. 근거를 토대로 이끌어 낸 주장이 글 안에 명시적으로 드러나 있는 반면, 함축은 겉으로 드러나지 않지만 그 논증의 주장으로부터 다시 도출해 낼 수 있는 어떤 것이다. 글이 함축하는 바는 글쓴이의 생각이 확장된 내용일 가능성이 있기 때문에, 글을 잘 이해하기 위해서는 글쓴이의 주장이 암암리에 의미하고 있는 내용을 알아차릴 필요가 있다. 그런데 함축하는 내용이 실제로 저자가 원하는 것일 수도 있지만, 저자가 예상하지 못한 것일 수도 있다. 저자의 주장을 반대하는 사람들은 저자의 글이 함축하는 바를 비판함으로써 논쟁의 우위에 설 수도 있다. 다음 논증을 예로 들어 보자.

> "보편적 복지가 바람직합니다. 왜냐하면 우리 사회의 모든 구성원은 사회적 안전망이 필요하며, 또한 모든 구성원은 동등한 복지 서비스를 받아야 하기 때문입니다."

글에 제시된 결론은 '보편적 복지가 바람직하다'는 것이다. 글쓴이가 의도했던 안 했든 간에 이 논증의 결론이 예산 확보를 위한 국민 증세 정책 시행을 함축하고 있다면, 증세를 원하지 않는 사람들은 결국 이 논증을 반박하려 들 수 있다.

(5) 관점

글을 쓸 때는 어떤 관점 하에서 전개하기 마련이다. 관점이란 글쓴이 자신이 다루고자 하는 주제나 문제의 사안에 대해 생각하는 방향이나 태도를 말한다. 사람들은 의식하지 못할 수도 있지만, 자신이 자라온 환경, 종교, 사회 제도, 이념 등의 영향을 받아 사고하기 때문에 특정한 관점의 제약을 가질 수밖에 없다. 그러므로 텍스트에 담겨 있는 생각이 아무런 관점도 취하지 않는 편향되지 않는 중립적 관점에서 쓰여졌다고 보기는 어렵다. 따라서 글쓴이가 어떤 관점을 취하느냐에 따라 주장, 근거 제시, 근거 자료 확보, 사안의 해결 방안 등이 달라질 수 있다는 것을 기억하자.

더 나아가 하나의 주장에 동의하는 사람들도 각자 다른 관점에서 주장에 동의할 수 있으며, 서로 다른 이유를 들어 주장을 정당화시킬 수 있다는 점을 기억하자. 예를 들어 '자연 환경을 보호해야 한다'는 주장에 동의하더라도 서로 다른 관점에서 찬성의 이유를 제시할 수 있다.

① 미래 세대들이 환경적 가치를 누릴 수 있도록, 자연 환경을 보호해야 한다.

② 인간도 자연의 일부일 뿐, 생태계의 모든 유기체들은 평등하기 때문에 인간이 환경 자원을 마음대로 훼손하면 안 된다. 따라서 자연 환경을 보호해야 한다.

①은 인간중심적인 관점에서, ②는 인간중심주의를 넘어선 생물중심주의 관점에서 자연을 바라고 있다.

글쓴이의 관점이 쉽게 파악되지 않는 경우, 글쓴이가 이미 발표한 다른 글들이나 사회적 활동 등을 조사하여 도움을 받을 수 있다.

보기 문제 1

제시된 예문을 비판적으로 읽고, 글의 쟁점이 되는 문제, 핵심 개념이나 이해하기 어려운 개념들, 그리고 논증의 구조를 분석하라. 그런 다음 글에서 분석한 요소들을 체계적으로 정리해 보자.

예문

매년 실험동물의 사용수가 증가하고 있으며, 2017년 한 해 동안 실험에 동원된 실험동물은 총 300만 마리를 돌파했다. 그런데 어떤 약이 인간에게 안전한지를 알아보기 위한 동물 실험을 한다고 해서 우리가 필요로 하는 정보를 얻을 수 있는 것은 아니다. 왜냐하면 동물은 인간과는 너무 다르기 때문이다. 동물 실험 결과 안전하다고 한 약 가운데도 인간에게 해로운 약이 있다는 사실이 바로 그 근거이다. 예전에 유럽에서 시판된 탈리도마이드와 같은 약이 그것의 대표적인 사례라 할 수 있다. 뿐만 아니라 동물 실험은 너무나 비윤리적이다. 도덕적 차원에서 중요한 기준은 고통을 느낄 수 있는지의 여부인데, 동물 실험 과정에서 동물들이 겪는 고통은 너무 크다. 동물보호권, 3R 원칙 등 동물의 권리를 보호할 수 있는 규제책이 있음에도 불필요한 동물 실험은 계속 자행되고 있는 것을 보니, 규제는 제 역할을 하지 못하는 것으로 보인다. 그러므로 동물들이 희생되는 비극을 막기 위해 동물 실험은 완전히 금지해야 한다.

풀이

- ▶ 쟁점이 되는 문제: 동물 실험을 금지해야 하는가?
- ▶ 개념: 동물 실험, 실험동물, 동물보호권, 3R 원칙
- ▶ 주장: 최종 결론: 동물 실험을 완전히 금지해야 한다.
- ▶ 근거: ① 중간 결론: 동물 실험을 통해 의약품의 안전성을 확인할 수 없다.

  ①의 근거: 동물과 인간의 유사성이 적다.

  • 근거자료: 인간에게 해로운 약으로 알려진 탈리도마이드 사례

  ② 중간 결론: 동물 실험은 비윤리적이다.

  ②의 근거 1: 고통은 도덕성의 기준이다.

  ②의 근거 2: 동물 실험과정에서 동물들이 겪는 고통이 너무 크다.

  ③ 중간 결론: 규제책이 있다 해도 불필요한 동물 실험은 예방하지 못한다.

  ③의 근거: 실험동물은 총 300만 마리가 넘었다.
- ▶ 관점: 윤리적 관점, 과학적 관점
- ▶ 함축: 동물 실험 이외의 연구로 의약품을 연구해야 한다.

  동물 실험 이외의 동물이 고통 받는 상황을 모두 금지해야 한다.
- ▶ 숨은 전제: 인간과 동물의 고통의 크기는 동등하다.

2) 평가적 읽기

비판적 읽기의 두 번째 단계는 평가적 읽기의 과정이다. 이 과정의 목적은 우리가 읽고 분석한 글이 좋은 글인지 아닌지 비판적으로 평가하는 것이다. 제시된 비판적 평가의 기준들은 분석한 내용을 어떻게 평가하는 것인지 구체적인 지침이 되어줄 것이다. 이 책에서 제시하는 비판적 평가의 기준은 글의 논리성, 정확성, 그리고 글의 폭과 깊이, 명확성 등이다. 이제 각각의 평가 기준이 어떻게 적용되는지 살펴보기로 하자.

(1) 주장과 근거 사이의 논리성

문체가 아무리 화려하더라도 글이 논리적이고 체계적으로 전개되지 않았다면 상대를 설득하기 어려우며, 그러한 글은 학문적인 글이 될 수 없다. 그러므로 비판적으로 글을 읽을 때, 글의 전개가 논리적인지 면밀히 파악하는 일에 큰 비중을 두어야 한다.

글 전체가 논리적으로 전개되었는지 파악하기 위해서 우리가 해야 할 일은 글쓴이가 제시한 주장과 근거 사이의 논리적 타당성을 점검하는 것이다. 이러한 논리성을 확인하기 위해 해당 논증이 좋은 논증인지 아닌지 평가하는 구체적인 방법이 필요하다. 이때 손쉬운 방법은 근거가 주장을 어떻게 지지하는지, 그 지지하는 강도를 평가해 보는 것이다. 예를 들어 근거로부터 주장이 필연적으로 도출되는 타당한 논증인지,

아니면 근거로부터 주장이 개연적으로 도출되는 논증인지 평가해 보면 된다. 근거로부터 주장이 필연적으로 추론되는 논증이라면 그 논증의 논리성은 의심할 수 없다. 하지만 근거로부터 주장이 개연적으로만 추론되는 경우에는 개연성이 높은 논증인지 아닌지 평가해야 한다. 또한 근거로부터 주장이 논리적으로 추론되지 않는 경우, 논증에 오류가 있는지 확인하는 것이 필요하다. 만약 논증에 심각한 오류가 있다면 그 글은 좋은 글로 평가될 수 없다.

글의 논리적 관계를 점검할 때, 우리는 근거와 주장 사이의 반례를 찾아내어 글쓴이의 글을 평가해 볼 수 있다. 반례라는 것은 논증에서 근거를 받아들이더라도 결론을 거부할 수 있는 구체적인 사례라고 정의할 수 있으며, 반례를 통해 논증의 논리성을 쉽게 평가할 수 있다. 예를 들어 다음 논증을 살펴보자.

> "어린이집 CCTV 설치는 어린이들의 안전을 보장해 준다. 따라서 모든 어린이집에는 CCTV 설치를 의무화해야 한다."

이 논증에 제시된 근거, 즉 '어린이집 CCTV 설치가 어린이들의 안전을 보장해 준다'는 것이 참이라고 해도 어린이집 CCTV 설치를 의무화하는 일에 반드시 동의할 필요는 없다. 우리는 근거로부터 주장이 잘 추론되지 않는다는 것을 확인하기 위해 이 논증의 반례를 제시해 볼 수 있다. 예를 들어 사회적으로 논란이 되었던 것 중 어린이집 보육교사들의 인권 문제를 이 논증의 반례로 제시해 볼 수 있다. 이것 외의 무수한 반례들이 논증을 향해 제기된다면 이 논증은 약한 논증이거나 나쁜 논증이라고 평가될 것이다.

(2) 근거의 정확성

정확성이란 글에 제시된 내용이 참인지 아닌지 판단하는 기준을 말한다. 글에는 많은 정보와 사실이 있기 마련인데, 그러한 내용이 얼마나 정확한가에 따라 글의 신뢰도가 결정될 수 있다. 또한 주장 자체의 정당성은 제시된 근거들로부터 확보되기 때문에 근거의 참, 거짓 여부를 확인하는 것은 매우 중요하다.

글에 제시된 근거들이 참인지 확인하기 위해서는, 우선 글 안에 근거를 참으로 확인시켜 주는 입증 자료가 있는지 확인해야 한다. 물론 글 안에 관련된 정보가 많다고 하더라도 그 자체가 허위 정보일 수 있기 때문에 글 밖의 다른 자료들과 비교 검토해 볼 필요가 있다. 제시된 글 안에 관련 정보가 없어 근거가 참인지 확인하기 어렵다면 마찬가지로 다른 자료들을 적극적으로 찾아 정확성 여부를 확인해야 한다.

> "정부는 미세먼지 감축 정책을 마련해야 한다. 왜냐하면 현재 미세먼지 농도가 생명을 위협할 정도로 심각한 수준이기 때문이다."

이 논증의 근거인 '현재 대기 중에 미세먼지가 생명을 위협할 심각한 수준이다'가 참인지 확인할 수 있는 사실적 정보가 글 안에 제시되어 있는지 없는지 확인하는 것이 필요하며, 사실 여부를 확인할 수 있는 정보가 글에 없다면 사실 여부를 확인할 수 있는 정보들, 예를 들어 미세먼지에 대한 과학적 정보나 의학적 정보들을 찾아 검토해 보아야 한다.

제시된 글이 아무리 논리적으로 결함이 없다고 해도 근거에 거짓 정보가 있다면 그로부터 추론된 결론을 받아들일 수 없다. 이와 같이 논리성만 있고 근거가 정확하지 않은 경우 역시 좋은 논증이 되기 어렵다.

(3) 폭넓은 사고

폭넓음의 평가 기준은 '관점'이라는 글의 요소와 주로 연관되어 있다. 글쓴이가 어떤 관점을 가지고 글을 쓰기 마련인데, 그 관점이 편협한지 아닌지 평가해 보아야 한다. 한 가지 관점에서만 글을 전개한 경우 사고의 폭이 넓지 못하다고 할 수 있다. 뿐만 아니라 저자가 고려하고 있는 하나의 관점이 한쪽으로 편향된 사고를 하게 만든다면 해결해야 할 문제에 대한 이해나 대안 제시가 시대착오적이거나 비합리적일 수 있다.

글쓴이가 다양한 관점에서 문제를 바라보고 대안을 모색해 가는 과정에서, 글쓴이는 자신과 반대되는 관점에서 제기할 수 있는 반박을 예상할 수 있어야 한다. 예상되는 반박을 미리 고려하여 논의를 전개한다면 논의의 폭이 넓다고 할 수 있다.

예를 들어, 글쓴이가 '동성결혼의 합법화를 반대한다'는 주장을 펼치고 있다면, 우리는 여러 관점에서 동성결혼 제도의 문제점을 제대로 고려하고 있는지 논의의 폭을 평가해야 한다. 예를 들어, 종교적 관점, 사회적 관점, 경제적 관점, 문화적 관점 등 다양한 관점에서 동성결혼 제도의 장단점을 비교 평가하고 있는지 확인해 볼 필요가 있다. 물론 관점은 자신이 처한 환경, 종교, 문화, 신념 등에 영향을 받을 수 있지만 글쓴이가 어떤 선입견에 고정되어 문제를 바라보고 있는 것은 아닌지 평가해야 한다.

(4) 글의 깊이

깊이가 있다는 말은 주제나 문제를 피상적으로 다루지 않고 그 안에 내재한 복잡성과 다양성을 파악하여 체계적으로 사고하는 것을 말한다. 깊이 있는 글인가를 평가하기 위해, 글쓴이가 주제에 포함된 복잡한 사안을 파악하여 주제나 대안을 다루고 있는지, 또 독자들이 문제의 복잡성을 이해하지 못하고 있을 수 있기 때문에, 글쓴이가 연관된 문제에 대해 충분한 정보와 설명을 제시하고 있는지 살펴보아야 한다.

예를 들어, 동일한 자료를 제시하더라도 사람들마다 자료에 대한 판단은 극심한 편차가 날 수 있다. 글쓴이가 자료를 제시하는 경우 자료에 대한 해석이 단편적인지, 심층적인지 확인할 필요가 있다.

(5) 의미의 명확성

글의 의미가 잘 전달되는지 평가하는 것은 비판적 사고의 기본이다. 단어나 문장이 애매하거나 모호하여 이중적 · 다의적으로 해석된다면, 메시지 전달의 목적은 실패하게 된다. 또한 글쓴이가 논의의 핵심이 되는 개념을 불명료하게 사용하고 있다면 글의 전체 흐름을 방해하여 잘못된 주장을 이끌어 낼 수도 있다. 이는 언어적 측면의 오류를 범하는 것으로 이런 오류가 포함된 논증은 좋은 논증이라 할 수 없다. 또한 글쓴이가 주장하는 문장을 명료하게 서술하지 않았다면 제시된 근거와의 논리적 연관성을 의심받게 되며 이는 논점을 벗어난 논의로 오해받을 수도 있다.

보기 문제
2

'분석적 읽기'에서 제시한 [보기 문제 1]의 논증 분석 결과를 비판적으로 평가해 보자. 논리성, 정확성, 폭과 깊이, 명료성과 같은 평가기준을 가지고 분석된 내용을 구체적으로 평가해 보자.

풀이

〈논리성〉

▶ 제시된 중간 결론 ①, ②가 모두 참이라고 가정할 경우, 그로부터 최종 결론을 추론하는 데 어려움은 없어 보인다.

▶ 하지만 중간 결론 ③과 최종 결론 사이에는 논리적 비약이 있다. 불필요한 동물 실험을 규제할 수 없다는 이유가 동물 실험 완전 금지를 지지하기는 어려워 보인다. 왜냐하면 최종 결론을 거부할 수 있는 반례가 있고, 이 반례의 현실 가능성이 있기 때문이다. 현재 동물실험의 규제책이 가진 문제점을 개선하거나 추가적 제재 등의 모색을 반례로 제시할 수 있다. 이러한 반례가 성립하기 때문에 중간 결론 ③과 최종 결론 사이의 논리적 관계는 약하다고 평가할 수 있다.

〈정확성〉

▶ 중간 결론 ①의 근거, '동물과 인간의 유사성이 적다'라는 것을 입증할 수 있는 자료가 더 추가되어야 한다. 예를 들어 동물과 인간의 유전자의 불일치나 공유하지 않는 질병의 수 등에 대한 정보가 제시되어야 좋은 논증이 될 수 있다.

▶ 중간 결론 ②의 근거 1을 받아들일 만한 이유가 충분한가? 그렇지 않다면 동물 실험 자체를 비윤리적이라고 추론하기 어렵기 때문이다. '고통이 도덕성의 기준'이라는 근거 1이 참이라는 것을 입증할 사실적 자료를 제시할 수는 없지만, 근거 1과 같은 가치관을 사람들이 보편적으로 받아들일 수 있는가에 대한 검토가 추가된다면 좋은 논증이 될 수 있다.

〈폭과 깊이〉

▶ 과학적 관점에서 중간 결론 ①을 주장하고 있다. 이때 같은 관점에서 이 주장을 반대하는 사람들의 반박 가능성을 고려하지 않고 있기 때문에 폭넓은 논의라고 보기 어렵다. 예를 들어, 동물 실험을 통해 개발된 의약품이 인간에게 가져다준 이익에 대한 고려나 인간의 생명을 위해 동물 실험이 가장 효과적이라는 반대의 주장에 대하여 글쓴이는 어떻게 대응하며 또 자신의 주장을 지킬 수 있는지를 논의에 포함시켜야 한다.

▶ 동물 실험을 금지할 경우, 의약품의 효능과 부작용 등을 확인하기 위한 저자의 대안이 글에 제시되어 있지 않다. 예를 들어 인공 피부 등 동물 실험 대체방안을 모색하지 않은 채 단편적으로 사안을 바라고 있기 때문에 깊이 있는 논의라고 볼 수 없다.

▶ 이 글에서 동물 실험과 경쟁하는 다른 대안들 중 어떤 것이 경제적인가 하는 점도 고려해 볼 필요가 있다.

〈명확성〉

▶ 이 글에서 '실험동물'이라는 개념은 글을 이해하는 데 혼란이나 애매성을 초래하지 않지만, 일반적인 '동물'과 실험에 사용되는 '실험동물'에 어떤 차이가 있는지 궁금해 하는 독자가 있을 수 있다. 글 안에서 간단한 정의를 내려 준다면 친절한 글이 될 수 있다.

▶ '동물 권리보호법'이나 '3R 원칙'이라는 개념은 그 자체로 애매모호한 것은 아니다. 이 개념을 알고 있는 독자라면 동물 실험 규제책이 동물 실험을 규제하기 위한 목적에 도달할 수 있는지 없는지 쉽게 판단할 수 있다. 그런 이유로 '3R 원칙'처럼 전문적인 용어라면 개념의 의미['동물 실험의 3원칙인 Reduction(감소), Replacement(대체), Refinement(개선)']를 명시해 주어야 한다.

※ [풀이] 설명에 빠져 있는 평가 내용이 무엇인지 찾아 평가의 내용을 추가해 보자.

연습문제 1

다음 예문은 SNS에 몰입하는 청소년 문제를 비판적으로 성찰하고 있는 글이다. 글을 읽고 아래의 활동을 수행해 보자.

1. 글쓴이의 주장을 찾아 제시해 보자. 그리고 주장을 지지하기 위해 어떤 근거를 제시하고 있는지 분석해 보자.

2. 예문에서 제시하고 있는 정보와 사실의 정확성을 확인해 보고, 더 보완해야 할 부분이 있는지 검토해 보자.

3. 청소년의 SNS 중독문제에 대한 글쓴이의 관점과 문제의 해결방안에 대해 비판적으로 검토해 보자. 예를 들어 글쓴이의 관점과 나의 관점은 어떻게 다른지 검토해 보자. 그리고 서로 다른 대안을 제시하고 있다면, 제시된 대안들 중 어떤 것이 더 합리적인지 비판적으로 검토해 보자.

예문

소셜 네트워크 서비스(SNS)에 몰입하는 청소년이 늘면서 세계 곳곳에서 'SNS 중독'을 막기 위한 움직임이 나타나고 있다. 영국 정부는 최근 연령에 따라 페이스북, 인스타그램 등 SNS 이용시간을 제한하는 방안을 추진하기로 했다. 우선 13세 이상만 SNS에 가입할 수 있도록 법제화하는 방안이 거론되고 있다. 지난해 말 프랑스 정부도 16세 이하 청소년이 SNS에 가입할 때 부모 동의를 의무화하는 법안을 제정하겠다고 밝혔다. SNS가 청소년의 일상 활동을 저해할 뿐만 아니라 빨리 접할수록 중독되기 쉽다는 우려 때문이다.

국내에서도 청소년의 SNS 중독은 심각하다. '2017 청소년 통계'에 따르면 스마트폰이 잠시라도 없으면 일상이 힘든 '과의존 위험군'이 10대는 10명 중 3명이었고,

이들의 70% 이상은 스마트폰을 게임이나 SNS에 활용했다. SNS를 통해 각종 위험에 노출되는 일도 많다. 청소년들의 집단 괴롭힘은 이미 SNS로 옮겨 왔다. 지난해 부산, 강릉 여중생 폭행사건에서는 가해 학생들이 SNS에 범죄를 자랑하는 일도 있었다. SNS가 10대 상대 성범죄의 '통로'가 되기도 한다. 청소년의 일상에 깊숙이 침투한 SNS의 폐해가 적지 않다.

일탈행위가 아니더라도 과도한 SNS 사용은 청소년의 정신건강과 자존감에 악영향을 끼칠 수 있다. 영국 BBC는 최근 하루에 2시간 이상 SNS를 사용한 청소년들은 또래보다 자신의 삶을 더 부정적으로 본다는 연구 결과를 소개했다. SNS를 통해 타인의 행복한 일상을 보며 상대적 박탈감을 느낀다는 것이다. 청소년들은 자신의 존재감을 SNS에서 '좋아요'를 받은 횟수로 확인하는 경향도 있다. 이 같은 SNS의 잠재적 위험에 팀 쿡 애플 최고경영자(CEO)조차 "비록 자녀는 없지만 조카에게 사용을 자제하라고 당부한다"고 말했다.

SNS는 정보 유통과 인맥 형성 등 순기능이 많다. 하지만 어디까지나 일상생활과 인간관계를 풍요롭게 할 때에 한해서다. 특히 SNS가 발달기에 있는 청소년의 일상과 감정을 과도하게 지배하도록 방치하는 것은 바람직하지 않다. SNS 특성상 자극적이고 폭력적인 콘텐츠에 대해 사후 적발만 가능한 만큼 정부는 보다 적극적인 대책도 고려해야 한다. 그 일환으로 우리도 14세 이상임을 인증해야만 가입할 수 있는 방안을 마련하고, 청소년의 심야 시간대 인터넷 게임을 제한하듯 'SNS 셧다운제'를 도입하는 것도 신중히 검토할 때다.

자료: "SNS에 빠진 청소년, 인증 · 셧다운제 검토할 때다", 동아일보, 2018. 03. 13.

연습문제 2

다음 예문은 몰래카메라 불법 촬영과 유출 범죄의 대책 마련에 대한 글쓴이의 주장이 담긴 글이다. 글을 읽고 아래의 활동을 수행해 보자.

1. 글쓴이의 주장을 찾아 제시해 보자. 그리고 주장을 지지하기 위해 어떤 근거를 제시하고 있는지 분석해 보자.

2. 예문에서 제시하고 있는 정보와 사실의 정확성을 확인해 보고, 더 보완해야 할 부분이 있는지 검토해 보자.

3. 몰래카메라 불법 촬영과 유출 범죄와 같이 우리 사회에 만연한 디지털 성범죄 피해를 개선하기 위해 개정할 수 있는 관련법들을 찾아보고 법의 개정 가능성을 비판적으로 검토해 보자.

예문

몰래카메라(몰카) 불법 촬영과 유출 범죄에 대한 경각심이 높아지고 있지만 피해 여성들이 맞닥뜨리는 현실은 녹록치 않다. 《동아일보》가 몰카 피해 사례를 분석한 결과 사법적 해결의 첫 단계인 고소부터 피해 구제를 위한 배상 신청까지 곳곳에 '허들(장애물)'이 있었다. 수사기관의 소극적인 태도로 피해자들이 고소를 포기하는가 하면 재판부의 솜방망이 처벌로 촬영물이 다시 유포되는 2차 피해도 발생했다. 문재인 대통령이 몰카 범죄를 "중대한 위법"이라고 규정했지만 가야 할 길은 아직 멀다.

몰카 범죄는 일상 속으로 깊숙이 침투했다. 최근에는 서울의 한 여대 근처 사진관에 고용된 사진사가 증명사진을 찍으러 온 대학생 등 여성 고객 200여 명의 신체 부위를 몰래 촬영해 경찰에 붙잡혔다. 몰카는 단순히 훔쳐보기가 아니라 한 개인의 삶을 파괴하는 인격 살인 범죄다. 온라인상에 촬영물이 유포되면 영구삭제가 거의 불가능해 치유도 쉽지 않다. 그런데도 몰카 범죄의 기소율은 2010년 72.6%에서 2016년 31.5%로 해마다 낮아지고 있다. 이러니 수사 · 사법기관이 몰카 범죄를 방관한다는 불신이 생기는 것이다.

몰카 촬영물은 보는 이들도 '범죄 영상 · 사진'이라는 인식이 부족하다. 수사 · 사법기관의 적극적이고 엄정한 대응이 중요한 이유다. 아무리 대책이 쏟아져도 피해자가 법의 허들을 넘기 힘들어 신고를 주저한다면 몰카 범죄 근절에 한계가 있을 수밖에 없다. 갈수록 다양해지는 디지털 성폭력에 대한 '처벌 공백'이 생기지 않도록 관련법의 개정도 필요하다.

자료: "몰카 피해자 두 번 울리는 '法의 허들'", 동아일보, 2018. 05. 30.

연습문제 3

다음 예문은 청년수당에 대하여 대학생이 쓴 기사이다. 글을 읽고 아래의 활동을 수행해 보자.

1. 글에는 청년수당에 대한 찬성 입장과 반대 입장이 제시되어 있다. 글을 분석하여 찬성 입장의 논증과 반대 입장의 논증을 각각 구성해 보자.

2. 찬성 입장과 반대 입장 중 어떤 하나의 입장이 더 논리적이라고 생각한다면 그 이유를 제시해 보자.

3. 취업을 준비하는 청년들에게 청년수당 이외에 다른 사회 정책이 필요한지 검토해 보자.

예문

청년수당에 대한 논쟁이 뜨겁습니다. 서울시는 취업을 준비하는 청년들에게 50만 원 상당의 현금을 지급해 취업 준비에 전념할 수 있도록 하는 취지로 청년수당 정책을 시작했습니다. 그러나 보건복지부가 서울시의 청년수당 정책을 직권 취소하는 등 적잖은 사회적 파장이 일어나고 여러 쟁점에 대한 갑론을박이 이어지고 있습니다. 논란의 중심에는 정책의 실효성이 있습니다.

청년수당의 실효성을 따지기 위해서는 청년들에게 현금을 지원하는 것이 과연 청년들의 취업 문제 해결에 도움이 되는가 여부를 검토해 보아야 합니다. 현대경제연구원의 지난 6월 발표에 따르면 우리나라 청년들의 체감 실업률은 34.2%에 육박합니다. 그중 대다수가 학교를 졸업하거나 유예한 상태이기 때문에 어느 집단에도 소속돼 있지 않은 상태입니다. 여기에 해당하는 청년들은 당장 취업 준비에 필요한 돈을 벌기 위해 아르바이트를 해야 해 결국 취업 준비에 필요한 시간이 부족하게 됩니다. 이러한 악순환으로 청년들은 취업에 실패할 확률이 높아집니다.

2016년 최저임금인 6,030원을 받고 일한다고 가정했을 때, 청년수당으로 월 50만 원을 주는 것은 청년들에게 하루 약 3시간의 취업 준비 시간을 벌어 주는 효과를 줍니다. 하루 약 3시간이면 한 달이면 90시간, 6개월이면 540시간입니다. 취업 준비를 하는 데 적지 않은 시간입니다. 청년수당을 지원받아 생긴 여유시간은 취업 준비 및 교육의 기회를 확대해 취업 문제 해결에 어느 정도 도움이 될 것이라 보여집니다.

하지만 이러한 여유시간에 취업 준비를 하는 것은 개인적인 자율성이 있기에 게을러질 수도 있다는 비판이 있습니다. 게을러지는 것은 개인의 자유이고 이는 개인의 성격과 각각 처한 상황에 따라 달라진다고 보기 때문입니다. 월 90시간을 취업을 준비하지 않고 보낸다면 서울시의 청년수당 취지에 맞지 않습니다. 하지만 2014년 독일 베를린에서 시작한 '마인 그룬트 아인 콤멘' 프로젝트는 이러한 주장에 반대되는 흥미로운 결과를 보여줍니다. 1년간 독일의 기본소득(약 128만 원)을 무상으로 지원하는 이 프로젝트 참가자들은 직업훈련 등 프로젝트 취지에 맞게 노력한 것으로 나타났습니다. 기본소득을 받은 참가자들은 게을러지기보다는 지원받은 금액으로 직업훈련이나 교육 등을 받은 것으로 알려졌습니다. 프로젝트 운영책임자인 아미라 예히아 씨는《한겨레21》과의 인터뷰에서 "기본소득을 받은 다음에 '베짱이'가 된 사람은 단 1명도 없었다"며 "실업자가 기본소득을 받음으로써 노동시장에 진입하는 계기가 되기도 한다"고 말했습니다.

청년수당의 실효성에 대해 찬반으로 나뉘어 뜨겁게 논의되고 있는 것에서도 알 수 있듯이, 실효성 여부를 판가름하기 난해합니다. 그렇기 때문에 이 쟁점은 어느 주장이 맞다고 하기도 어렵습니다. 하지만, 취업 준비로 힘든 시기를 보내고 있는 청년들을 위한 정책임은 분명해 보입니다. 통계청에 따르면 우리나라 20대 사망 원인 중 1위는 자살이었습니다. 청년들의 취업문제도 이 현상의 원인 중 하나일 수도 있습니다. 하루빨리 모두 힘을 합쳐 취업 문제가 해결되길 바랍니다.

자료: "청년수당, 그것이 알고 싶다", 장한결 기자, 서울시립대신문, 2016. 09. 01.

연습문제 4

다음 예문은 정부의 저출산 정책을 비판적으로 성찰하고 있는 글이다. 글을 읽고 아래의 활동을 수행해 보자.

1. 글쓴이의 주장을 찾아 제시해 보자. 그리고 주장을 지지하기 위해 어떤 근거를 제시하고 있는지 분석해 보자.

2. 예문에서 제시하고 있는 정보와 사실의 정확성을 확인해 보고, 더 보완해야 할 부분이 있는지 검토해 보자.

3. 글쓴이가 지향하는 '워라밸'이 실현 가능한 사회를 만들기 위해 출산 정책이 이외에 필요한 다른 정책이나 사회 개선안이 있는지 검토해 보자.

예문

대한민국 출산율이 충격적인 수준까지 곤두박질쳤다. 2016년 1.17명이던 합계 출산율은 지난해 1.05명으로 가파르게 추락했다. 곧 0명대로 진입할 수 있다는 경고로 서울(0.84명), 부산(0.98명)은 벌써 1명대가 깨졌다. 지난해 태어난 아이는 35만 7,700명으로 역대 최대폭(11.9%)으로 감소했으며 사상 처음 40만 명이 붕괴된 것도 모자라 35만 명대로 주저앉았다. 더 충격적인 것은 지난해 12월에는 출생자 수(2만 5,000명)가 사망자 수(2만 6,900명)보다 적었다는 것이다. 급격한 출산율 감소로 인구 정점 시기는 2031년에서 2027년으로 4년 앞당겨질 전망이라고 한다. 이는 우려했던 '인구 절벽'이 코앞에 닥쳤다는 신호여서 매우 걱정스럽다.

저출산은 국가 미래에 재앙이 될 수 있는 만큼 정부는 출산율 쇼크를 엄중하게 받아들여야 한다. 정부가 지난 10년간 저출산 대책에 122조 원을 쏟아 부었는데 출산율이 최저치로 고꾸라진 것은 원인을 한참 잘못 짚었다는 얘기다. 출산장려금 등 물리적인 지원이 출산 동기 유발로 연결되지 않았다는 것도 드러났다. 정책의 패러다임을 완전히 바꾸지 않고는 저출산이라는 블랙홀에서 벗어날 수 없다는 의미다.

제대로 된 저출산 해법을 찾으려면 왜 여성들이 아이 낳기를 꺼리는지 그 속사정을 잘 들여다보아야 한다. 경제활동을 하고 있는 여성들에게 대한민국에서 아이를 낳는 일이란 어마어마한 결단을 요구하는 게 사실이다. 임신과 출산 · 육아에 대한 이해와 배려는커녕 차별이 있는 조직문화, 육아 시스템이 태부족인 상태에서 아이를 키우는 데 대한 불안감, 남성의 저조한 가사 · 육아 참여도 등 출산 기피 이유는 차고 넘친다. 출산휴가 · 육아휴직 등이 오로지 여성의 몫으로 남고, 국공립 유치원 들어가기가 하늘에서 별 따기인 한심한 상황에서 여성들에게 아이를 낳으라고 종용하는 것은 가혹하다는 의견이 많다.

덴마크, 노르웨이, 프랑스 등 출산율 반등에 성공한 국가들의 공통점은 일 · 가정 양립, 노동시장에서의 성평등, 육아 지원 시스템 구축 등을 지속 추진해 왔다는 것이다. 정부는 저출산을 노사정 위원회 사회적 대화기구의 최우선 논의 과제로 삼는 한편 3월 중 액션 플랜을 발표할 예정이라고 한다. '워라밸'이 가능하도록 사회구조와 인식을 바꾸는 데 무게중심을 두어야 한다.

자료: "아이 안 낳는 대한민국 미래 정말 걱정된다", 매일경제, 2018. 03. 02.

연습문제 5

다음 예문에는 대마초에 대한 상반된 견해가 제시되어 있다. 글을 읽고 아래의 활동을 수행해 보자.

1. 대마초 합법화(또는 의료용 대마초 합법화)에 대한 찬성 입장의 논증을 구성해 보자.

2. 위에서 구성한 논증이 좋은 논증인지 비판적으로 평가해 보자.

3. 대마초를 합법화하면 더 위험한 마약을 접할 가능성이 높아질 것이라는 관문이론(Gateway theory)은 하나의 가설이다. 이 가설은 설명력이 있는지 비판적으로 검토해 보자.

예문

마약의 '마'는 대마(大麻)에서와 같이 삼(대마)을 가리키는 마(麻) 자를 쓴다. 즉 마약이란 단어의 기원이 대마인 것이다. 의학적으로 대마초는 테트라하이드로칸나비놀(THC) 성분이 함유된 대마의 꽃과 잎을 말린 것을 말한다. 칸나비스 혹은 마리화나라고도 불린다. THC 성분은 대마초의 주성분으로 향정신성 화학작용을 일으켜, 진통을 억제하고 긴장을 풀어 주는 효과가 있다. 그 밖에도 대마초에는 칸나비놀, 칸나비디올 등 66가지의 칸나비노이드(대마초의 화학성분의 총칭)가 포함돼 있다. 보편적으로 알려진 대마초 사용법은 종이에 말아 담배처럼 불을 붙이고 연기를 흡입하는 것이다.

우리나라에서 대마 단속은 2000년부터 시행된 '마약류 관리에 관한 법률'에 따른다. 여기서 단속 대상인 대마는 대마초와 그 수지 및 대마초 또는 그 수지를 원료로 해 제조된 제품을 말한다. 우리나라는 대마초 재배를 허가제로 한정하고 있다. 그러나 대마에서 추출된 THC 성분을 가진 제품의 생산 및 판매는 엄격히 금한다. 우리나라는 전 세계에서 대마초의 규제와 처벌을 강하게 집행하는 나라 중 하나다.

대마는 인류가 재배한 가장 오래된 작물 중 하나다. 대마의 기원은 불분명하지만,

인류 역사에서 대마에 대한 최조의 기록은 중국에서 발견됐다. 한 서적에 따르면 기원전 2700년 센농(神農)황제 시대 때 의학서에 대마를 신비한 약초로 묘사한 기록을 볼 수 있다. 다만 신농 시대 자체가 실제 역사인지 의견이 분분한 만큼 논란의 여지가 있다. 하지만 대마가 이후 중앙아시아에서 재배돼 온 건 사실이다. 대마는 기원전 1500년에 이르러 유럽 등 전 세계로 퍼졌고 진통제 및 다양한 질환에 대한 치료제로 사용됐다.

(… 중략…)

우리나라에서 대마는 사회의 금기로 여겨진다. 대마를 피우면 폭력적으로 변하고, 대마의 중독성이 강하다는 인식 때문이다. 하지만 속속 밝혀지는 대마에 대한 연구에 따르면 대마의 위험성은 과장돼 있다.

먼저 대마를 피우면 폭력적으로 변한다는 통념은 거짓이다. 대마는 흥분제가 아닌 '다운 필' 마약이기 때문이다. 다운 필 마약을 피우면 오히려 사람이 차분해지고 공격이 둔화한다. 실제로 대마를 합법화한 콜로라도주의 덴버에서는 살인과 강도 사건이 각각 24.4%, 3.3%, 강간은 2.5% 정도로 떨어진 것으로 나타났다.

대마의 중독성도 술이나 담배보다 낮다. 미국 국립 약물 남용 연구소(National Institute on Drug Abuse)가 8,000명을 대상으로 조사한 바에 따르면, 대마초 이용자 중 오직 9%만이 의존증을 보인 것으로 나타났다. 이는 술(15%), 담배(32%)보다 낮은 수준이다.

대마에 대한 오해는 군사정보가 고의로 대마의 위험성을 과장한 탓이 크다. 1976년 박정희 정권이 마리화나를 마약으로 단속하면서, 대마가 폭력적 성향과 자살 충동을 불러일으키는 것으로 광고했기 때문이다. 이런 오해는 지금까지 이어지고 있다.

하지만, 대마의 위험성은 아직 제대로 연구되지 않았다는 반론도 만만치 않다. 우리가 알지 못한 위험성이 발견될 수도 있다는 것이다. 대마는 오랫동안 마약으로 분류돼 연구 자료가 많지 않다. 대마에 대한 논의를 본격화하기 전에 연구가 더 필요하다.

대마를 합법화하자는 주장은 대마의 안전성을 근거로 한다. 대마의 중독성과 위험성이 과장돼 있다는 것이다. 합법화를 찬성하는 측에서는 대마가 술이나 담배와 다를 바 없으며, 대마의 흡연을 제한하는 것은 국가의 지나친 간섭이라고 주장한다. 대마를 합법화하지 않더라도 우리나라처럼 징역형으로 처벌하는 것은 과하다는 의견이 존재한다. 현재 미국이나 핀란드, 네덜란드 등 선진국은 소량의 대마사용을 처벌하지 않는다. 이처럼 대마 이용이 징역형으로 처벌받을 정도는 아니라는 공감대가 퍼지고 있다.

아울러, 대마를 합법화함으로써 마약 거래상이나 암거래 시장을 제거할 수 있다는 시각도 있다. 대마가 금지된 덕분에 마약 거래상은 큰 부를 축적해 왔다. 다른 판매처가 없어 부르는 게 값이기 때문이다. 이러한 지하경제는 각종 범죄와 비리의 온상이었다. 이를 대마 합법화를 통해 뿌리 뽑을 수 있다는 것이다. 대마를 국가가 관리함으로써 마약의 유통을 막고 대마 이용자들을 더 효과적으로 관리하자는 뜻이다. 네덜란드는 이러한 주장을 성공적으로 뒷받침하는 예시다.

대마를 통한 세수 증대도 대마 합법화의 근거 중 하나다. 대마를 미국 최초로 전면 합법화한 콜로라도주는 대마초 판매를 통해 세수를 크게 확보할 수 있었다. 기호용 대마 판매로 한화 약 1,436억 원가량을 거두어들인 것이다. 이런 세수 증대로 미국 각 주의 대마초 합법화가 급물살을 타고 있다.

대마초의 의료적 측면도 대마초 합법화의 중요한 화두다. 대마초는 파킨슨병이나 알츠하이머병 같은 뇌 인지장애에 효능을 보였다. 독일 본 대학 연구진들의 실험에 따르면 대마초를 투여한 쥐의 인지 기능이 개선됐다. 또한 의료용 대마초는 각종 발작을 완화하고 부작용도 기존 약물보다 적다는 장점을 가진다. 뇌 질환을 가진 사람들이나 그 보호자는 의료용 대마초가 간절할 수밖에 없다. 하루빨리 의료용 대마초를 허용해 주어야 한다는 목소리가 높은 이유이다.

대마초 합법론자의 주장과 달리 대마초의 환각 효과는 무시할 수 없는 요인이다. 대마초 반대론자들은 술이나 담배와 다른 대마초의 환각 효과를 경계한다. 이런 환각 효과는 대마초 이용자의 일상생활에 큰 영향을 끼칠 수 있다. 폭력적인 성향을 유발시키지 않는다 해도 거리나 방향 감각의 이상으로 안전사고가 증가할 수 있다. 대마초 흡연자가 운전했을 때 음주운전처럼 '도로 위의 흉기'가 될 수 있다는 우려가 나오는 이유다. 대마초의 위험성이 아무리 낮다고 해도 대마초의 환각 효과는 간과할 수 없다.

자료: "대마초의 두 얼굴", 박수영 외, 서울과기대신문, 2017. 10. 02.

4

논증적 글쓰기 일반

앞 두 장에서는 비판적으로 사고하는 것과 비판적으로 읽는 방법에 대해서 살펴보았다. 이러한 것들을 염두에 두면서, 우리는 이제 실제로 논증적으로 글을 쓰기 위한 일반적인 방법들을 단계적으로 밟아 나갈 것이다.

1. 글쓰기 전

1) 주제 선정

논증적인 글을 포함해서 모든 글은 항상 무엇인가에 대한 글이다. 우리는 언제나 '~에 대해서' 글을 쓴다. 이와 같이 너무나도 당연한 것이 바로 글쓰기의 가장 기본을 말해 주고 있다. '~에 대해서 쓴다'라고 하는 기본 구조를 갖는 글쓰기는, 무엇에 대하여 쓸 것인가에 관한 고민으로부터 시작된다. 즉, 주제의 선정이 글쓰기의 시작을 비로소 가능하게 한다. 그런데, 우리가 다루고자 하는 것은 그냥 글쓰기가 아니라 어디까지나 논증적 글쓰기다. 그렇다면 어떤 것이 논증적 글쓰기의 주제가 될 수 있을까? 글의 주제는 무엇이든 될 수 있지만, 논증적인 글의 주제는 다소 제한적이다. 논증적 글쓰기의 목적은 어디까지나 글을 통해 읽는 사람을 논리적으로 설득하는 것, 즉 자신의 주장을 남에게 납득시키는 데 있다. 따라서 애초에 논증적인 방식으로 글을 쓸 수 없는 주관적인 체험이라든지, 느낌이라든지, 감상과 같은 것들은 논증적 글의 주제가 되기 힘들다. 가령, 자신의 감각 경험을 보고하는 철수의 일인칭적 문장을 살펴보자.

철수: 나는 이 짜장면이 맛없게 느껴져.

누군가는 이 짜장면이 맛없는 것이 아니라 철수가 감기에 걸려 잘못 맛보고 있다고 생각할 수 있다. 이럴 때 어떤 근거들이 철수를 설득시킬 수 있을까? 우리는 어떤 근거로도 철수가 갖고 있는 '맛없다'는 주관적 경험을 다른 것으로 바꿀 수 없으리라는 것을 쉽게 예상할 수 있다. 철수의 순수한 주관적 경험 자체는 논박에 면역되어 있기 때문이다. 따라서 이러한 주제는 논증의 주제가 될 수 없다.

논증적 글의 주제는, 그 주제에 대한 자신의 주장이 과연 타당한지 아닌지를 상대방이 따져볼 가능성이 있는 것이어야 한다. 바꿔 말하면 상대도 논박할 수 있는 주제가, 즉 서로 비판적으로 접근할 수 있는 주제가 논증적 글쓰기의 대상이 될 수 있는 것이다.

물론, 더 나아가 상대방이 흥미를 가질 수 있는 주제가 되어야 함은 물론이다. 가령, 대학에서 자유 주제로 논증적 글을 작성한다고 해보자. 어떤 학생이 자신의 친한 두 명의 이성친구 중 누구와 사귀는 것이 가장 바람직한가를 놓고 논증적 글쓰기를 시도할 수 있다. 이러한 주제는 물론 앞서 말한 바 있는 비판적 접근이 가능한 주제일 것이다. 하지만 이러한 주제선정은 다소 부적절해 보인다. 그 이유는 자신의 관심에만 국한된 글쓰기가 되기 쉽기 때문에 다른 사람의 흥미를 유발하기 어렵고, 대학에서 일반적으로 요구하는 심층적인 사고가 드러나는 글이 되기 힘들기 때문이다.

대체적으로 사회적인 이슈나 고전적인 문제들 그리고 다양한 분과 학문들에 걸쳐져 있는 질문들에 대한 답을 구하는 주제 선정이 바람직해 보인다. 하지만 이성친구를 선택하는 주제가 도덕적인 혹은 실용적인 합리성의 차원에서 어떤 깨달음을 전달할 수 있다면 이 또한 좋은 주제가 될 수 있음은 분명하다.

보기 문제 1

논증적 글을 쓸 때 적절한 주제에 대해서 토론(생각)해 보고 가장 적절한 주제를 선정해 보자. 그리고 그 주제가 왜 가장 적절한지 이유를 말해 보자.

2) 주제 파악

주제를 선정함으로써 논증적 글쓰기를 시작할 수 있는 토대가 마련되지만, 아직 글쓰기에 들어가기에는 한참 이르다. 대학에서 대체로 그러하듯 주제가 출제자로부터 주어지는 경우도 마찬가지다. 자신이 선정한 주제든 출제자에 의해 선정된 주제든, 보통 우리는 그 주제의 내용에 대해 이미 어느 정도의 이해를 갖고 있다. 하지만 그렇다고 해서 곧바로 글을 쓰기 시작하는 것은 위험하다. 왜냐하면 해당 주제에 대한 선이해가 사실과 다르거나 부족하다면, 그로부터는 결코 설득력 있는 논증이 나올 수 없기 때문이다. 예컨대, '착한 사마리안 법'이라는 주제에 대해 논증적 글쓰기를 하기 위해서는 최소한 그 법의 내용을 대강 아는 것이 아니라 제대로 아는 것이 필수적이다. 선정된 주제가 시사적 현안이라면 주제를 둘러싸고 벌어지고 있는 일련의 사건들을 간추려 보는 것이 좋다. 혹은 선정된 주제가 근본적이고 고전적인 주제라면 관련된 역사적 사건, 논쟁들과 함께 현대사회에서 그것이 왜 중요한 함의를 가지는지 살펴보는 것이 좋다.

주제가 정해지면 그것에 대한 선이해의 유무를 불문하고 반드시 그 주제의 내용을 다시 한 번 면밀히 검토하여 정확하게 파악해야 한다.

3) 기존 논증 검토

주어진 주제에 대해서 대부분의 경우에는 기존의 입장이 있기 마련이다. 만약 아주 새로운 주제를 본인이 선정해서 아무런 기존 입장이랄 것이 없는 상황에서도 비슷한 주제에 대한 기존의 견해들은 있기 마련이다. 본인이 처음부터 모든 것을 마련해 가며 생각을 전진시키는 것은 어리석은 일이다. 심지어 기존의 입장들이 모두 형편없는 것들로 보인다 하여도 사람들이 왜 그런 견해들에 영향을 받아 왔는가를 꼼꼼히 이해하는 것이 중요하다. 자신의 글이 타인을 설득시키는 것이 목적이라는 것을 다시 떠올려 보자. 다른 사람들의 오해와 실수마저 잘 이해할 때 자신의 주장을 더욱 설득력 있게 펼칠 수 있다. 물론 이러한 고찰을 통해 자신의 독단도 발견할 수 있다.

기존 논증들을 확인하고 각각의 논거(논증의 근거)들을 검토하는 것은 다음의 단계를 따른다. 첫째, 현안 문제(즉, 쟁점이 되는 문제, 3장 참조)와 관련된 각각의 주장들을 확인한다. 주장들은 찬반양론으로 나뉘는 경우도 있고 다양한 관점에 따른 여러 가지 선택지들로 나뉘는 경우도 있다. 후자의 경우는 전자보다 많은 노력이 요구된다. 여러 가지 주장들을 최대한 찾아낸 후 유사성이 발견된다면 비슷한 것들은 서로 묶어서 분류해 두자. 둘째, 각각의 주장들에 대한 확인이 끝나면, 그러한 주장들에 대한 근거가 무엇인지를 세밀하게 따져야 한다. 각각의 근거들은 단순하게 독립적으로 주장을 지지해 줄 수도 있고 복잡한 구조 속에서 주장을 지지해 줄 수도 있다. 근거들의 논리적 구조를 유의해 가며 엄밀하게 파악해야 한다(2장 참고). 효과적인 논박을 위해서는 가장 중요한 논거들을 공략해야 하기 때문이다. 셋째, 기존의 논증들은 이미 많은 경쟁자들과의 논쟁과 토론을 겪으면서 형성된 경우가 많다. 우리는 각각의 상이한 견해들이 상호 간에 어떤 논점을 둘러싸고 어떤 공방을 벌이면서 발전해 왔는지를 면밀히 따져 보아야 한다. 이러한 세 가지 단계를 모두 거쳐서 이해된 기존 입장이야말로 설득력 있는 글을 쓰기 위한 좋은 밑바탕이다.

현안 문제를 둘러싼 기존의 논쟁들에 대한 검토 없이 자신의 입장만을 주장하는 글은 설득력이 없다. 나와 다른 입장도 논증적 글쓰기를 통해 주장된 것인 한, 그러한 주장을 뒷받침하는 근거가 있기 마련이다. 따라서 나와 다른 입장을 뒷받침하고 있는 근거를 정확하게 알아야 한다. 나아가서는, 나와 같은 주장의 근거도 정확하게 알아야 한다. 왜냐하면 입장 자체는 나와 같다고 해도 그것을 뒷받침하는 근거(와 주장의 관계)는 다를 수도 있기 때문이다.

경우에 따라서는 어떤 입장을 먼저 정해 놓고 기존의 논증들을 검토하기도 한다. 하지만 이러한 행태는 자신이 이미 선정된 주제에 관련된 충분한 사전 지식을 섭렵하고 있을 경우에만 정당화된다. 만약 자신에게 생소한 주제를 선정하고 글을 쓸 계획이라면 자신보다 먼저 그 문제들에 대해 검토한 전문가들의 다양한 견해를 철저하게 이해하는 것이 선행되어야 한다. 인간은 자기중심적 본성을 가지고 있기 때문에 어떤 입장이 정해지면 논리적인 감각은 무뎌지고 자칫 허수아비 논증의 오류에 빠질 우려가 있기 때문이다.

우리는 기존의 견해들을 최대한 선입견을 배제하고 객관적이고 논리적으로 이해하도록 노력해야 한다. 충분한 설득력을 가진 논증을 구성하기 위해서는 기존 입장들과 그에 따른 논거들에 대한 빈틈없고 객관적인 분석이 가장 중요하다.

4) 본인 주장 세우기

선행 논쟁들에 대한 이해가 끝났다면 이제 본격적으로 자신의 입장을 성립시켜 보자. 본격적인 비판은 자신의 입장이 정해진 뒤에 가능해진다. 기존 입장들에 대한 검토는 자신의 입장을 정하기 위해 필요한 과정이지만 자신의 입장이 정해진 뒤에는 기존 입장들에 대한 비판적인 관점이 생성되기 시작한다. 위에서 말했듯이 논증적 글쓰기란 어떤 주제에 대한 자신의 입장을 글로써 설득력 있게 주장하는 것이다. 그런데 처음에 자신의 입장을 스스로 명확하게 해 두지 않은 채 글을 쓰면, 결국 상대방은 글쓴이의 입장이 무엇인지 알 수 없다. 그러한 경우에는 상대방이 내 주장이 타당한지 아닌지를 따져 보는 것 자체가 불가능하므로 내 글은 아무런 설득력을 가질 수 없다. 물론 처음에 세운 입장을 전개해 나가다 보면 입장 자체가 바뀌는 경우가 있을 수도 있다. 그렇다고 하더라도 글을 쓰기 전에 자신의 입장을 명확히 하지 않으면, 글은 나아가야 할 방향성이 없으므로 중구난방으로 끝나기 십상이다.

자신의 주장은 여러 가지 방식으로 성립될 수 있다. 우선, 가장 손쉬운 것은 기존의 여러 입장들을 검토해 본 후 가장 설득력 있는 견해를 자신의 입장으로 선택하는 것이다. 물론 약간의 새로움을 보태는 방식으로 단점을 극복하거나 장점을 극대화시키려는 노력이 가미될 수도 있을 것이다. 하지만 중요한 것은 글에는 언제나 자기만의 논증과 새로움이 있어야 한다는 것이다. 기존 견해를 그대로 답습하며 반복하는 것은 바람직한 논증적 글쓰기가 아니다. 따라서 자신이 선택한 견해가 왜 가장 타당한 것인지에 대해서 자신만의 논증이 반드시 뒤따라야 할 것이다.

다음으로, 기존의 견해들과 다른 새로운 주장을 펼치는 방법이 있다. 여기에도 여러 가지 방식이 있을 수 있다. 기존 견해들을 새롭게 종합시키거나 기존 견해들이 놓친 새로운 길을 제시하거나 현안 문제를 진짜 문제가 아닌 가짜 문제로 재해석하면서 문제를 해소할 수도 있다. 가령, 여름휴가를 둘러싸고 제주와 강릉이 논의되고 있다면 제3의 의견으로 제주와 강릉을 모두 가는 것을 제안할 수도 있다. 혹은 제주와 강릉이 아닌 제3의 도시를 제시할 수도 있을 것이다. 마지막으로 지금 상황이 여름휴가를 가기 마땅치 않은 이유를 제시하며 휴가 자체를 가지 말자고 주장할 수도 있다. 자신의 입장을 형성시키는 방법은 굉장히 다양하다. 위에 소개된 것은 아주 기본적인 극히 일부에 불과하다.

글이 일관되게 나아갈 수 있기 위해서는 글의 목적지인 자신의 입장을 사전에 확립해 두어야 한다.

5) 자신의 논증 만들기

자신의 입장을 확립했다면, 본인이 어떤 이유로 그것을 선택했는지 분명하게 드러나야 한다. 어렴풋하게 대충 이러저러한 이유로 선택했다고 넘어가선 안 된다. 본격적인 글을 쓰기 전에 자신의 근거가 무엇인지 정확하고 분명하게 확인해야 한다. 논증적 글쓰기에서 가장 기본이 되는 것이 바로 논거다. 아무런 논거 없이 단지 주장만 내세우는 글은 아무런 설득력이 없다. 설득력은 논증의 타당성에서 나오며, 논증의 타당성은 주장과 근거의 관계에서 나온다. 글쓰기란 필자와 독자의 대화인데, 논증적 글쓰기는 독자가 제기하는 물음, 즉 "당신은 왜 그렇게 주장하는가?"에 대해 필자가 대답해 나가는 것이다. 따라서 논증적인 글의 진가는 주장 그 자체라기보다 오히려 그 주장을 뒷받침하는 근거에 있다고 말할 수 있겠다. 아무리 독창적인 주장을 하더라도 그것을 뒷받침하는 근거가 없거나 빈약하다면, 그 주장은 더 이상 독창적인 것이 아니라 단지 헛소리에 불과한 것이 되고 만다. 만약 이 근거 확인 단계가 분명하게 이루어지지 않는다면, 주제 조사나 기존 입장에 대한 조사 단계로 다시 되돌아가서 천천히 문제를 다시 살펴보도록 하자.

자신의 논거를 확인하고 구체화하기 위해서는 앞서 파악된 기존 입장들과 논거들에 대한 비판적 검토가 이루어져야 한다. 첫째, 기존의 논증들에서 자신의 옹호하는 주장을 뒷받침하는 데 쓰일 수 있는 근거들을 확인해 보자. 둘째, 기존의 논증들에서 자신이 공격하는 주장을 약화시킬 수 있는 근거들을 확인해 보자. 셋째, 자신의 주장을 뒷받침하거나 반대 의견을 약화시킬 수 있는 새로운 근거들을 생각해 보자.

주제에 대해 내가 그러한 입장을 취하는 이유를 스스로 확인함으로써, 내가 왜 그렇게 주장하는지를 확인해야 한다. 논증적 글쓰기에서 핵심은 어디까지나 논거다.

6) 아웃라인

주제 선정 → 주제 파악 → 기존 논증 검토 → 주장 세우기 → 자신의 논증 만들기를 밟은 우리는 이제 글을 쓰기 위한 준비를 마쳤다. 하지만 곧바로 글쓰기에 들어가기 전에, 위에서 살펴본 사항들을 바탕으로 글 전체의 아웃라인을 작성할 필요가 있다. 목적지도 알고 그곳으로 가기 위한 준비도 마쳤다고 하더라도 무턱대고 가는 것보다는 내비게이션을 통해 가는 것이 효과적이듯, 아웃라인을 통해 글쓰기가 나아갈 길을 미리 알려 주는 것이 효과적이다. 경우에 따라서는 글쓰기의 진행 도중 아웃라인 자체의 수정이 필요하게 되는 경우가 생길 수도 있다.

그렇다고 하더라도 아웃라인이라는 지침을 가지고 글을 써나가는 것은 무엇보다 두서없는 글의 전개라는 치명적인 위험으로부터 우리를 보호해 줄 수 있다.

'어떻게' 글을 쓸 것인지를 명쾌하게 해놓으면, 적어도 그에 따라 쓰인 글 또한 전체적인 전개에 있어서는 명쾌하게 된다.

끝으로 두 가지 주의 사항을 언급한다. 첫째, 위에 제시된 글쓰기의 단계들은 논리적 순서이지 실제적인 순서가 아니다. 사실상 나열된 단계들은 서로 중첩되는 방식으로 동시에 이루어질 수 있다. 가령, 기존의 논증들을 검토하면서 자신의 논증을 구성할 수 있다. 둘째, 글쓰기 단계는 여러 번 반복적으로 이루어져야 한다는 것을 강조한다. 자신의 주장이 여러 단계에서 바뀔 수 있을 뿐만 아니라, 자료를 검토하는 과정에서 사유의 깊이와 폭이 증가되면서 주제까지도 바뀔 수 있기 때문에 만족스러운 글이 나올 때까지 반복해야 한다.

보기 문제 2

지금까지 확인한 일련의 과정들(주제 선정 → 주제 파악 → 기존 논증 검토 → 주장 세우기 → 논증 만들기 → 아웃라인)에 입각하여 글쓰기 전 단계의 과정을 수행해 보자(예컨대, 착한 사마리안법 도입 문제).

"'착한 사마리아인법'을 도입해야 하는가?"

주제 선정

'부산 여중생 폭행 사건', '심장마비 택시기사 방치 사건', '서울역 노숙자 사망 사건' 등이 연달아 발생하면서 도움이 절실한 사람을 도와주지 않을 경우 이를 처벌하는 '착한 사마리아인법(the Good Samaritan Law, 이하 '사마리안법')'을 도입해야 한다는 의견이 대두되고 있다. 하지만 이에 대한 반론도 많은 상황이다.

주제 파악

'사마리안법'을 도입하면 위기에 처한 사람에게 적절한 구호조치를 취하지 않은 사람은 형벌로써 처벌받게 된다. 예를 들어, 이미 '사마리안법'을 채택하고 있는 독일의 경우, 구조하지 않은 사람은 '1년 이하의 자유형 또는 벌금'에 처해진다. 국내에서 2010년 임동규 의원에 의해 발의된 '법률안'도 독일과 유사하게 '1년 이하의 징역 또는 3백만 원 이하의 벌금'을 제안하고 있다. 하지만 이 법안은 최종적으로 채택되지 않았다. 현행 법률에는 부분적으로 〈응급의료법〉에서 선의의 구조행위자를 면책하는 규정을 도입하고 있을 뿐이다.

기존 논증 확인

〈반대 논거〉

1) 법은 최소한의 도덕만을 규제해야 한다.

→ 도덕의 규범 중 무고한 사람을 해하지 말라는 '해악 금지의 원리'만을 법으로 규제해야 한다. 불행한 사람을 도와주어야 한다는 '선행의 원리'는 중요한 도덕적 규범이지만 법이 규제하려 든다면 많은 부작용이 발생할 수 있다. 전통적으로 법은 최소한의 도덕만을 규제해야 한다.

2) 형평성의 문제가 나타난다.

→ 만약 우리가 절체절명의 위기에 놓인 사람에 대해 알고 있고 우리의 능

력으로 그를 손쉽게 구원할 수 있음에도 불구하고 그를 돕지 않는다면 우리는 처벌받아 마땅한가? 이러한 질문에 쉽게 '그렇다'고 대답해선 안 된다. 우리는 지금도 다양한 매체와 수단에 힘입어 아프리카 어린이들이 몇 천원이 없어서 죽을 운명에 처해 있다는 것을 알고 있다. 또한 경제적으로 부유한 사람들은 지금 당장이라도 국내의 심장병 어린이 수십 명을 쉽게 살릴 수 있다. 법의 논리는 보편적으로 적용될 수 있어야 한다. 이러한 무수한 사람들을 모두 처벌받아 마땅한 사람으로 만드는 '사마리안법'의 논리에 동의할 수 없다.

3) 구체적 적용에 있어서 판단이 어려운 경우가 많다.

→ 법률에 의한 규제는 재산을 빼앗거나 인신을 구속하는 강력한 규제력을 발휘한다. 그렇기 때문에 금지되는 행위가 명확하게 판별될 수 있는 것이어야 한다. 하지만 '사마리안법'은 위급한 상황이란 애매한 표현만으로 해당 행위를 표현하고 있기 때문에 많은 부작용을 낳을 우려가 높다.

〈찬성 논거〉

1) 구조의무는 선택적인 도덕적 덕목이 아닌 최소한의 도덕적 의무로 이해되어야 한다.

→ 규범윤리의 '선행의 원리'와 'golden rule(내가 대접받고자 하는 대로 남을 대접하라)'은 전통적으로 선택적인 덕목으로 여겨져 왔다. '사마리안법'이 그 명칭으로부터 이러한 전통적 견해를 환기시키는 것은 오해라고 보아야 한다. 오히려 이 법은 최소한의 도덕인 악행 금지의 원리와 관련이 있으며 다만 작위가 아닌 부작위에 의한 악행으로 간주해야 할 것이다.

2) 최소한의 공동체 연대성을 보장할 수단이다.

→ 일반적인 사회생활에서 언제라도 마주칠 수 있는 개인들의 위급상황에

서 서로 간의 구호가 없다면 사회의 건전성은 심각하게 훼손될 것이다. 따라서 공리주의적인 원칙에 의해서 긴급한 위험의 순간에 개인들이 서로 구호하게 법으로 강제하는 것은 그 공익이 매우 크다.

3) 다른 나라의 입법 사례가 많다.
→ 법률적인 그리고 도덕적인 공방을 차치하고서도 여러 나라에서 이와 비슷한 법률을 제정하여 실시하고 있다는 것에 주목해야 한다. 이와 같은 상황은 이러한 법률 제정의 필요성을 역설하고 있다.

주장 세우기

'사마리안법'은 도입되어야 한다.

논증 만들기

1) 반대 측의 핵심 논거 중 어떤 것은 성립할 수 없다.
→ 위급상황에서의 구호가 최소한의 도덕이라고 간주할 수 없다. 가령 심장마비로 쓰러진 사람을 최소한의 조치(119 신고)도 하지 않고 외면한다는 것은 부작위에 의한 악행으로 보인다. 또한 여러 가지 애매한 상황들은 법안이 발효된 이후에 일정 시간이 지나면 많은 판례와 해석들을 추가하여 필요한 만큼 구체화할 수 있다.

2) 찬성 측의 핵심 논거 중 어떤 것은 수용 가능하다.
→ 경우에 따라서 다른 나라에서도 도입되었다는 것이 그 법의 필요성이나 타당성을 보여주는 간접 증거로 쓰일 수는 있겠으나 그럼에도 불구하고 직접적인 근거는 될 수 없다. 나머지 논거들은 합리적으로 수용 가능하다.

3) 기존 찬성 측 논거와 다른 유력한 논거를 추가할 수 있다.
→ 법은 도덕과 무관하게 공익과 관련하여 제정하는 경우가 있다(가령 피해

자 없는 범죄). 현대사회를 유지하고 일반적인 다수 시민들의 안전을 위해서 인명을 경시하고 이기적 개인주의가 만연하는 사회에 경종을 울릴 필요가 있다.

아웃 라인	1) 반론 측 논거 검토 2) 찬성 측 논거 검토 3) 논증자의 찬성 논거 추가 4) 결론

2. 글쓰기

글쓰기 전의 철저한 준비 없이는 제대로 된 글쓰기가 이루어질 수 없다. 하지만 그렇다고 해서 글쓰기 전의 철저한 준비가 반드시 제대로 된 글쓰기를 보장하는 것은 아니다. 즉 글쓰기 전의 준비는 글쓰기의 필수조건이지만 충분조건은 될 수 없다. 글쓰기 전의 단계를 거쳐 글쓰기에 들어온 우리는 이제 논증적으로 글을 쓰는 구체적인 방법들을 살펴볼 것이다.

1) 기본자세

논증적인 글을 잘 쓰기 위해서는 항상 독자의 입장에서 생각하는 습관을 가져야 한다. 인간은 누구나 자기 중심적이기 때문에 이러한 요구사항은 굉장히 엄격하고 힘든 것일 수 있다. 즉, 좋은 글을 쓴다는 것은 인간의 자연적인 조건으로부터 최대한 멀리 떨어져서 객관적인 자세가 되어야 한다는 것을 의미한다.

단어를 하나 고르는 데 있어서도 고심을 거듭하여 혹시 모를 독자의 오해를 최소화하여야 한다. 자신의 주장을 반복하는 것이 아니라 자신과 견해가 전혀 다를 수 있는 독자들에게까지 설득력 있는 근거를 제시하도록 노력해야 한다. 근거들은 구체적이면서도 명료하게 전달되어야 하며 전제 귀결 관계에 있어서 비약이 없도록 노력해야 한다. 애매한 단어 애매한 문장들이 쓰이지 않도록 주의를 기울여야 하고 독자들이 모를 수 있는 개념들에 대해서는 미리 예측하여 부연 설명을 곁들여야 한다. 이 모든 요구 사항들은 자신의 글을 쓰면서도 자신의 글을 타인의 눈으로 읽을 수 있는 사람만이 충족시킬 수 있다.

사랑하는 사람에게 쓸 때처럼 정성스럽고 친절하게 쓰며 나의 원수가 읽을 것처럼 논리에 치밀하고 개념에 명료하고 사실에 정확하게 써야 한다.

2) 구성

위와 같은 자세를 기본적으로 가진다면, 글쓰기의 구성 또한 쉽게 이해할 것이다. 글의 분량에 상관없이 논증적인 글의 일반적인 구성은 다음과 같다.

① 머리말(들어가는 말)

② 본론

③ 맺음말(나가는 말)

먼저, 글은 '머리말'을 통해 독자와 만남의 인사를 한다. 바꾸어 말하면 '머리말'은 독자에게 나의 주제를 선보이는 곳이다. 일상에서 우리가 갑자기 누군가에게 전화해서 아무런 설명 없이 무턱대고 내 할 말만 하지 않듯이, 독자가 당황하지 않고 내 말을 들을 수 있도록 미리 준비해야 한다. 이 글에서 다룰 주제는 무엇인지 설명하고, 그 주제를 다루는 이유(즉, 그 주제의 중요성)와 필요하다면 그 주제를 어떤 관점에서 바라볼 것인지 사전 설명을 간략하고 친절하게 제시해야 한다. 또한 글의 분량이 많다면 글의 전개가 어떻게 진행될 것인지 간략하게 먼저 설명해주는 것이 일반적이다. 따라서 글의 머리말을 가장 나중에 쓰는 것이 좋다.

'머리말'은 독자에게 "나의 글은 이러이러한 글이 될 것입니다"라고 안내한다.

그다음, '본론'에서 독자와 본격적으로 대화를 시작한다. 보다 정확하게 말하면 독자는 묻고 나는 답하는 곳이다. 나의 목적은 독자를 어떻게 해서든 설득시키는 것이지만, 그러한 목적에 반해서 독자는 가능한 한 설득되지 않으려고 한다. 마치 권투 선수가 링에서 상대방의 펀치를 맞지 않기 위해 신경을 곤두세우고 있는 것처럼 말이다. 논증적 글쓰기의 독자는 어디까지나 내가 제시한 근거들에 의문을 제기하고, 문제를 지적하는 것을 기본자세로 갖고 있다는 점을 결코 간과해서는 안 된다.

자신의 글을 쓰되 자기중심적인 글이 되지 않기 위해서는 상대방이 내 글을 호의적으로 읽지 않는다는 것을 염두에 두도록 하자. 자신은 충분히 쉽고 설득력 있는 글을 썼다고 자부하지만 실상은 이와 반대의 경우가 나오는 것이 이런 연유에서다. 이러한 점을 고려한 글쓰기는 구체적으로 어떻게 이루어져야 하는지에 대해서는 나중에 살펴보도록 하자.

'본론'에서 독자와의 가상의 문답을 얼마만큼 치열하게 주고받았는지가 글의 설득력을 좌우하게 된다.

마지막으로, 글은 '맺음말'을 통해 독자와 이별의 인사를 한다. 다시 말해 나에게서 독자를 떠나보내는 곳이다. 위에서 보았듯이 일상에서 우리는 누군가에게 전화해서 일말의 설명 없이 무턱대고 내 할 말만 하지 않을 뿐만 아니라, 또한 내 할 말만 하고 갑자기 전화를 끊지도 않는다. 그와 마찬가지로 독자가 나의 글을 자연스럽게 떠나갈 수 있도록 도와줘야 한다. 글의 핵심이라든지, 글의 한계로 인해 남겨진 문제점이라든지, 이 글이 해당 주제에 대해 기여한 바 등을 언급함으로써 독자가 내 논의에 대한 정리를 할 수 있도록 해야 한다. 이때 주의할 점은 맺음말을 통해 또 다른 주제를 제시하지 않아야 한다는 것이다. 본론이 너무 부족하다고 느낀 나머지 맺음말을 통해 뭔가를 만회해 보려다 본론도 아니고 결론도 아닌 이상한 맺음말을 쓰게 되는 경우가 있다. 이는 오히려 글을 망치는 것이다. 별다를 게 없다면 본론의 내용을 간략히 요약하는 것만으로도 충분히 좋은 맺음말이다.

맺음말은 독자에게 "나의 글은 이러이러한 글이었습니다"라고 재확인시킨다.

3) 논증의 기술

앞서 살펴본 글 전체의 구조를 염두에 두면서, 이제 우리는 '본론'에서 이루어지는 논증적 글쓰기에 관한 논의로 들어가 보자. 다시 한 번 강조하지만 논증적 글쓰기의 핵심은 어디까지나 논거에 있다. 그러므로 '본론'에서는 논거를 둘러싼 싸움, 즉 논쟁이 벌어진다. 그 싸움을 얼마나 치열하게 하느냐에 따라 글의 성패가 좌우된다.

우선, 글쓰기 전의 단계가 다음과 같은 과정으로 이루어져 있었음을 상기해 두자.

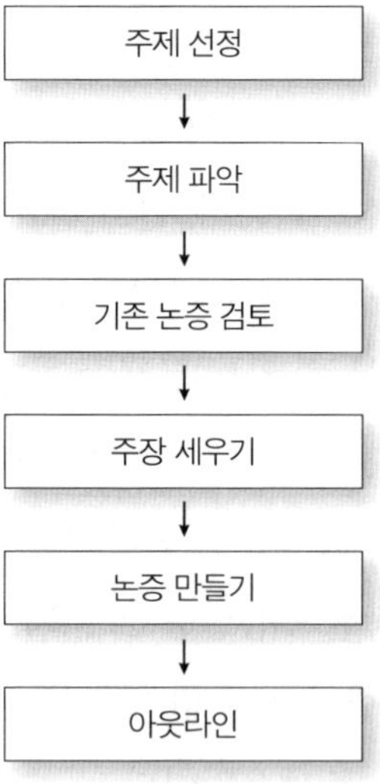

(1) 통일성

분량과 상관없이 모든 글이 그렇듯 논증적인 글도 하나의 글이다. 특히 논증적 글쓰기에서 가장 기본적인 것이 바로 일관성 내지는 통일성이다. 각각의 구체적인 논증은 어디까지나 논증들 모두를 관통하고 있는 내 입장(주장)에 이바지해야 한다. 내 입장을 항상 의식하고 있다면, 그것과 무관하거나 모순되는 논증을 하는 우를 범하지 않을 수 있다. 바꾸어 말하면, 각각의 논증(부분)이 서로 유기적으로 연결되어야 비로소 일관된 내 논증적 글(전체)이 이루어지는 것이다. 논증들 간의 유기적인 관계를 통해 논증적 글의 통일성을 확보하기 위한 가장 쉬운 방법은 바로 미리 작성한 아웃라인에 입각해서 쓰는 것이다. 〈본론〉에서의 글쓰기는 아웃라인을 구체화하는 것과 다름없다. 물론 아웃라인이 절대적인 것은 아니다. 그렇지만 아웃라인과의 비교 검토를 통해 씀으로써, 세부적인 각각의 논의들은 단순한 나열로 끝나는 것이 아니라 한 지점(내 핵심 주장)으로 수렴될 수 있게 된다.

하나의 논증적 글은 유관하게 일관적인 세부 논증들로 통일성 있게 구성되어야 한다.

(2) 주제 정리

위에서는 '본론'의 글쓰기 지침을 확인했는데, 이제는 '본론'을 어떻게 시작할지를 살펴보자. 본격적인 논증을 하기 전에, 우선 글쓰기 전 단계에서 파악한 주제를 정리하여 설명해야 한다. '머리말'에서는 글 전체를 소개하는 데 그쳤다면, '본론'의 도입부에서는 논증하고자 하는 주제에 대해 보다 상세히 기술한다. 앞으로 전개될 논증과 관련하여 필수적으로 요구되는 주제 자체의 정보를 언급하고, 그 주제에 관련된 기존의 견해들까지도 간략하게 정리해서 제공해야 한다. 이러한 준비 과정은 경우에 따라서는 상당한 노력을 필요로 한다. 가령, 글의 주제가 '낙태'일 경우를 생각해 보자. 어떤 독자들의 경우, '배아'나 '태아' 와 같은 주제의 핵심 개념들이 서로 어떻게 다른지 모를 수 있다. 또한 논의의 쟁점이 배아가 언제부터 인간인가로 모아지는 경우에 이러한 사정을 미처 알지 못하는 독자들은 논의의 흐름을 따라가는 데 힘들어 할 수도 있다. 마지막으로 보다 심층적인 논의를 원한다면 공리주의 및 의무론적 윤리관 등이 논의의 배경 이론으로 다루어지고 있다는 것도 알려 주어야 한다. 이러한 사정들을 종합적으로 고려해 본다면 본론의 앞부분에서 다루어야 할 것들이 의외로 많아질 수 있다.

나의 논증 과정을 따라오기 위해 필요한 구체적 사항(주제의 내용, 쟁점, 핵심 개념, 기존 견해)들을 독자에게 제공하는 것으로 '본론'을 시작한다.

(3) 나와 다른 주장의 근거 비판 및 내 주장의 근거 제시

이제 우리는 논증적 글쓰기의 중추를 이루는 본격적인 논증을 다루는 단계에 다다랐다. 논증은 크게 두 가지로 구성된다. 첫째, 나와 다른 주장의 근거를 비판한다. 둘째, 내 주장의 근거를 제시한다. 만약 본인 주장의 근거를 제시하지 못한다면, 내 주장은 논거 없는 공허한 외침에 불과하므로 아무런 설득력을 갖지 못할 것이다. 그렇기 때문에 내 주장의 근거 제시가 논증적 글쓰기에서 갖는 중요함은 아무리 강조해도 지나치지 않다. 하지만 우리가 여기에서 결코 간과하면 안 되는 것은 바로, 나와 다른 주장의 근거를 비판하는 것이다. 바꾸어 말하면, 왜 "~(다른 주장)이 아니라, ~(내 주장)이다"인지를 독자에게 납득시켜야 한다.

논증의 성패는 근거가 쥐고 있으므로, 나와 다른 주장에 대한 반박은 그 주장의 근거에 대한 비판적 검토를 의미하는데, 그 검토는 다음과 같이 이루어진다.

① 먼저, 근거가 과연 사실에 부합하는지 아닌지를 점검한다(논증의 건전성 검토). 객관적 사실이 아니라 거짓 또는 주관적 추측에 기반한 주장은 자연스럽게 설득력을 잃고 만다. 또한, 근거가 되는 자료가 얼마나 합리적인 출처를 가지고 있는지 역시 살펴보아야 한다.

② 다음으로, 근거가 애초에 그 주장을 뒷받침할 수 있는 것인지 아닌지를 확인한다(논증의 타당성 검토). 근거와 주장의 관계에서 논리적 오류를 찾아낸다면, 논거는 더 이상 논거로서의 지위를 잃게 되며 그 주장도 논거 없는 공허한 주장으로 전락해 버릴 것이다.

③ 마지막으로, 무엇보다 나와 다른 주장의 핵심 근거를 파악하여 그것을 충분히 다루는 것이 중요하다. 하나의 주장을 뒷받침하는 근거는 여러 가지가 있을 수 있다. 하지만 그중에서도 논증의 기축을 이루고 있는 핵심적인 근거 하나를 철저하게 비판하는 것은, 나머지 부수적인 근거들 여럿을 비판하는 것보다 훨씬 더 효과적으로 그 주장의 설득력을 잃게 만들 수 있다.

이상과 같이 나와 다른 주장의 논거들이 갖고 있던 문제점들을 지적함으로써, 독자는 왜 그 주장이 설득력이 없는지를 납득하게 되고, 따라서 적어도 내 주장에 귀 기울일 수 있게 된다. 물론 이 과정에서 허수아비 논증의 오류를 범하지 않는 것은 당연한 일이다.

하지만 나와 다른 주장이 타당하지 못하다는 것으로부터 내 주장이 타당하다는 것이 곧바로 도출되지는 않으므로, 이제 우리는 내 주장을 뒷받침할 수 있는 근거들을 제시해야만 한다. 여기에서 우리가 상기하지 않으면 안 되는 것은, 나와 다른 주장의 근거들에 대해 내가 비판적이었던 것과 마찬가지로, 독자도 내 주장을 뒷받침하는 근거들을 비판적으로 바라본다는 것이다. 내 주장의 근거를 제시할 때에는 이러한 것을 항상 염두에 두면서, 나와 다른 주장의 논거를 비판적으로 검토할 때 확인했던 것들을 보다 엄격하게 적용해야 한다. 즉, (①) 논거 자체의 사실관계가 맞는지, (②) 논거로부터 주장을 도출하는 데 논리적 오류는 없는지, (③) 내 주장의 핵심 논거에 대한 비판적 검토를 스스로 철저하게 수행하면서 논증을 했는지 따져 보아야 한다.

논증적 글쓰기란 단지 내 주장을 뒷받침한다고 보이는 논거들을 일방적으로 제시하는 것이 아니다. 필자가 아닌 독자의 입장에서, 내가 제시한 논거들에 대해 제기될 수 있을 법한 비판(예상 반론)들을 상정하여 언급하고, 그 비판들에 대한 재반박까지도 논증의 과정에 반드시 담아야 함을 결코 잊어서는 안 된다. 나와 다른 주장을 비판적으로 검토할 때의 잣대를 내 주장의 논증 과정에도 들이대면서 논거 짓기를 한다면, 그렇게 논거 지어진 내 주장은 자연스레 설득력을 지니게 될 것이다.

논증이란 나와 다른 주장과 논쟁하고, 나아가서 내 주장에 대해 독자와 논쟁하는 과정이다.

보기 문제 3

위에서 확인한 글쓰기의 기본자세를 바탕으로 글 전체의 구성에 맞게 논증의 기술(통일성, 주제 정리, 논거의 사실관계 점검, 주장과 논거 간의 논리적 오류 확인, 주장의 핵심 논거 논의])을 활용하여 자신이 선정한 주제에 대해 실제로 글을 써보자(예컨대, 사형제도 존폐 문제).

"사형제도 존폐 논란"

주제 파악

인권을 중요시하는 현대 국가에서는 사형제도를 폐지하는 추세에 있다. 사형이라는 형벌은 생명이라는 가장 소중한 가치의 불가역적 파괴를 의미하기 때문에 앰네스티(Amnesty)와 유엔인권위 등 세계의 유수 인권단체들이 사형제도의 폐지를 권고하고 있는 실정이다. 우리나라도 형법상 사형제도를 유지하고 있으나 실제 사형을 실시한 것은 1997년이 마지막이다. 따라서 우리나라는 준-사형 폐지 국가로 간주되고 있으나 명문화된 사형제도는 유지하고 있는 형편이다. 사형제도의 존폐는 여러 가지 논쟁 속에서 사회적 토론이 이루어지고 있는 뜨거운 감자이다.

상대 논증 검토

(상대 논증 제시 및 비판)

〈사형을 유지해야 한다는 입장〉

1) 사형을 통해 강력 범죄에 대한 일반 예방 효과(잠재적 범죄자들에 대한 억지력)를 가져올 수 있다.
2) 응보론적 관점에서 정의에 부합한다(형사제도에 대한 응보론적 관점과 예방론적 관점에 대해서 조사해 보자).
3) 피해자의 유족들에게 위로가 될 수 있다.
4) (폐지론자들은 보편적 인권으로서의 생명권을 강조한다.) 생명은 소중한 가치이나 타인의 생명을 잔인하게 앗아 간 범죄자는 이미 자신의 생명권 또한 포기한 것으로 간주되어야 한다.

〈비판〉

1) → 예방 효과는 선험적으로 증명될 수 없다. 오직 경험적 관찰을 통해 검증되어야 한다. 최근의 연구 결과들은 사형제도가 존치된 국가와 폐지된 국가 사이에 강력범죄 발생률의 유의미한 차이가 발견되지 않는다고 보고하고 있다.
2) → 응보론이 맞다면 그러하다. 하지만 응보론이 참이 아닌 것으로 보인다.
3) → 물론 일부 유족들은 가해자의 죽음으로 심리적 위로를 받을 수 있다. 하지만 악을 악으로 갚는 것은 심리적 위안을 가져올 수 없다.
4) → 인권(생명권)은 양도 불가능한 개념이다. 자신이 포기할 수 있는 것이라면 자유로운 노예계약은 왜 인정하면 안 되는가?

나의 논증 만들기

〈입론〉

1) 예방론적 관점을 옹호: 형벌의 목적은 응보가 아닌 예방이어야 한다.
2) 공리주의적 관점을 옹호: 고통을 증가시키는 것이 악이다. 형벌은 그 자체로 인간의 고통을 발생시키는 것이므로 예방 효과를 통해 감소되는 고통이 더 클 때에만 정당화된다. 따라서 일반 예방 효과가 없다면 그것으로 사형제도의 존재 이유는 사라지는 것이다. 최근의 연구 성과들은 사형제도는 일반 예방 효과가 없다는 것을 보여 준다.
3) 사형은 불가역적인 것이다. 인간은 실수를 할 수 있다. 무고한 사람이 죽을 수 있는 경우를 완전히 배제할 수 없다.
4) 우리는 심리적인 경향성으로 법을 제정해서는 안 된다. 합리적이고 도덕적인 근거가 더 중요하다. 악을 미워하는 마음은 인정될 수 있으나 악인에게 보복을 가함으로써 사회를 유지하고 존속시킨다는 생각은 비합리적이다.

〈예상 반론과 재반론〉

1) 공리주의적 예방론은 단점이 있다. 가령, 누군가 죽일 의사가 없이 홀로 사는 노인을 묶어 놓고 금품 300만 원을 털어 갔고 그 이후 이 노인은 찾아오는 사람이 없어서 굶어 죽었다고 해보자. 공리주의적 예방론에 따르면, 불필요한 고통은 그 자체로 악이기 때문에 오직 예방에 필요한 만큼만 처벌해야 한다. 그렇다면 이 범죄자는 그저 300만 원의 도둑질에 대한 예방 효과를 주기에 단기 구금이나 벌금을 받으면 그것으로 충분할 것이다. 왜냐하면 이 사람은 애초에 누군가를 죽일 생각은 전혀 없었기 때문이다. 하지만 사람의 생명은 무엇보다 소중한 가치이며 이에 대한 응보는 반드시 이루어져야 한다. 우리의 도덕적 직관은 이 범죄자에게 중형을 선고할 것을 주장한다.

또한 공리주의적 예방론은 무고한 처벌을 정당화할 수 있는 위험천만한 이론이다. 일반 예방 효과의 측면에서는 실제 범인을 처벌하는 것이나 무고한 사람을 처벌하는 것이나 그 실효성은 동등할 것이기 때문이다.

→ (재반론) 실제적인 형벌제도의 운영에 있어서 우리가 응보론적 관점을 완전히 배제할 수는 없을 것이다. 반론이 주장하는 도덕적 직관을 나도 인정한다. 응보론과 예방론은 상호 보완적인 관계에 있어야 할 것이다. 내가 주장하는 것은 사형제도에 관한 예방론적 접근의 우수성이다. 무고한 사람들을 잔인하게 죽인 연쇄살인범에 대한 분노는 그의 죽음을 요구할 수 있다. 또한 '눈에는 눈 이에는 이'라는 직관적인 복수의 논리가 타당성이 전혀 없다는 것이 아니다. 그러나 사형이 연쇄살인 등에 대한 예방 효과가 없다면 불완전한 우리가 사형을 집행할 권리가 없다는 것이다.

3. 글쓰기 후

지금까지 우리는, 글쓰기 전 및 글쓰기 단계에서 필요로 하는 사항들을 확인해 왔다. 하지만 글쓰기 전에 충분히 준비하고, 글쓰기 또한 충실히 이행했다고 하더라도 아직 글이 완성된 것은 아니다. 즉, 글쓰기는 글쓰기 전에 이미 시작되고 글쓰기 후의 단계를 거쳐야 비로소 끝난다고 할 수 있다. 글쓰기 전의 단계가 갖는 중요성에 대해서는 이미 확인했는데, 그와 마찬가지로, 아니 오히려 글쓰기 후의 단계가 더 중요하다고 볼 수 있다. 소위 끝날 때까지 끝난 게 아니듯이, 글쓰기도, 이제부터 우리가 살펴볼 글쓰기 후의 단계를 밟아 완수하기 전에는 끝난 것이 아니다.

1) 퇴고

아무리 글쓰기를 면밀하게 했다고 하더라도 논증적인 글은 여타의 글보다 훨씬 엄격한 논리 관계를 요하는 한, 결코 한 번에 완성될 수가 없다. 누구나 자신에게는 관대해지기 마련이므로, 실제로 글을 써나가는 과정에서 자기도 모르게 점차 느슨해진 태도를 갖게 되어, 여러 문제점들을 덮은 채 넘어가고 만다. 글을 다 쓰고 나서, 마치 타인의 글을 읽는다는 마음으로 내 글을 읽어 보면, 글을 쓰는 도중에는 보이지 않았던 수많은 문제점들이 비로소 눈에 들어오게 된다. 항상 독자를 염두에 두면서 글을 써야 함을 앞에서 누차 강조했다. 하지만 그럼에도 불구하고 필자로서 글을 쓰는 과정에서 희미해지기 마련인 독자를 다시 되살려, 스스로 필자가 아닌 독자로서 다시 한 번 내가 쓴 글을 곱씹어 보는 것은 아무리 강조해도 지나침이 없다.

글쓰기 전 단계 및 글쓰기 단계에 들인 시간 이상을 퇴고에 들인다면, 퇴고 후의 글은 퇴고 전의 글과 비교했을 때 훨씬 완성도 높은 글이 되어 있을 수밖에 없다. 그렇게 해서는 안 되겠지만 퇴고에 충분한 정성을 기울일 시간이 없는 경우에는, 대충이라도 자신이 쓴 글을 읽으면서 고친다면, 맞춤법, 띄어쓰기, 오자, 탈자 등이나 말도 안 되는 실수들을 글에 남기는 우를 범하지 않을 수 있다.

논증적 글쓰기는, 쓰는 것이라기보다 쓰고 나서 고치는 것이라고 할 수 있다.

2) 제목

우리가 책을 사거나 영화를 예매하는 경우를 생각해 보자. 당연한 말이지만, 그것들을 읽거나 보기 전에는 내용을 전혀 알 수 없다. 심지어 책이나 영화에 대한 사전 정보조차 전혀 주어져 있지 않을 때에는 어떤 기준으로 그것들을 선택할까. 그렇다. 제목이다. 바로 제목을 통해 우리는 아직 읽지도 보지도 않은 책과 영화의 내용을 나름대로 생각해 보고, 만약 그것이 흥미롭다면 실제로 읽고 보는 단계로 나아가게 된다. 이와 마찬가지로 논증적 글쓰기에서도 제목은 매우 중요하다. 제목이라는 얼굴을 통해, 독자로 하여금 내 글의 전체상을 그릴 수 있게 하고 또한 내 글을 읽고 싶게끔 유혹하는 것이다.

제목은 글을 다 쓰고 퇴고까지 마친 후 가장 마지막에 짓는다. 보다 구체적으로 말해, (퇴고를 포함한) 글쓰기를 마치고 나면, 자신의 글을 되돌아보고, 글 전체의 핵심을 단적으로 드러낼 수 있는 것으로 제목을 정한다. 만약 이러한 것이 어렵다면, 마찬가지로 독자도 내 글의 핵심을 파악하기 어렵다는 것이므로, 내 글을 다시 한 번 검토하여 수정해야 할 것이다.

또한, 제목이 갖는 중요성을 간과한 나머지 아무런 고민 없이 제목을 기계적으로 기입하는 경우가 많다. 예컨대, '사형제도 폐지에 관한 자신의 입장'이라는 주제가 주어져 그에 관한 글을 쓰고, 글의 제목을 '사형제도 폐지에 관한 나의 입장'으로 정한다면, 사실상 아무런 제목을 기입하지 않은 것과 다름없다. 글의 주제가 출제자에 의해 선정된 경우에는, 독자(출제자 및 다른 제출자) 또한 당연히 그 주제에 대한 글임을 알고 있기 때문에, 그와 같은 제목은 제목으로서의 아무런 의미가 없다. 그런데 같은 주제에 대해서도 사람마다 접근하는 관점이나, 중요시하는 논거, 논증 방식, 글의 전개 방법 등등은 서로 다를 수 있으므로, 어디까지나 그 주제에 대한 자신의 글이 갖는 고유성을 드러낼 수 있도록 제목을 정해야 한다. 따라서 제출자가 아니라 스스로 글의 주제를 선정하는 경우도 마찬가지다.

숙고를 통해 지어진 제목은 글의 가치를 더욱 돋보이게 한다.

보기 문제 4

자신이 쓴 글을 독자의 입장에서 읽으면서 수정 보완한 뒤 제목을 붙여 보자.

다음 글들에 적절한 제목을 붙여 보자.

1

역사를 돌이켜 보면 기술 혁명과 함께 정부 조직을 운영하는 시스템도 변해왔다. 기원전 8000년 전 농업 혁명이 시작되면서 수렵과 채집경제가 중심이던 원시 공동체 사회에 일대 변혁이 인다. 더글러스 노스는 이를 산업혁명에 버금가는 큰 혁명으로 간주하면서 제1차 기술혁명으로 불렀다.
농업기술의 발달로 사람들은 더 이상 사냥과 채집을 위해 떠돌아다닐 필요가 없어져 한 곳에 정착했다. 원시 수렵사회는 부족원이 다 같이 사냥하고 채집해 나눠먹는 공산 사회였다. 그러나 농업 기술의 발달로 잉여 생산물과 사유재산이 발생하면서 계층과 계급이 나타나기 시작했다. 지배층의 분화와 위계서열이 생기며 국왕을 정점으로 한 중앙집권적 '왕조'정부가 출현한다. 왕조를 운영하기 위해 나타난 조직운영 시스템이 바로 관등제와 신분제다.

방적기와 증기기관으로 대표되는 제2차 기술혁명인 산업혁명은 18세기 중반 영국에서부터 진행돼 인류사회에 커다란 변혁을 가져왔다. 기계공업의 발전으로 경제는 농업 중심에서 공업 중심으로 전환됐으며, 성장하는 경제적 기반을 바탕으로 인구 증가와 도시화가 급격히 진행되었다.

산업혁명은 시민혁명과 맞물리면서 근대 국가의 기반이 됐고 근대 정부를 탄생시켰다. 생산성이 급격히 늘어나자 능률과 효과에 대한 인식이 높아졌고 이는 근대 관료제를 형성한다. 막스 베버는 관료제가 산업화 시대에서 조직의 효율을 최대로 높일 수 있는 조직 형태라고 했다. 관료제는 산업 혁명이 낳은 제도적 발명품이라 할 만하다.

– 과학기술정책연구원 미래연구센터, 《미래는 더 나아질 것인가》, RHK알에이치코리아, 2016

2

올바른 판단을 하는 데 있어서 정통한 가장 현명한 사람들의 경우에서도 똑똑한 사람은 별로 없고 대부분 어리석기 마련인 공중(public)에 의해 그들의 의견들이 보증될 필요성이 있다는 것은 결코 지나친 요구사항이 아니다. 가장 완고하다고 알려진 로마 가톨릭 교회에서조차 새로운 성자를 인정하는 시성식에서 소위 "악마의 변호"라는 것을 시행한다. 가장 성스러운 인간이라도 악마가 말하는 험담을 듣지 않고서는 그가 진정 훌륭한 성인인지 판가름 할 수 없기 때문이다. 심지어 뉴턴의 이론조차도 의심과 의문이 허락되지 않았었더라면 우리는 그것의 참됨을 지금처럼 확신하지 못했을 것이다. 우리가 가장 신뢰하는 믿음들은 어떤 완벽한 안전망을 갖춘 것들이 아니다. 그것들은 다만 공중에게 검증될 수 있는 문을 활짝 열어놓고 있는 것들이다. 만약 검증이 받아들여지지 않거나 받아들여 졌어도 그 검증을 통과하지 못한다면 우리는 그것들을 확신하지 못할 것이다. 진리에 이르는 기회를 잡는 데 결코 게을러서는 안 된다. 이러한 검증의 기회들이 무었이든 언제나 활짝 열려 있다면 우리는 결국 더 나은(비록 절대적인 진리는 아니지만) 진리를 얻을 수 있을지 모른다. 이것이야 말로 오류 가능한 우리 인간이 확실성에 다다를 수 있는 유일한 길이다.

– 존 스튜어트 밀, 《On Liberty》, Chapter 2.
Of the Liberty of Thought and Discussion 중에서

3

과학은 인간의 활동이다. 인간은 오류를 범할 수 있다. 따라서 과학에는 오류들이 있다. 그것도 허다하다. 논리적으로 이토록 단순하고 명백한 사실을 이상하게도 대중은 의아하게 여긴다. 당신도 마찬가지이며 당신은 짜증이 날 정도로 많은 오류를 자주 범한다고 이야기해 주면 아마도 눈을 더욱 더 부릅뜨며 화를 낼 것이다. 대중은 심지어 몇몇 사실들을 아예 알고자 하지 않는다. 매우 큰 소리로 거듭해서 알려 주고 최고로 정확하고 상세하게 설명해도 아랑곳없다. 세 가지 사례를 살펴보자.

가장 간단한 첫 번째 사례는 알베르트 아인슈타인이 열등한 학생이었다는 이야기다. 진실은 정반대다. 실제로 아이슈타인은 학년에서 가장 우수한 학생이었다. 물론 그는 좋은 성적을 받으려고 무섭게 덤비는 학생은 아니었다. 모든 10대들과 마찬가지로 그는 무의미한 암기와 시험을 위한 연습을 증오했다. 하지만 아인슈타인의 성적은 좋았다. 라틴어에서는 적어도 한 번 2점을 받았고, 그리스어에서는 항상 좋은 성적을 받았으며, 수학 성적은 초기에 1점과 2점을 오가다가 결국 1점에 정착했다. 또한 대학에서도 상위권 학생이었다. 선생들은 아인슈타인의 다른 측면에 대하여 아쉬움을 표현했다. 아인슈타인이 스위스 취리히에서 대학에 다닐 때 어느 강사는 이렇게 말했다고 한다. "자네는 영리한 청년이야. 하지만 도무지 말을 안 하는 것은 큰 실수라네."

아무튼, 언제 어떻게 열등생 아인슈타인에 대한 소문이 세상에 떠돌기 시작했을까? 쉽게 설명할 수 있다. 아인슈타인은 한동안 스위스에서 학교

에 다녔고, 그곳의 성적은 점수로 매겨진다. 그런데 그 점수가 특이하다. 독일의 최고 점수인 1점은 스위스에서 6점이다. 아인슈타인의 성적표에 기재된 점수가 바로 그것이다. 안타깝게도 아인슈타인의 전기를 처음 쓴 저자는 이 점을 몰랐다. 많은 이들은 그 전기에서 처음으로 열등생 아인슈타인에 대한 이야기를 접했고, 그 이야기는 찬란한 성적을 받지 못한 모든 이들의 (혹은 그들의 자녀들의) 마음에 들었다. 보잘것없는 성적을 받았지만 나중에 아인슈타인이 될 수 있다는 희망을 품게 해주었기 때문이다. 그 희망은 결국 수그러들어도 또 다른 글들을 읽지 않는 한 소문은 남는다.

대중의 오류를 보여 주는 두 번째 사례는 약간 더 전문적이다. 아주 유명하지만 읽은 사람은 거의 없는 작품으로 그레고어 멘델이 1865년에 쓴 "식물 잡종에 관한 실험"이라는 논문이 있다. 그런데 그 논문에는 '유전'이라는 단어도 유전법칙도 등장하지 않는다. 그렇다면 모든 생물학 책들이 '멘델의 법칙'이라는 이름으로 소개하고 모든 학생들이 배워야 하는 그 법칙의 진짜 창안자는 누구인가라는 흥미로운 질문이 제기되어야 할 것이다.

그 질문에 대답하려면 우선 3명의 유전 연구자들이 같은 시기에 활동했다는 사실을 지적해야 한다. 그들은 수도사 멘델이 했던 것과 유사한 실험을 1900년경에 했다. 물론 실험 동기는 멘델과 달랐고 각자 상이했지만 말이다. 그리하여 유사한 결과들이 얻어졌고, 최초의 발견을 둘러싼 논쟁이 불거질 뻔했지만, 그때까지 읽히지 않은 채 잠들어 있던 멘델의 글이 발견되어 논쟁은 일단락되었다. 멘델은 그렇게 20세기에 발견되었다. 19세기의 사람들은 멘델을 이해하지 못했다. 왜냐하면 (여러 문헌에서 전하는 바와 달리) 멘델의 글이 이해하기 어렵거나 이해할 수 없는 수준이었기 때문이다. 멘델의 논문은 영국 생물학자 윌리엄 베이트슨이 1900년 이후에 영어로 번역한 덕분에 비로소 이해되었다. 번역 과정에서 베이트슨은 멘델이 남긴 불명료한 대목들을 손질하여 원문을 개선했다. 그리하여 영국과 미국의 연구자들은 오로지 개선을 통해 절대적으로 탁월하게 보이는 멘델만을 접했고, 즉시 그를 유전학의 아버지로 떠받들었다. 그리고 독일어권도 언제인가부터 그들의 견해에 동조하게 되었다.

대중적 오류의 세 번째 사례도 유전학과 관련이 있다. 현대의 유전학은 멘델이 재발견된 이래로 유전자가 존재한다는 것을 매우 정확히 알고 있지만, 유전자가 어떻게 작동하는지는 그다지 정확히 알지 못한다. 컴퓨터가 등장한 이후 대중은 '프로그램'이라는 단어에 익숙해졌다. 사실 그 단어는 과거에도 여행 프로그램, 영화 프로그램, 텔레비전 프로그램, 세탁기 프로그램 등의 형태로 일상에 존재했다. 어느새 그 단어는 마법의 주문이 되어 우리에게 생명에도 프로그램이 있을 수 있다는 메시지를 전하는 사람들에 의해 애용된다. 생명의 프로그램은 유전자에 들어 있다고 한다. 유전자가 우리 안에서 유전 프로그램을 작동시키고 그 덕분에 생명이 산출된다고 한다.

이 생각들이 부조리하고 틀렸다는 것을 쉽게 지적할 수 있다. 연극의 무대와 객석만 상상해 보면 된다. 이를테면, 희극이 공연되고 있는 무대에서 일어나는 일은 프로그램 된 것이다. 왜냐하면 각본이 있고 배우들은 그 각본에 따라 행동하기 때문이다. 그러나 객석에서 일어나는 일은 매일 저녁 동일하고 매우 규칙적이라 하더라도 (사람이 와서 박수를 치며 환호하거나 졸고 돌아간다) 프로그램 된 것이 아니다. 규칙적이고 반복적으로 진행되지만, 그 기반에 확고한 프로그램이 없는 과정들이 생명에도 매우 많이 존재한다. 그러나 컴퓨터에 취한 시대에 이 말을 들어 주는 귀는 거의 없다. 귀 있는 자라 할지라도 듣고 싶은 것만 듣기 마련이다. 싸구려 마법의 주문에 기대어 필수적인 반성을 회피하는 것을 보면 다수의 대중은 진실이 무엇인지 전혀 알고 싶지 않은 것 같다.

지금까지 언급한 세 가지 오류의 공통점을 '편안함'이라는 개념에서 찾을 수 있을 것이다. 삶의 행로가 프로그램으로 설명된다면 아주 편안할 것이다. 더 반성할 필요가 없을 것이다. 단 1명의 천재적인 유전학 창시자를

> 소리 높여 부를 수 있다면 아주 편안할 것이다. 표면 아래서 실제로 일어난 일들에 대하여 질문할 필요가 없을 테니까. 아인슈타인을 열등생으로 묘사하면 아주 편안할 것이다. 손가락을 들어 선생들을 가리키면서 비웃음을 날릴 수 있을 테니까. 그러면서 다른 세 손가락이 도리어 자기 자신을 가리키고 있다는 사실을 아무렇지도 않게 무시할 수 있을 테니까. 그러나 정말 중요한 것은 그 반대 방향, 오류가 시작되는 지점을 가리키는 그 세 손가락이다.
>
> – 피셔(Ficher, Ernst Peter), 전대호 옮김, 《과학을 배반하는 과학》, 해나무, 2007.

3) 기타

지금까지 우리는 논증적 글쓰기의 모든 과정을 살펴보았는데, 마지막으로 그에 연관된 몇 가지 주의 사항들을 확인하는 것으로 이 장을 마무리하고자 한다.

(1) 출처

자신의 글이 다루고 있는 주제에 대한 다른 사람의 생각을 (긍정적으로든 부정적으로든) 활용하는 것은 독단적인 글이 되지 않기 위한 지름길이다. 다만, 자신이 아닌 다른 사람의 생각을 인용했을 때에는 반드시 그 출처를 밝혀야 한다. 출처를 밝히지 않은 채 그것을 마치 나의 생각인 것처럼 지면에서 말하는 것이 바로 표절이다. 즉, 나의 생각과 남의 생각을 독자가 쉽게 구별할 수 있게 해야 한다. 또한, 활용한 통계나 지표 등의 자료에 관해서도 독자가 그것의 사실 여부를 확인할 수 있도록 정확한 출처를 밝혀야 한다.

출처를 밝히는 방법에는 일반적으로 각주 또는 미주를 사용하나, 글의 말미에서 출처를 한꺼번에 밝히는 것(미주)보다 인용한 내용이 있는 쪽 아래에서 그때그때마다 밝히는 것(각주)이 독자가 읽기에 용이하다.

인터넷에서 가져온 인용의 출처는 URL 주소로 표기하며, 인용한 문헌을 표기하는 양식은 여러 가지가 있으나, 어떤 양식을 택하든 글쓴이, 책 이름(논문 이름), 출판사(학술지 이름), 출판연도, 인용한 쪽수는 들어가는 것이 일반적이다. 어떤 양식을 택하든지 글 전체에서 하나의 양식을 통일해서 사용해야 한다. 다음은 여러 방식의 인용 표기 중 하나이다.

예시

<단행본>

원빈, 《아저씨개론》, 서울: 탐구당, 1991, 62쪽.

Johnson Dwayne, *How to be an action star*, London: Longman, 2017, p. 125.

→ 저자명 또는 편저자명, 책 이름, 출판지: 출판사, 출판연도, 쪽수(동양인명: 성 이름, 서양인명: 성 이름 혹은 성, 이름)

<논문>

이나영, "○○○ 연구", 《○○○학회》 제2집(1952), 15쪽.

Patton Paula, "The Research of ○○○○○," *○○○ Journal*, 11:1(1982), pp. 43~45.

→ 저자명, 논문명, 잡지명(편저일 경우에는 편저자, 편서명), 권수(출판연도), 쪽수

<인터넷 자료>

김용성, "요즘 대학생들 공부 안 해 걱정", 김용성 블로그, 2018년 8월 15일 수정, 2018년 9월 1일 접속, http://blog.never.co.kr/yosmdaehacksang.

→ 저자명, "웹페이지명", 사이트명, ○○○○년 ○○월 ○○일 수정, ○○○○년 ○○월 ○○일 접속, URL.

(2) 참고자료(참고문헌)

본문에서 인용한 자료가 많지 않은 경우에는 굳이 하지 않아도 무방하지만, 일반적으로 글의 가장 마지막에는 인용한 자료들의 출처를 모아서 표기한다(각주가 아닌 미주를 사용한 경우에는 참고자료를 또다시 나열하지 않아도 무방하다). 다음은 여러 방식의 참고문헌 표기 중 하나이다.

예시

<단행본>

홍길동, 《哲學史槪論》, 울산: 문숙출판사, 1979.

Cruise Tom, *How to make an argument*, Cambridge, Massachusetts: The MAT Press, 2018.

<논문>

홍길순, “바늘 끝에 몇 명의 천사가 앉을 수 있는가”, 《한국천사학회》, 1004호, 2004, 19~39쪽.

Sosa Semi, “The Pyrrhonian Problem,” *Philosophical Review* 85, 1997, pp. 54-74.

(3) 탈자, 오자, 맞춤법, 띄어쓰기

한 권의 책은 여러 부로 구성되어 있고, 하나의 부는 여러 장으로, 하나의 장은 여러 절로, 하나의 절은 여러 문단으로, 하나의 문단은 여러 문장으로, 하나의 문장은 여러 단어로, 하나의 단어는 여러 글자로 구성되어 있다. 즉, 아무리 긴 글이라고 해도 결국 글은 하나의 글자로부터 출발하지 않을 수 없다. 이와 같은 자명한 사실을 인지한다면, 우리는 결코 글자 하나 하나를 소홀히 해서는 안 된다. 아무리 내용적으로 설득력 있는 글이라고 하더라도, 탈자, 오자, 잘못된 맞춤법과 띄어쓰기가 많으면 글의 설득력은 퇴색되고 만다.

(4) 문단

문단 나누기가 없이 처음부터 끝까지 하나의 글이 하나의 문단으로 이루어진 경우에는 독자에게 자신의 생각을 온전히 전달하기가 어렵다. 나는 썼으니 너는 알아서 정리하면서 읽으라는 식이 아니라 필자는 독자에게 가능한 한 친절하게 글을 써야 한다. 하나의 논의에서 다음의 논의로 (또는 보다 깊은 논의로) 넘어가는 경우에는 문단을 나눔으로써, 독자는 자연스럽게 내 글의 전개를 정리하면서 읽게 된다. 또한, 읽다가 앞의 내용으로 돌아가 확인을 하고자 할 경우에도, 문단이 나뉘어 있다면 독자는 대강 어디에 그 내용이 있었는지를 인지하고 쉽게 확인할 수 있어, 글을 읽는 흐름을 깨지 않을 수 있다.

(5) 강조

우리는 말을 할 때 자신이 강조하고 싶은 부분을 큰 소리로 말하거나 힘을 주어 말한다. 그와 마찬가지로 글을 쓸 때에도 본인이 강조하고 싶은 부분은 방점, 밑줄, 굵은 글씨 등을 이용해 강조를 함으로써 독자에게 내 글의 핵심적인 내용을 효과적으로 전달하여 각인시킬 수 있다.

(6) 문장

문장은 불가피한 경우를 제외하고 가능한 한 짧을 때 독자가 읽고 이해하기 편하다. 문장이 길어지면 당연히 여러 개의 주어, 동사, 목적어 등이 등장하고, 독자는 어떤 동사 혹은 목적어가 어떤 주어에 걸려 있는지를 파악하는 데 힘을 소모하므로, 정작 문장의 내용이 명쾌하게 전해지지 않는다. 또한 문장이 길어지게 되면 주어와 술어가 호응하지 않는 등 비문이 발생할 우려가 있다. 불필요하게 긴 문장은 그 문장에서 말하고자 하는 바에 대해서 스스로도 잘 정리되어 있지 않다는 것을 뜻하므로, 긴 문장을 나누어 다시 기술하는 것은 자신의 생각을 정리하여 명료하게 표현하는 것이기도 하다.

다음은 실제 대학생이 쓴 논증적 글을 통해 구성된 퇴고 사례이다. 유발 하라리의 《사피엔스》에 등장하는 특정 주제에 대한 비평문이며 과제 제출용으로 작성되었다.

제목: 〈사피엔스 비평문〉

윤리나 도덕이 객관적 질서로 있느냐, 아니면 간주관적 가공물로서 존재하느냐 하는 것은 오래전부터 철학에서 논의되어 온 것이다. 이에 대해 《사피엔스》의 저자 유발 하라리는 질서가 상상의 산물이라 정의 내린다.

그는 우리 종이 성공한 것은 존재하지 않는 것을 믿을 수 있는 능력이 있었기 때문이라 말한다. 질서라는 것이 상상의 산물이 맞다고 가정한다면 옳은 말이다. **(하나의 문단에는 하나의 핵심 주장이 존재하는 것이 올바르다. 이 문장의 쓰임새는 분명하지 않다.)** 인간이라는 종은 협력을 도모하여 발전해 왔다. 어떤 이들은 인류사는 전쟁의 연속이었는데 협력에 그렇게 큰 비중이 있느냐고 한다. 그러나, 인류 전체의 협력만 조명할 필요는 없다. 인류는 무리를 이루어 그들끼리 협력하는 데에 익숙하고, 자신들의 무리에 위협되는 무리는 '차별과 전쟁이라는 협력을 통해' 배척한다. (이 문장은 주술 호응이 어색하다. 맥락상 수동태로 처리되어야 할 술어가 능동형으로 적혀 있다. 따라서 '무리는 … 배척된다'고 고쳐야 한다.)

무리의 유지나 문명의 발전에 협력은 필수적이고, 협력을 위해서는 질서가 필수적이다. (이 문장은 앞에서 등장하는 것이 더 자연스럽다.) 각자의 가치관이나 이해관계는 제각각이다. 질서가 없는 상태에서는 이들의 (인칭 대명사는 앞에서 언급된 사람(들)을 대신하는 것이다. 하지만 앞선 문장에서 구체적인 사람들이 언급되지 않았다. 따라서 '이 같은 무리들의'로 쓰는 것이 적당하다.) 충돌로 협력이 힘들어진다. 분쟁을 최소화하고 효율적인 협력관계를 구축하기 위해서는 정해진 질서가 있어야 한다. 그러므로 질서를 상상의 산물이라 가정한다면, 우리 종은 상상을 존재한다 믿을 수 있었기에 발전이 가능했다고 볼 수 있다. (여기까지는 저자 유발 하라리의 견해였다. 자신의 의견과 혼돈이 일어나지 않도록 표현에 신중을 기해야겠다.)

그러나, (접속사 뒤에 쉼표를 쓰지 않는다.) 정말 질서를 상상의 산물이라고 할 수 있을까. (이 문장은 이 문단에서 구체화되고 있지 않다.) 저자는 이에 대한 근거로 함무라비 법전과 미국 독립선언문을 예로 든다. 둘 다 자신들이 보편적이고 영원한 정의의 원칙이라 주장했지만 두 법전의 내용은 상반된다. 이에 저자는 둘 다 보편적 원리가 아니며 단순한 신화에 불과하다고 이야기한다. 그의 말에 따르면 모든 사람이 평등하다는 것도, 사람을 귀족과 평민으로 구분하는 것도, 전부 상상의 산물이다. 저자는 독립선언문의 '모든 인간은 평등하게 창조되었으며'라는 구절을 예로 든다. 하라리는 "모든 사람은 평등하게 창조된 게 아니라 진화했으며 평등하게 진화하지 않았다. 게다가 생물학적으로 봤을 때 권리는 없다"고 이야기한다. 그러면서 "신을 믿지 않는다면 모든 사람이 평등하게 창조되었다는 것이 무엇을 의미할 수 있겠는가?"라고 말한다.

이 부분은 동의한다. 더 첨언하자면, 미국 독립선언문의 창조주는 크리스트교의 창조주를 디폴트(외래어는 꼭 필요하지 않으면 사용하지 않는다.)로 놓고 있다. 하지만 누군가는 그 단어에 우주적 질서를 대입할 수도 있고 자연을 대입할 수도 있다. 그런 면에서는 인간이 우주적 질서나 자연이라는 창조주에 의해 창조되었다고 볼 수 있고, 질서 속에서 살아간다는 의미에 한정 지어 평등하다고 할 수도 있다. 하지만 창조주를 우주적 질서나 자연으로 상정한다 해도 그들이 양도 불가능한 권리를 인간에게 쥐여줬다고(부여했다고) 볼 수는 없다. (이 문단은 글 전체의 통일성을 위해 재고해 볼 필요가 있다.)

만약 정말로 크리스트교 적(띄어쓰기)인 창조주가 인간을 창조했다고 하더라도 그게(그것이) 신이 인간에게 권리를 주었다는 근거는 될 수 없다. 전지전능한 창조주가 생명, 자유, 행복의 추구를 포함하는 양도 불가능한 권리를 인간에게 부여해 주었다면 이 권리가 침해되거나 양도되는 상황은 일어나면 안 된다. 그런데 인류사에서 그런 상황은 숱하게 많았다. 이것만 봐도 전지전능한 창조주가 인간에게 양도 불가능한 권리를 주었다고 생각하기는 힘들어진다. (논리의 흐름이 분명하지 않다. 보다 구체적으로 쓸 필요가 있다.)

독립선언문에 대한 유발 하라리의 견해는 '독립선언문은 간주관적 질서다'라는 명제만 두고 보았을 때 타당하며 설득력도 높다. 그러나 이 예시만으로 '(모든) 질서는 간주관적 가공물이며 객관적 질서란 없다'라는 이야기를 하기는 힘들어 보인다. 함무라비 법전, 독립선언문이 간주관적 가공물이라 할지라도 이와 별개로 객관적 질서가 있을 수도 있지 않은가. 그냥 그 법전들이 객관적 질서를 반영치 못한 것일 수도 있다. 그 가능성은 섣불리 닫아 둘 수 없다.

칸트에 따르면 인간은 이성을 통해 도덕법칙을 인지할 수 있다고 한다. 이성은 나를 객관화시키며, 타인의 입장에서 생각할 수 있도록 만든다. 이는 나 자신의 어떠한 의지가 보편적 의지가 되려 하는 경향성을 만들어 내며 보편적인 규정을 인식할 수 있게 한다. 본문의 사례는 극도로 협소하기 때문에 도덕법칙이 없다는 입증을 해보일 수 없다. 하라리는 좀 더 많은 사례를 싫고(실고) 반대되는 견해, 즉 도덕법칙이 존재한다는 견해에 반박도 해야 했다.

전반적으로 저자는 개념들이 명확해(명확한) 읽기 쉬운 글을 썼다. 독립선언문이 상상의 산물이라는 부분은 고개를 끄덕이며 동의하게 한다. 그러나 함무라비 법전과 독립선언문의 예시만으로 '질서는 간주관적 가공물이다'라는 소리를 하는 것은 지나치게 가능성을 닫아 두는 행태이다. (지나친 논리의 비약이다.)

뿐만 아니라 예상 반론은 없다시피 하며 '그래도 본질만큼은 평등하다 믿는다면 안정된 사회를 구축할 수 있을 거야'라는 말을 할 거라고 상정해 두고 '그게 바로 상상의 질서다'라고 이야기하는 허수아비 공격을 범하고 있다. (보다 친절한 설명이 필요하다.) 이런 영양가 없는(표현이 부적절하다.) 문장 대신 반론을 들고 왔을 때 충분한 해명이 될 만한 부분이 있어야 한다.

마지막으로 아쉬운 점이 하나 있다. 저자는 '방사능이란 없다고 믿어도 실재하는 객관적 실재다'라는 말을 한다. 이로 보아 하라리는 객관적, 간주관적, 주관적 실재를 구분할 수 있다 생각하는 것으로 보인다. 그런데 필자는 이 부분에 의문이 생긴다. 이것들이 유의미하게 구분 가능한 것인지 정리해 주었다면 좋았을 것이라고 생각한다. **(부적절한 결론 문단이다. 추가적인 논평을 언급하기보다는 앞서의 논의들을 간략하게 정리하는 편이 더 낫다.)**

연습문제

'글쓰기 전→글쓰기→글쓰기 후'의 단계를 밟아 한 편의 논증적인 글을 완성해 보자.

〈예시〉
'양심적 병역 거부'를 인정할 것인가?

I. 글쓰기 전

1. 주제 선정

양심적 병역 거부 찬반 논란

2. 주제 파악

양심적 병역 거부란 양심상의 이유(종교적 신념 등)로 병역과 집총을 거부하는 행위를 말한다.

2006년 이후 10년간 소위 '양심적 병역 거부'로 5,200명이 넘는 사람들이 처벌을 받았다. 이들은 국방의 의무 중 하나인 징집을 거부, 별도의 대체복무제 신설을 요구하고 있으며 일부 시민운동가들도 이에 동조하고 있으나 다수의 여론은 싸늘하다. 한편 양심적 병역 거부자에게 무죄를 선고한 하급심 법원의 판결이 50건을 넘어선 가운데 35건이 2017년에 선고되었고, 2018년에는 2016년에 이어 두 번째 항소심 무죄 판결이 나오면서 양심적 병역 거부를 인정하고 대체복무를 허용하는 입법을 해야 한다는 의견이 대두하고 있다.

3. 기존 논증 검토

〈찬성 논거〉

① 원칙적으로 양심의 자유는 보장되어야 하며 또한 이는 대한민국 헌법상의 권

리이다.

② 병역의 의무는 다른 방식으로 대체될 수 있다.

③ 기존 병역 인원은 군의 현대화를 통해 보완 가능하다.

④ 많은 국가가 양심적 병역 거부를 인정하고 대체 역무를 가하고 있다.

〈반대 논거〉

① 병역은 헌법상의 의무이며 한반도는 분단국가라는 특수성을 가지고 있다.

② 병역 거부행위를 인정할 시 발생할 병력자원의 손실 문제가 있다.

③ 병역 거부가 진정 양심에 의한 것인지 심사가 곤란하다.

④ 대다수의 국민들이 반대한다.

4. 주장 세우기

양심적 병역 거부를 인정하고 별도의 대체복무제도를 신설해야 한다.

5. 논증 만들기

① 기존 반대 논거들 중 여론을 의식하는 것은 타당하지 않다.

② 악용 사례는 대체복무를 합리적으로 마련하는 것으로 충분히 극복 가능하다.

③ 우리나라의 특수성을 감안한다 하여도 자유민주주의 국가로서의 정체성을 강화하는 것이야말로 강한 군대를 만드는 데 중요한 요소이다.

6. 아웃라인

① 찬성 입장을 제시하고, 이에 대한 기존의 논거들을 열거

→ 양심의 자유는 원론적이고 헌법적인 권리. 대체복무를 통해 국방의 의무를 다할 수 있음. 군의 현대화.

① 반대 입장을 제시하고, 찬성 입장에 대한 기존의 반론들을 제시

→ 양심의 자유는 보장되어야 하지만 병역의 의무는 기본적인 헌법적 의무. 모두

에게 군대가 기피되는 상황에서 새로운 대체복무 제도는 악용되는 사례 발생. 군의 현대화에도 불구하고 현실적인 국방력의 저하. 대다수의 국민들이 반대.

③ 자신의 입장이 그럼에도 불구하고 왜 찬성인지 반대 논거들을 재반박하며 설득력 향상.

→ 대한민국의 정체성에 관련된 사항. 민주 사회에서 여론이 중요하나 이치에 맞게 국민들을 설득하자는 것. 악용 사례가 없도록 훨씬 강력한 대체복무제도 마련.

II. 글쓰기

〈제목: 양심적 병역 거부를 옹호하는 새로운 이유들〉

1. 머리말

우리나라는 내전이 끝나지 않은 엄연한 분단국이다. 이러한 특수성에 의거해 모든 국민이 병역의 의무를 가진다는 것과 함께 징병에 응하는 것은 널리 받아들여져 왔다. 하지만 일부 구성원들은 이를 거부하며 집총을 양심상의 이유로 거부하고 있다. 양심적 병역 거부란 종교적 신념이나 양심상의 이유로 병역과 집총을 거부하는 행위를 가리킨다. 양심이란 것은 라틴어 con(함께) – scientia(앎) 즉, 모두 함께 알고 있는 지식이라는 뜻으로 타고난 선악의 판별능력을 일컫는 말에서 기원했다. 동양의 유학에서는 날 때부터 타고나는 능력과 지식을 각각 양능, 양지라고 표현하였다. 하지만 현대적인 의미에서 양심은 각자가 타고나는 것일지라도 그 내용에서 다양성이 인정된다. 따라서 일각에서 제기되듯이 병역의 의무를 저버리는 행위가 비양심적이기 때문에 '양심적' 병역 거부가 아닌 '비양심적' 병역 거부로 불려야 한다는 주장은 용어상의 오해이다. 또한 그렇기 때문에 '양심적 병역 거부'에 대한 표현상의 문제를 빌미로 이에 대한 적대감을 갖는 것 또한 논점에서 벗어난 견해이다.

2. 본론

2-1. 현재 상황

양심적 병역 거부자는 해마다 500여 명으로 지난 60여 년간 2만 명에 육박한다고 한다. 2006년 이후 10년간 양심적 병역 거부로 5,200여 명의 사람들이 처벌을 받았다. 양심적 병역 거부자에게 무죄를 선고한 하급심 법원의 판결이 50건을 넘어선 가운데, 그중 35건이 2017년에 선고 되었고, 2018년에는 2016년에 이어 두 번째 항소심 무죄 판결이 나오면서 양심적 병역 거부를 인정하고 대체복무를 허용하는 입법을 해야 한다는 의견이 대두하고 있다.

2-2. 찬성 논증 제시

찬성 측은 양심의 자유는 헌법에 보장된 권리라는 점을 강조한다. 자유민주주의 국가에서 개인이 가지는 양심의 자유는 반드시 보장되어야만 하는 필수적 권리이다. 병역의 문제에 있어서 양심의 자유는 특별한 예외인가? 이들은 그렇지 않다고 목소리를 높인다. 특히 국제사회가 양심적 병역 거부를 인정하고 있다는 점이 중요하다. 양심적 병역 거부를 인정하는 거의 모든 국가에서 대체 역무를 부과하고 있으며 유엔인권위원회는 1997년 종교적 병역 거부자가 어떠한 정치, 종교적 이유로도 차별받아선 안 된다고 결의한 뒤, 인권협약 가입국에 대체복무 입법을 촉구해 왔다. 또한 국내에서도 2005년 국가인권위원회에서 양심적 병역 거부권과 병역의 의무가 조화롭게 공존할 수 있도록 대체복무제를 도입해야 한다고 당해 국가기관에 권고하기도 하였다. 찬성 측은 이러한 국내외의 상황을 고려할 때 우리 사회의 특수성을 감안한다 하여도 보편적인 인권의 문제에서는 이러한 상황이 예외적인 상황으로 간주되어선 안 된다고 주장하고 있다. 따라서 대체복무제를 허용하지 않은 채 병역의무만을 요구하는 것은 헌법상 양심의 자유를 침해하는 것이다. 한편 이들은 군 복무와의 형평성을 고려한 대체복무제도를 도입한다면 국민적 공감대 또한 얻을 수 있을 것으로 내다본다. 마지막으로 찬성 측은 특정 종교적 신념이나 개인적 신념을 제외하고는 별다를 바 없는 시민을 전과자로 낙인을 찍고 병역을 면제하는 것보다 다른 방식으로 병역의 의무를 이행하게 하는 것이 타당하다고 주장한다. 현재 양심적 병역 거부자의 수는 전체 병역 가능 인구의 0.2%에 불과하다. 이들이 가져올 군사적 손실을 너무 과장해서 받아들이는 것은 합리적이지 못하다. 이들은 대체복무제도를 통해 병역의 의무를 이행하게 함으로써 양심의 자유도 함께 인정하는 아름다운 국가 공동체를 이루어 갈 수 있다고 주장한다.

2-3. 반대 논증 제시

일견 원론적으로 보이는 찬성 측에 대비하여 반대 측의 입장은 보다 현실적으로 보인다. 이들은 병역은 헌법상의 의무이며 분단국가로서 대한민국이 국가와 국민을 지키기 위해 반드시 필요로 하는 헌법적 제도임을 강조한다. 또한 현실적인 차원에서 병역 거부행위를 인정할 시 발생할 병력자원의 손실 문제가 있다. 군대에서 다치는 사람들은 지금도 부지기수이며 심지어 목숨을 잃기도 한다. 남북이 군사적으로 대치된 상황에서 이는 불가피한 일이다. 누구나 기피하는 병역에 대체복무제도가 도입된다면 이것이 병역 기피수단으로서 악용될 것이 불을 보듯 뻔하다는 것이다. 반대 측은 찬성 측이 제시하고 있는 통계적 수치도 현실을 무시한 근거로 바라본다. 0.2%에 불과한 양심적 병역 거부자는 지금의 강력한 억제수단, 즉 전과자가 되는 처벌 때문에 성립된 수치라는 것이다. 이 수치가 대체복무가 인정된 다음 얼마나 올라갈지는 가늠하기 힘들다. 또한 양심이 아무리 헌법상 보장된 가치라고 하여도 병역 거부가 진정한 양심에 의한 것인지 누가 어떻게 판별할 수 있겠는가? 병역 거부에 대한 사회적 여론이 비판적인 것은 단지 감정적인 대응 차원에서 그런 것이 아니라 이처럼 현실적이고 중대한 문제가 있기 때문이다. 반대 측의 입장은 원론적인 차원보다는 현실적인 차원에서 그 설득력을 더하고 있다.

2-4. 반대 논증에 대한 재반론

하지만 그럼에도 불구하고 양심적 병역 거부와 대체복무제도의 도입은 이루어져야 한다. 첫째, 원칙적인 문제는 타협을 보기 어렵지만 현실적인 차원의 문제는 타협이 쉽기 때문이다. 반대 측이 우려하는 현실적 문제, 즉, 병력 감소와 이로 인한 국방력의 저하는 적절한 수준에서 조절될 수 있어 보인다. 형평성을 고려한 대체복무제도의 신설은 어렵지만 불가능한 것은 아니다. 다른 나라에서 1.5배 혹은 2배의 복무기간을 두고 있지만 우리는 우리의 현실에 맞추어서 소위 가짜 양심적 거부자를 충분히 그리고 적절히 솎아 낼 수 있는 복무기간을 마련할 수 있다. 우리는 정상적인 군 복무 기간에 있어서도 탄력적인 운영을 보여 주었다. 그렇다면 그만큼의 탄력성을 대체복무 기간에 있어서도 보여 줄 수 있지 않을까? 지금의 상황에서 얼마 정도의 복무기간이 주어져야 형평성에 맞는지는 알 수 없다. 하지만 입법화된 후에 상황을 예의주시하며 탄력적으로 운영한다면 현실적으로 지금의 병력을 유지하면서도 양심적 거부자를 건전한 사회의 일원으로 존속시켜 주는 것이 불가능하지는 않을 것이다.

둘째, 군대가 존재하는 이유는 국가의 정신을 지키기 위해서이다. 이념과 가치가 없는 국가는 사상과 영혼이 없는 사람과 같다. 대한민국의 헌법은 그 구성원들의 양심의 자유를 보장한다. 이는 자유주의 국가에서 양보할 수 없는 핵심적 가치이다. 양심적 병역 거부를 둘러싼 논쟁에서 소외되어 있는 이 문제는 우리가 간과해서는 아니 될 문제이다.

3. 결론-요약

결론적으로 양심적 병역 거부를 둘러싼 논쟁은 원칙과 현실의 문제로 요약된다. 우리 중 누구도 양심의 자유가 가지는 가치를 무시할 사람은 없다. 양심은 개인적인 문제이며 강요할 수도 강요해서도 안 될 문제다. 해법은 있어 보인다. 현실적인 문제는 원칙적인 문제보다 비교적 쉽게 해결할 수 있기 때문이다. 우리의 현실에 맞는 강력한 억제력이 동원된 복무제도가 적절한 수준에서 탄력적으로 운용된다면 헌법에 명시된 양심의 자유와 병역의 의무를 모두 만족시킬 수 있다. 또한 대한민국의 보위는 영토를 지키는 것만이 아니라 그 정신, 즉, 자유민주주의의 가치를 보위하는 데 더 큰 의미가 있다는 것을 잊지 말아야 하기 때문이다.

〈참고자료〉

"'양심적 병역 거부'라는 표현, 어떻게 생각하십니까", 한겨레, 2018. 06. 28 수정, 2018. 06. 05 접속, http://www.hani.co.kr/arti/society/society_general/851003.html.

"숫자로 본 양심에 따른 병역 거부", 앰네스티 인터내셔널, 2016. 05. 10 수정, 2018. 05. 25 접속, https://amnesty.or.kr/10835/.

Ⅲ. 글쓰기 후

본 교재에 제시된 퇴고 과정을 참고하여 글쓰기 단계에서 어떤 실수와 결함들이 존재하는지 살펴보고 알맞게 고쳐 보자.

4. 논증적 글쓰기의 실제와 연습

1) 논증적 글쓰기 사례

다음에 소개되는 글은 논증적 글쓰기의 실제 사례이다(약간의 생략과 수정). 본 교재에 나타난 글쓰기 방법을 하나의 지침으로 재구성하여 논증적 글이 실제로 이루어지는 과정을 보여 주고자 수록하였다. 독자들은 다음의 예시들을 통해 하나의 완성된 논증적 글을 쓰는 것에 익숙해지도록 노력해야 한다.

(1) 자율규제

I. 주제 선정

→ 오늘날 자율규제에 대한 한국사회의 관심은 지속적으로 증가하고 있다. 기업들의 이윤추구 행위들은 법률에 의해 규제되고 있으나, 이러한 사회적

규제망은 고도로 전문화된 기업의 이윤추구 행위에 의해 무력화되기 일쑤고 이러할 때마다 더 많고, 더 복잡한, 더 세밀한 법률적 보완작업을 필요로 한다. 하지만 이러한 상황은 사회적 비용을 증가시키고 비효율적인 관행을 낳는다. 바로 이러한 이유에서 사회는 법적인, 행정적인 규제와 함께 업계 스스로의 자정 노력을 요구하게 되었다. 의료, 법률, 인터넷, 방송, 영화, 게임 등 다양한 전문영역에서 자율규제의 필요성이 증대되고 있는 상황에서 이러한 주제 선정은 적절해 보인다.

II. 주제 파악

→ 자율규제에 대한 논증적 글쓰기는 그 주제가 비교적 생소하다. 이러한 경우 주제에 대한 비교적 상세하고 친절한 설명이 필요하다. 또한 자율규제에 대해서 어떤 입장을 취할 것인지 다양하고 중첩적인 선택이 가능하다. 하나의 질문에 대한 찬반이나 다양한 경쟁 견해 간의 선택으로 주제가 집중되기 쉽지 않다. 우선 자율규제에 대한 개념 설명이 필요하고, 자율규제의 필요성을 논증할 필요가 있으며 그럼에도 불구하고 왜 실패하는지 논증하고, 그리고 가능하다면 성공적인 자율규제를 위한 합리적 대안을 제시하는 것이 좋다. 만약 합리적 대안을 제시하는 것이 본인의 역량을 벗어나는 것이라고 판단된다면, 실패 원인을 밝혀 보고 향후 대안은 원론적인 수준에서 논급하는 것도 좋은 방안이다. 원인을 밝혀내는 목적으로 새로운 관점을 제시하는 것도 훌륭한 논증적 글쓰기의 소재가 될 수 있다.

III. 기존 입장 및 논증 검토

1. 자율규제에 대한 설명

→ 자율규제란 일반적으로 조직화된 집단이 그 구성원의 행위를 스스로 규제하는 것을 의미한다. 자율규제는 통상적으로 피규제 대상이 되는 행위자들이 단체를 조직하고 이러한 단체를 통해 스스로가 지켜야 할 규범 등을 제정하며 이를 위반하는 단체소속 행위자를 제재하는 방식으로 이루어진다. 자율규제라는 제도가 모든 영역에서 요청되는 것은 아니다. 자율규제가 공적 규제보다 선호되는 경우는 시장의 조정 기능이 실패하거나, 이를 바로잡으려는 사법 기구가 지나치게 고비용일 때, 그리고 문제를 해결하는 데 있어 자율규제가 공적 규제보다 더 효율적이거나 값싼 비용을 지불하는 경우 등이다.

2. 자율규제의 필요성에 대한 논거

→ 현대사회의 공리적 효용성을 강조하는 기조에 비추어 볼 때, 전문가 집단의 자율규제는 경제적 가치를 통해 그 필요성을 사회의 각 주체들에게 설득력 있게 증명해 보일 수 있다. 자율규제가 정부 주도 규제보다 더 적은 비용으로 더 전문적인 규제를 마련할 수 있기 때문이다. 자율규제는 전문성, 효율성, 적응성 측면에서 직접적인 정부규제보다 유용하다.

3. 자율규제의 실패 원인에 대한 기존의 입장 제시

1) 자율규제적 단체는 이익 집단적 성격에서 벗어나기 힘든 속성을 가지고 있다. 어떤 협회라도 협회원들의 경제적 후원이 없다면 존속하기 힘들고 협회원들은 자신의 이익을 위해 회비를 지불하는 것이지, 어떤 공적인 영역에서의 선을 위해 이러한 후원을 한다고 생각하지 않는 경향

이 강하다.

2) 한국사회의 전문직 자율규제는 겉으로는 사회의 공공선을 위한 제재 수단을 가지고 있지만 실질적인 집행을 보장하는 안전장치는 매우 미흡하다.

3) 정부가 전문성을 요하는 영역에서 규제를 가하려 할 때, 이들 전문가 집단이 관료들보다 더 높은 관련 지식을 갖추고 있기 때문에 결국은 이들 전문가 집단의 입맛대로 규제를 만들게 된다.

4) 공공 선택 이론에 따르면, 이기적인 합리적 개인 모델은 경제(시장) 분야에만 국한되지 않는다. 흔히 공공의 복리를 위해 움직이는 것으로 여겨지는 공공, 행정 등의 분야에도 이러한 이기적인 합리적 개인 모델이 적용될 수 있다.

5) 합리적 무시이론에 따르면, 이러한 규제 대상의 입맛대로 만들어진 규제들을 시민사회가 바로 잡으려 해도 이러한 규제들로 인한 이득은 소수의 전문가들이 가져가는 한편, 전문가들이 제공하는 서비스의 대상이 되는 인원들은 너무나 방대하여 오히려 각각의 시민 영역의 개인들은 손해를 감수하는 비용이 규제를 고치는 비용보다 적다고 생각하여 이러한 규제를 고치는 데 소극적이 될 수밖에 없다.

IV. 주장 세우기

자율규제의 실패는 자율규제를 공리주의적이고 계약론적인 관점으로만 이해하기 때문이다.

V. 논증 만들기

1. 사회계약론에 따르면, 자율규제의 주체는 자기들의 최대 이익을 보장받기 위해 사회와 계약한다.
2. 자율규제의 주체는 공공성을 고려하지 않고 오로지 자기들의 최대 이익을 보장받기 위해 사회와 계약한다.
3. '합리적 무시 이론'에 따르면, 사회 구성원들은 전문가들이 가하는 사회적 피해를 오히려 무시할 만한 충분한 합리성 또한 갖고 있다.
4. 일반 시민들은 자율규제의 범위는 최소화하고 규제의 집행력에 있어서는 최대화를 요구하는 것이 합리적이다.
5. 전문직 자율규제의 주체들은 적당한 지대 추구를 합리적 목적으로 설정할 수 있거나 설정해야 한다.
6. 사회계약론으로만 자율규제를 근거 짓는다면 자율규제는 성립할 수 없다(보완적 대안이 필요하다).

VI. 아웃라인 + 개요 작성

1. 서론: 주제 제시

2. 본론

2-1. 자율규제 개념 설명 및 필요성

2-2. 기존의 실패원인 분석 제시

2-3. 자신의 실패원인 분석 제시

3. 결론: 향후 전망 및 잠재적 대안

〈완성된 글〉

제목: 전문직 자율규제와 공공성

1. 자율규제와 전문직

일찍이 영국의 사상가 애덤 스미스(Adam Smith)는 자신의 책 《국부론》에서 개인들의 합리적 이기심은 넓은 관점에서 궁극적으로는 사회의 공공선을 이룩하기 때문에 국가는 영리활동에 최대한의 자유를 보장해야 한다고 주장하였다. 오늘날 대부분의 나라들이 자유시장주의를 채택하고 있다는 것이 이러한 주장의 참됨을 방증하는 것은 아니다. 대부분의 공적 행정기관들은 독과점을 규제하며 공정한 거래를 위한 각종 규제들을 통해 사사로운 자유를 제한하고 있다. 하지만 이 또한 그가 틀렸다는 것을 증명하는 것은 아니다. 오히려 우리가 추구해야 할 것은 공공성과 자율성을 조화롭게 규율할 수 있는 지혜라는 것을 보여 줄 뿐이다. 사회의 거의 모든 영역에서 공적인 이익과 사적인 이익이 충돌하지만 필자의 관심은 그중에서 전문직의 자율규제와 그 실패에 있다.

오늘날 한국사회의 자율규제에 대한 관심은 지속적으로 증가하고 있다. 기업들의 이윤추구 행위들은 법률에 의해 규제되고 있으나, 이러한 사회적 규제망은 고도로 전문화된 기업의 이윤추구 행위에 의해 무력화되기 일쑤고 이러할 때마다 더 많고, 더 복잡한, 더 세밀한 법률적 보완작업이 이루어지고 있다. 하지만 이러한 과정은 끝이 없는 악순환에 빠진다. 가령, 영국 자본주의 초기 광산 노동자들을 위한 법률은 100

가지에 불과했지만 몇십 년 뒤에는 수천 개에 이르는 세밀하고 복잡한 법률이 만들어졌다. 광산 노동자들의 건강과 안전을 위한 각종 규제들은 또 다른 기업의 편법으로 무력화되었고 이를 막으면 또 다른 편법이 동원되었던 것이다. 이는 모든 면에서 실패한 규제 사례로 기억된다.[1)]바로 이러한 이유에서 사회는 법적인, 행정적인 규제와 함께 업계 스스로의 자정 노력을 요구하게 되었다. 그리고 이러한 자정 노력은 바로 '자율규제'라는 이름으로 개념화되었으며 가장 절실하게 요구되는 자율규제의 분야는 바로 전문직이다. 전문직 분야가 가지는 특수한 상황은 공적 규제가 세세히 관할하기에는 여러 가지 부작용이 발생할 수밖에 없으며 실질적으로 공공성을 확보할 수도 없기 때문이다.

2. 전문직 자율규제와 그 필요성

자율규제란 일반적으로 조직화된 집단이 그 구성원의 행위를 스스로 규제하는 것을 의미한다.[2)] 자율규제는 통상적으로 피규제 대상이 되는 행위자가 단체를 조직하고 이러한 단체를 통해 스스로가 지켜야 할 규범 등을 제정하며 이를 위반하는 단체소속 행위자를 제재하는 방식

---

1) Mark Davies, *Medical Self-regulation: Crisis and Change*, University of Sussex, UK, 2007.

2) 최병선, 《정부규제론: 규제와 규제완화의 정치경제》, 서울: 법문사, 1992; Baldwin, Robert and Martin Cave, *Understanding Regulation: Theory, Strategy and Practice*, Oxford: Oxford University Press, 1999.

으로 이루어진다. 자율규제라는 제도가 모든 영역에서 요청되는 것은 아니다. 자율규제가 공적 규제보다 선호되는 영역은 시장의 조정 기능이 실패하거나, 이를 바로잡으려는 사법 기구가 지나치게 고비용일 때, 그리고 문제를 해결하는 데 있어 자율 규제가 공적 규제보다 더 효율적이거나 값싼 비용을 지불하는 수단일 경우이다. 이러한 조건 아래서만 자율규제는 정부기관의 전통적인 공적 규제보다 비교 우위를 점유한다.[3)]

전문직 자율규제자(self regulatory agency)는 그들이 갖는 장점만을 고려하면 상당히 매력적이다. 이들은 자신의 직종에 관한 한 누구보다 더 많은 이론적 지식과 실천적 지식을 가지고 있다. 이러한 관점에서 이들은 관료집단보다 적합한 규제를 만들 수 있으며 규율들을 해석하고 형성하는 데 있어서 별도의 비용이 추가되지 않기도 한다. 만약 이들이 공평무사한 동기만 적절히 부여받을 수 있다면 때로는 관료집단의 규제보다 더욱 혁신적일 수 있다. 또한 이들의 규제는 스스로 자신의 단체 속에서 이루어지기 때문에 관리, 감시, 제재의 비용이 매우 저렴하다. 별도의 세금이 투여되지 않고도 시민사회 영역에서 필요로 하는 성과를 얻을 가능성이 있다.

자율규제의 이러한 특징을 고려해 볼 때 자율규제는 일견 매우 훌륭한 제도로 보인다. 우선, 현대사회의 공리적 효용성을 강조하는 기조에 비추어 볼 때, 전문가 집단의 자율규제는 경제적 가치를 통해 그 필요성을 사회의 각 주체들에게 설득력 있게 증명해 보일 수 있다. 앞서

---

3) Ogus, Anthony, "Rethinking Self-Regulation," *Oxford Journal of Legal Studies*, Vol. 15, No. 1(Spring, 1995), pp. 97-108.

살펴보았듯이 자율규제가 정부 주도 규제보다 더 적은 비용으로 더 전문적인 규제를 마련할 수 있기 때문이다. 이러한 철저한 경제적 논리는 공리주의적 접근과 매우 밀접한 관련을 갖는다. 우리는 공리주의의 공리 극대화(utility maximizing) 원리를 위와 같은 자율규제의 필요성 논변에서 쉽게 찾을 수 있다. 또한, 전문가 집단의 자율규제는 각 전문가들이 스스로 자신의 기술적 수준과 서비스의 질을 향상시킬 수 있도록 하는 강력한 동기가 된다. 공동체는 그들에게 자율규제라는 일종의 혜택을 제공하고 이를 매개로 자율규제 집단은 강력한 내규를 통해서 자신들의 전문성을 향상시키는 절차를 마련한다. 왜냐하면, 사회가 그들에게 제공한 일종의 혜택인 자율성을 지속적으로 유지하기 위해서는 그들이 자신의 영역에서 사회의 다른 영역보다 더 우수한 수준을 유지해야만 하기 때문이다. 공동체는 언제라도 그들에게 주어진 자율규제라는 선물을 환수해 갈 수 있는 힘을 가지고 있다. 전문직 종사자들의 일탈 행위나 수준 미달의 업무 수행은 사회적 힘이 자율규제를 공적 규제나 정부 규제로 전환시키려는 쪽으로 기울도록 만든다.

3. 자율규제 실패의 원인들

자율규제는 전문성, 효율성, 적응성 측면에서 직접적인 정부규제보다 유용하다고 할 수 있으나, 자율규제의 도입이 항상 바람직한 결과를 낳지는 못한다. 왜냐하면 자율규제는 공정성이나 책임성의 확보 측면에서 논란의 여지가 있기 때문이다. 자율규제적 단체는 이익 집단적 성격에서 벗어나기 힘든 속성을 가지고 있다. 어떤 협회라도 협회원들의 경제적 후원이 없다면 존속하기 힘들고 협회원들은 자신의 이익을 위해 회비를 지불하는 것이지, 어떤 공적인 영역에서의 선을 위해 이러한 후원을 한다고 생각하지 않는 경향이 강하다. 일차적인 목적인 이익 활동의 강화를 위해 부차적으로 공공선을 홍보하고 있을 뿐이다. 즉, 자율규제 단체는 겉으로는 공익을 위해 최선을 다하고 있는 것처럼 보이지만 실제로는 구성원들의 이익을 위하여 봉사하는 경향이 짙다. 이러한 맥락에서 자율규제 단체가 가지는 공공선에 대한 소극적인 태도 문제가 제기되고 있다. 공공성과 사회적 책임을 확보하기 위한 중요한 요소는 자율규제가 유효하게 집행될 수 있도록 하기 위해서는 효과적인 제재 수단이 확보되어야 한다는 것이다. 하지만 한국사회의 전문직 자율규제는 겉으로는 사회의 공공선을 위한 제재 수단을 가지고 있지만 실질적인 집행을 보장하는 안전장치는 매우 미흡하다.[4] 즉, 자율적으로 합의된 규칙이나 협약을 어기는 것에 대해서는 정부 차원에서의 제재 방책이 없다는 것이다. 따라서 자율규제는 그 기준이 모호하거나 작위적일 경향이 강하고, 집행 또한 실질적이지 않고, 처벌도 상대적으로 가볍거나 온정주의적으로 이루어진다는 비판에 노출되어 있다.

또한 자율규제의 문제에 있어서 규제 포획을 빼놓을 수 없을 것이다. 규제 포획이란 규제의 대상이 규제의 주체가 되는 행위자(집단)를 매수하여 실질적인 규제가 이루어지기는커녕 오히려 규제받아야 할 대

4) 황상재, "인터넷 방송규제에 관한 시론적 탐색: 자율규제를 중심으로", 《사이버커뮤니 케이션학회보》, 제6호, 2000.

상이 보다 적극적으로 영리활동을 할 수 있도록 협조하게 만드는 현상을 가리킨다. 규제 포획 이론은 정부가 전문성을 요하는 영역에서 규제를 가하려 할 때, 이들 전문가 집단이 관료들보다 더 높은 관련 지식을 갖추고 있기 때문에 결국은 이들 전문가 집단의 입맛대로 규제를 만들게 된다고 말한다. 또한 노벨 경제학상을 받은 스티글러(G. Stiggler)의 공공 선택 이론에 따르면, 이기적인 합리적 개인 모델은 경제(시장) 분야에만 국한되지 않는다. 흔히 공공의 복리를 위해 움직이는 것으로 여겨지는 공공, 행정 등의 분야에도 이러한 이기적인 합리적 개인 모델이 적용될 질 수 있다는 것이다. 이러한 관점에서 볼 때, 만약 규제의 권한이 입법부에 있다면, 규제를 받아야 하는 사람들은 자신의 이익을 극대화하기 위해 규제를 만들어야 하는 입법부에 최대한의 로비를 펼칠 것이다. 입법부 역시 하나의 합리적인 이기적 개인으로 간주되므로 이러한 로비에 의해 규제 대상의 편익에 따른 규제를 입안하게 될 확률이 매우 높다. 이러한 상황은 바로 지대 이윤을 보장해 주고 강화해 주는 쪽으로 흘러가게 된다. 정치인들과 관료들도 자신의 효용을 극대화하기 위한 합리적, 이기적 행위자에 불과하므로 자신에게 유리한 쪽의 편익을 제공하려는 경향성을 띨 수밖에 없기 때문이다. 이러한 와중에 여러 산업, 특히 전문직 종사자들에 대한 규제에 있어서 포획 현상은 일반화되는 것이다.

이와 함께 '합리적 무시 이론'[5]을 더하면, 이러한 규제 대상의 입맛

5) 합리적 행위자는 특정 상황에서 자신의 손해를 감수하는 것을 선택할 수 있다. 자신의 손해를 만회하기 위해서 들여야 하는 노력이 자신이 만회하게 될 손해를 오히려 상회하게 되는 경우 합리적인 개인은 이러한 무시 전략을 선택하게 된다. 가령, 우리

대로 만들어진 규제들을 시민사회가 바로 잡으려 해도 이러한 규제들로 인한 이득은 소수의 전문가들이 가져가는 한편, 전문가들이 제공하는 서비스의 대상이 되는 손해 보는 인원들은 너무나 방대하여 오히려 각각의 시민 영역의 개인들은 손해를 감수하는 비용이 규제를 고치는 비용보다 적다고 생각하게 되어 이러한 규제를 고치는 데 소극적이 될 수밖에 없다.

4. 자율규제 실패의 뿌리

우리는 그동안 한편으론 자율규제의 장점과 필요성을, 다른 한편으로는 그럼에도 불구하고 자율규제가 왜 현실에서 제대로 작동되지 않는지 그 이유에 대해 살펴보았다. 우리는 자율규제를 제대로 누리기 위해 이러한 상황들을 면밀히 검토하고 자율규제의 여러 형태, 형식들을 참고하여 적절한 보조적 제도들을 구비하려는 노력을 게을리하지 않아야 할 것이다. 하지만 필자는 이러한 점들에 대해 구체적으로 모색하기 전에 자율규제의 뿌리와 그 철학에 대해서 되짚어 보려는 계몽의 시간이 먼저 주어져야 한다고 생각한다. 자율규제라는 사회적 제도는 단순히 계산적으로 움직이는 기계적 장치가 아니라 한 사회가 공유하고 있는 철학과 문화를 자양분으로 자라나는 하나의 생물적 장치이기 때문

가 통신 요금이 100원 더 부당하게 청구되었다는 사실을 알게 된다 하여도 적극적인 환수 활동을 하지 않는 이유는 이러한 합리적 무시 전략으로 이해된다. 100원을 환수하기 위해 들여야 할 노력이 100원의 가치보다 훨씬 크기 때문이다.

이다. 우리는 같은 씨앗이라도 그 씨앗이 뿌려진 곳의 토양과 기후에 따라서 좋은 결실을 거두기도 하고 나쁜 결과를 맞이하기도 한다는 것을 잊어서는 안 된다.

이제부터는 본격적으로 자율규제의 본성을 탐구하고 그로부터 자율규제의 실패원인을 분석해 보기로 하자. 결론적으로 말하자면, 자율규제의 본성은 사회계약론적으로만 파악되어서는 안 된다는 것이다. 이때 주의해야 할 것은, 그렇다고 해서 자율규제의 사회계약론적 구조가 결코 적절하지 않다거나 혹은 무의미하다는 것을 주장하는 것이 아니라는 것이다. 우선, 자율규제의 구조를 사회계약론적으로 파악하는 것은 여전히 실질적인 의미가 있다. 어떤 형이상학적 근거에 의해 인간의 본성을 선하다고 규정하거나, 엄숙한 도덕주의에 입각하여 보편타당하게 적용되는 규범적 원리가 있다고 주장하면서 자율규제의 새로운 구조를 제시하려는 시도는 성공적일 수 없다고 생각한다. 인간은 어떤 점에선 여전히 합리적 이기심을 가진 존재라는 것을 받아들이고 실천적인 차원에서 공리주의적이고 자유주의(개인주의)적인 사회계약 이론이 여전히 영향력 있는 자율규제의 틀을 제시해 줄 수 있다는 데 동의할 수 있다. 다만, 그럼에도 불구하고 여타의 사회제도와 마찬가지로 자율규제라는 사회 제도 역시 계약 이전의 정의로운 사회에 대한 사회 구성원들의 근본적인 관념에 의해 규율되는 부분이 있어야만 한다는 것이다. 또한 이를 자율규제의 철학적 기반으로 삼지 않고 단지 사회계약적 이론만을 통해 자율규제의 본성을 이해한다면 앞서 언급된 자율규제의 어두운 면이 실질적으로 해소되지 않을 것이라고 생각된다.

우선 공리주의적 원리를 따르는 자유주의 사회계약론적 관점에서 자율규제의 자율성이 자율규제의 실패와 맺는 관계를 살펴보자. 자율규제의 자율성은 규제의 주체가 전적으로 규제 대상과 일치할 때 최대가 된다. 즉, 특정 전문영역을 규제하는 규제 주체가 그 영역의 전문가들로 순수하게 구성될 때, 자율규제의 전문성과 효율성은 극대화되며 진정한 의미의 자율적 규제가 성립한다. 한편 자율규제를 둘러싼 계약 당사자들은 효용의 극대화 원리를 따르는 합리적이고 이기적인 개인들, 혹은 개인들의 집합체다. 즉, 합리적이고 이기적인 인간은 자신의 이익을 위해 사회와 계약을 맺는다. 전문직 종사자들은 자신의 이익을 극대화하기 위해 자율규제라는 제도에 합의하며, 이들로부터 공공 서비스를 제공받는 사회의 여타 구성원들 역시 자신들의 이익을 극대화하기 위해 자율규제라는 제도에 합의할 것이다. 이때, 공공 선택 이론에 따르면, 심지어 정부와 같은 공공성이 강한 집단의 경우에도 자기 이익, 혹은 자기 집단의 이익에 따른 선택을 한다. 즉, 이러한 관점에서 자율규제의 두 당사자들인 시민사회 영역과 전문직 자율규제 단체의 합리적 선택에 공공선이나 공공의 이익이 고려 대상이 될 것이라 생각하는 것은 조야한 견해에 불과하다. 따라서 자율규제의 주체는 자기들의 최대 이익을 보장받기 위해 사회와 계약한다고 보아야 한다.

또한 전문직 규제는 고도의 전문성으로 인해 외부의 감시가 제한적이다. 또한 전문영역의 지식은 일반 대중들이 이해하기 어려운 측면이 다분하다. 이는 상당한 노력이 투하된다 하여도 극복할 수 없는 계약 당사자들 간의 정보 격차가 있다는 것을 의미한다. 잘 알려진 것처럼, 공리주의는 특정 행위가 가져오는 결과를 토대로 하는 결과주의의 일종이다. 따라서 완벽하진 않더라도 어느 정도 특정 행위들이 가져올 결과들을 사전에 예견할 수 있는 능력이 우리들에게 있어야 하는 것을 선제하는 이론이다. 이러한 계약 정보 불충분의 약점은 전문직 자율규제의 측면에서 극대화되는 경향이 있다. 왜냐하면, 가령, 의료 영역의 경우 자율규제에서 계약 당사자들 간의 계약 이해관계에 대한 정보 격차는 극복하기 어려울 정도로 비대칭적이기 때문이다. 일반 대중들에게 있어서 자율규제의 구체적 규범들이 어떻게 작용할 것이며, 그 결과가 어떠할 것인지에 대한 예측은 매우 어렵고 피상적 수준에 머무를 것이 자명하다(이는 관료집단에 있어서도 마찬가지일 것이다). 따라서 시민사회 영역은 효용성의 극대화 원리를 적용함에 있어서 매우 보수적인 관점을 취하는 것이 합리적일 것이다. 쉽게 말하자면, 일반 시민들은 자율규제의 범위에 있어서는 최소화를, 그리고 그 규제 강도에 있어서는 최대화를 요구하는 것이 합리적이다. 상황이 이렇다면 전문가 집단과 시민사회의 이해관계는 상호 배타적이며 윈-윈 게임이 아닌 제로섬 게임이 될 수 있는 개연성이 농후하다.

이러한 점에 있어서는 정반대 차원의 단점 또한 노출된다. '합리적 무시 이론'에 따르면, 사회 구성원들은 전문가들이 가하는 사회적 피해를 오히려 무시할 만한 충분한 합리성 또한 있다. 즉, 위와 같은 방식으로 자율규제의 협약에서 최대한의 보수적 입장을 취하지 않는 사람들은 오히려 정반대로 규제 포획의 문제를 무시하는 경향이 증대될 것이란 말이다. 앞서 살펴본 바와 같이, 전문가 집단에 의해 공정하지 못한 규제가 이루어진다 하여도 손해 보는 사회 구성원의 수가 너무나 막대하여 오히려 손해를 감수하는 비용이 규제를 고치는 비용보다 적다고 생각하게 되어 이러한 규제를 고치는 데 소극적이 될 수 있다. 일반적

대중들은 자율규제라는 제도를 개선하고 가꾸어 나가는 데 전혀 관심을 기울이지 않고 자율규제의 문제를 철저하게 방관하려 든다. 이러한 점들로 미루어 볼 때, 전문직 자율규제는 곧 규제의 실패를 의미한다. 즉, 자율규제의 주체들은 적당한 지대 추구를 합리적 목적으로 설정할 수 있다(또는 해야 한다). 자율규제의 합리적 결과는 자율규제의 실패이며, 규제 포획의 일반화이다. 이러한 규제의 실패가 극심한 사회적 비용을 가져오는 경우가 아니라면, 어느 정도의 규제 실패는 언제나 자율규제의 가장 합리적인 결과가 될 것이다.

따라서, 공리주의적 배경하의 자유주의 사회계약론적 자율규제 분석은 겉으로 보이는 유효성과는 달리 적절한 철학적 기반으로 작용할 수 없다. 자율규제의 근본적인 토대가 그저 사회계약론적 관점에서 주어진다면, 우리는 계약의 협약 당사자들에게 적절한 규제 실패를 피할 방책을 마련할 수 없다.

5. 마치며

자율규제는 그것이 민주적 질서 아래서 이루어지는 한, 일종의 공적인 선물이며 민주 사회에서 매우 중요한 원리이다. 비록 전문직 자율규제가 잘못된 동기에 의해서, 혹은 편향된 근거 지음에 의해서, 혹은 인간적 한계에 의해서 본래의 취지를 잃고 규제 포획으로 타락하기도 하지만 전문직 자율규제 그 자체는 선택의 문제라기보다는 불가피한 제도라는 점을 간과해서는 안 된다. 앞서 살펴본 바와 같이 고도의 전문성을 필요로 하는 사회 영역에 있어서 자율규제는 필수적이다.

필자는 그러한 점에서 자율규제의 본성을 탐구하고 공리주의적이고 자유주의적인 사회계약적 관점에서 전문직의 자율규제를 근거 짓는 것의 한계를 지적했다. 그렇다면 무엇이 대안이 될 수 있을까? 자율규제가 사회의 공공성과 양립하기 위해서, 아니 공공성을 위한 도구로 그 진가를 발휘하기 위해서는 우리 사회가 어떤 철학을, 어떤 문화를 이룩해 내야 하는 것일까? 이 질문에 대한 해답을 찾기 위해 여러 가지 논의들이 우리 사회에서 활발하게 이루어져야 한다고 생각한다. 하나의 대안적 접근으로 롤즈식의 정의의 원리를 통한 사회 제도의 선(先)계약적인 정당화가 가능할 것으로 보인다. 또한 유가적 전통에서의 덕성 윤리들이 다시금 현대적으로 부활하는 것도 주요해 보인다. 하지만 이러한 논의들은 보다 복잡하고 정교한 과정이 필요하다. 이에 대해서는 다른 시기, 다른 지면에서 또다시 이야기해 볼 수 있기를 바랄 뿐이다. 마무리하기 전에 한 가지 유의해야 할 점을 언급하고자 한다. 이는 매우 중요한 사실인데, 바로 이론적 영역에서의 발전이 반드시 실제적인 진보를 가져오지는 않는다는 것이다. 이론과 실제는 다르다는 뻔한 이야기를 하려는 것은 아니다. 이론과 실제는 서로 합치하려는 노력이 있을 때 이 양자가 상호 개선된다는 것을 강조하고 싶다. 따라서 이러한 우리의 시도가 어느 정도 타당성을 가진다고 해도 만일 이에 대한 전문직 종사자들의 관심과 주의가 뒤따르지 않는다면, 전혀 무익한 일이 될 것이다. 이러한 전문직 종사자들의 주의와 관심은 전문 교육의 시작단계는 물론 실무적 단계에서의 재교육에 이르기까지 전 과정에서의 실질적인 프로그램이 마련되어야 비로소 주어질 수 있을 것이다. 자율규제의 사회계약적 구조는 물론이거니와 보다 근본적인 자율규제의 본성에 대한 주의와 관심을 요청한다.

- 김용성(2017. 11, 공공정책)

(2) 번영과 공공지출(Prosperity and Public Expenditure)

I. 주제 선정

→ 불경기에 정부가 공적 지출을 늘려야 하는지, 그렇지 않은지의 문제는 이 글이 쓰일 당시에는 상당히 불분명한 문제였다. 저자는 상당히 논쟁적이었던 이 문제를 주제로 삼아 자신의 견해를 논리적으로 설득력 있게 서술하고자 하였다. 정치경제학적인 문제에 있어서 글의 주제로 삼기가 부담스러운 면이 있다. 전문적인 개념들과 숫자에 강해야 할 것 같다는 막연한 공포심이 있기 때문이다. 저자는 비교적 쉽고 간명한 서술로 난해해지기 쉬운 주제를 흥미롭게 다루고 있다.

II. 주제 파악

→ 경제 정책의 문제는 다양한 통계자료와 전문적인 이론들로 서술해야 하는 부분이 분명히 존재한다. 하지만 비교적 상식적인 이론들과 통속적 심리학만을 가지고도 충분히 설득력 있는 논증을 펼칠 수 있다. 논거를 위해 경험적 증거들의 수집이 필요한 경우도 있다. 그러나 상정되는 독자에 맞추어 비교적

단순하게 논점을 제시하고 논증을 펼칠 수도 있다. 대공황과 같은 불경기에 정부가 공적 부분에 세출을 줄여야 하는지, 늘려야 하는지를 심리적이고 경제학적인 관점에서 논증하고자 한다.

III. 기존 입장 및 논거 확인

▶ 지출을 늘려야 한다는 입장: 상식적으로 소득이 줄고 있을 때는 지출을 줄이는 것이 옳다.

▶ 지출을 줄여야 한다는 입장: 개인들이 소득이 줄어 지출을 줄이기 때문에 경기가 악화된다. 따라서 정부가 나서서 지출을 늘려 민간 영역의 소득을 올려 주어야 불경기를 탈출할 수 있다.

IV. 입장 확립

정부는 공적 분야에 지출을 늘려야 한다.

V. 논거 작성

〈자신의 논거〉

1. 공동체가 부유해지느냐, 가난해지느냐는 지출의 종류와 그 돈을 조성하는 수단이 되는 과세체계, 전반적인 경제 상황에 의해 좌우된다.
2. 정부가 세출을 늘린다는 것은, 납세자들의 호주머니에서 돈을 빼내어 공적 소비 대상자들의 호주머니로 넣어 준다는 뜻이다. 이 지출이 진정한 투자가 될 수도 있다. 예를 들어, 교육은 차세대에 대한 투자이며 따

라서 보편적으로 국가의 의무로 인정된다. 이 경우 그 투자가 건전하다면 공공지출은 분명 정당하다.

3. 또한 위와 같이 명백한 정당성이 존재하지 않을 경우에도 공공지출은 결과적으로 공동체의 이익이 될 수 있다. 인위적인 경기 부양으로 민간의 경제 활력을 높일 수 있기 때문이다.

〈예상 반론〉

→ 밑돌을 빼서 윗돌을 괴는 격이다. 공공지출의 재원은 어차피 민간 영역에서 거두어들인 세금일 뿐이다. 민간에서 빼낸 돈을 민간으로 다시 돌려주는 것이 무슨 효과가 있겠는가?

〈재반론〉

→ 어차피 불경기에는 상당액의 돈이 그냥 놀기 일쑤다. 그럴 바에는 그 돈을 공공지출에 사용하는 것이 보상은 받지 못하더라도 이익이다.

VI. 개요 작성

1. 서론: 문제 제기 및 기존의 입장 제시

2. 본론

2-1. 자신의 논증 제시

2-2. 예상 반론과 재반론

3. 결론: 핵심 논증 요약

〈완성된 글〉

제목: 번영과 공공지출

지금처럼 어려운 시대에는 서로 다른 경제학파들이 상반되는 두 가지 정책을 각국 정부에 촉구한다. 소득이 감소할 때 개인의 입장에서 어떤 것이 신중한 처신인가에 주목하는 학파는 이렇게 말한다. '모든 방법을 동원해 지출을 줄여라. 가능한 모든 부분에서 종업원을 해고해라. 나머지 종업원들의 임금을 삭감하라. 그렇게 해서 수입과 지출을 맞추어라.' 다른 학파는 이렇게 말한다. '불경기는 불충분한 지출로 인해 초래되므로 더 많이 소비해야만 치유될 수 있지만, 민간 자본가들이 지금 당장 새로운 형태의 투자에 소비하면 이윤이 남지 않는다고 보기 때문에 그 소비를 정부 당국이 해주어야 한다.'

이 두 가지 이론 가운데 첫 번째는 영국 정부가 채택해 온 것이고, 두 번째는 미국에 의해 채택되었다. 상식적 관점에서는 절약이 난국을 극복하는 확실한 길로 보이겠지만, 나는 이 부분에서 미국이 옳다고 믿는다. 개인 측면에서는 상식이 옳은데 공공지출에서는 상식이 그른 이유가 무엇일까? 우선, 사적 지출과 공공지출 사이에 뚜렷한 차이가 하나 있다. 개인이 돈을 쓰면 당사자에게는 손실이지만 공동체 입장에선 손실이 아니다. 내가 구두를 한 켤레 사면 나는 더 가난해지지만 제화공은 더 부유해진다. 공동체가 소비를 하면 시민들을 대상으로 돈을 쓰는 것이기 때문에 공동체가 반드시 궁핍해지는 것은 아니다. 공동체가 부유해지느냐, 가난해지느냐는 지출의 종류와 그 돈을 조성하는 수단이 되는 과세체계, 전반적인 경제 상황에 의해 좌우될 것이다.

국가가 세금으로 조성한 돈을 쓴다는 것은, 납세자들의 호주머니에서 돈을 빼내어 공적 소비 대상자들의 호주머니로 넣어 준다는 뜻이다. 이 지출이 진정한 투자가 될 수도 있다. 예를 들어, 교육은 차세대에 대한 투자이며 따라서 보편적으로 국가의 의무로 인정된다. 이 경우 그 투자가 건전하다면 공공지출은 분명 정당하다. 교육을 중단하거나 도로, 항만 등의 공공사업을 소홀히 하는 공동체는 궁극적으로 부유해질 수 없을 것이기 때문이다.

그러나 이처럼 명백한 정당성이 존재하지 않을 경우에도 공공지출은 결과적으로 공동체의 이익이 될 수 있다. 실업이 만연한 시대에는 자칫 빈곤 상태로 빠질 수 있는 많은 사람들에게 임금을 제공하여 실업을 크게 줄일 수 있을 것이다. 이 사람들이 그 임금을 소비하면 그 덕분에 그들이 사는 상품의 수요가 증가함으로써 생필품 생산자들이 다시 번창한다. 그리고 생산자들도 벌어들인 돈을 다시 투자하여 더 많은 일자리를 만들 가능성이 높기 때문에 소비의 일부는 임금 인상에 사용될 것이며, 보다 폭넓은 집단들로 번영이 확산될 수 있다.

다른 한편, 공공지출의 재원이 세금인 만큼, 납세자들이 쓸 돈이 줄어드는 것은 당연하다. 만약 돈을 벌어 충당한다면 빌려준 사람들이 다른 부분에 투자하는 것을 막는 셈이다. 이 손실이 이익을 상쇄시키는가? 경기가 좋을 때는 아마 그럴 것이다. 돈을 국가에 빌려주지 않았다면 아마 산업에 투자했을 테니까. 그러나 불경기에는 상당액의 돈이 그냥 놀기 일쑤다. 그럴 바에는 그 돈을 공공지출에 사용하는 것이 보상은 받지 못하더라도 이익이다.

결론적으로, '실업자가 넘치고 민간자본이 새로운 모험을 두려워하는 지금 시기에는, 현명한 방향으로만 이루어진다면, 공공지출이 이득이 되는 것은 확실하다.' 희망적인 분위기가 창출될 수 있다는 점에서 이 결론은 더욱 설득력 있다. 모든 사람들이 인정하듯이 불황은 대개 심리적인 문제다. 따라서 어떤 것에 대해서든 유익하리라는 믿음이 폭넓게 확산된다면 실제 이익이 되어 돌아올 확률이 높다.

- 버틀란트 러셀, 송은경 옮김, 《인간과 그 밖의 것들》, 오늘의책.

2) 논증적 글쓰기의 연습

다음에 소개되는 몇 가지 예문들은 본 교재에 소개된 글쓰기 단계들을 참고하여 쓰인 논증적 글쓰기의 구체적인 소재들이다. 예문을 참고한다면 각 주제들에 대한 논증적 글을 쓰기 위해 필요한 준비시간이 많이 단축될 수 있을 것이다. 예문들과 함께 새로운 논거들을 추가하여 한편의 완결된 논증적 글을 쓰는 연습을 해보자.

(1) 동물 실험은 정당한가?

I. 주제 선정

→ 한국사회에서 동물의 권리 문제는 날이 갈수록 더욱 중요한 화두가 되어 가고 있다. 비록 동물의 '권리', 혹은 '도덕적 고려 가능성'과 같은 전문적인 용어로 세간에 오르내리는 경우는 별로 없다 하여도 반려동물의 식용, 입마개, 공원 이용, 그리고 각종 사고와 같은 다양한 맥락에서 논쟁이 비일비재하다. 하지만 이러한 갈등이 심화되고 있는 상황에도 불구하고 우리 사회는 동물의 도덕적 고려 가능성, 혹은 동물 권리 문제에 대해서는 아직까지 그럴듯한 합의점이 도출되지 않았을 뿐만 아니라 시민들의 토론도 성숙한 수준을 보이지 못하고 있다. 이러한 점에서 동물 실험은 정당한가란 주제는 시의적절하고 흥미로운 주제 선정으로 보인다.

II. 주제 파악

→ 동물 실험 문제는 동물의 권리 문제와 직결되는 문제이다. 즉, 동물이 도덕적 고려 대상으로 포함되는가? 혹은 인간 이외의 동물들이 어디까지 도덕적 권리를 가지고 있느냐의 논쟁으로 직결된다. 만약 동물들에게 도덕적 권리가 주어져 있다면 인간들은 자신들의 이익을 위해서 동물들을 오직 수단으로 간주할 수 없다. 따라서 동물 실험은 최소한 상당한 수준으로까지 금지되어야 할 것이다. 반면 인간 이외의 동물들이 아무런 도덕적 권리도 가지지 못한다면 우리가 동물들을 단지 실험 재료로 대하는 것은 정당화될 것이다. 물론 이 주제는 이와 별도로 다른 논점도 제기가 가능하다. 동물들이 권리를 갖지 않았음에도 불구하고 우리가 그들을 도덕적으로 배려해야 하는 중요한 논거가 제시될

수도 있기 때문이다.

한편 이와는 별도로 동물 실험의 현황에 대한 조사와 동물 실험에 대한 찬반 격론이 어디까지 심화되고 있는지 알아보는 것도 중요하다.

III. 기존 입장 및 논거 파악

〈동물 활용론자의 입장〉 – 동물들에겐 도덕적 권리가 없다.

1. 인간과 여타 동물을 구분하는 뚜렷한 차이가 있다. 언어와 사회, 그리고 이성이 그것들이다. 인간들만이 분절된 명확한 언어를 구사하며 역사와 문화를 지닌 사회를 구성할 수 있다. 동물들은 그저 무리를 만들 수 있을 뿐이다. 또한 가장 중요한 것은 인간의 이성적 능력이다. 이성적 존재만이 유일하게 도덕적 판단 능력과 감수성을 지니고 있다. 그런데 이러한 이성적 능력은 아직까지 오직 인간만이 지니고 있으며 동물들에게선 발견되지 않고 있다.
2. 인간의 건강과 편익을 위한 동물 실험은 현실적으로 필수적이다. 가령, 우울증 치료제의 임상실험을 위해서는 일차적으로 인간과 유사한 중추신경계를 지닌 동물 실험이 필수적이다. 설사 동물 실험을 대체할 수 있는 연구 여건이 충족된다 하여도 막대한 경제적 손실이 초래된다.

〈동물 권리론자의 입장〉 – 동물들은 도덕적 권리를 지닌다.

1. 인간은 오랫동안 동물을 단지 기계적인 존재로 간주하거나 생명적 속성을 지닌 물질적 존재로 간주하였다. 하지만 최근의 연구는 몇몇 동물 종들이 인간 못지않은 언어와 사회, 그리고 도구적 이성의 뚜렷한 징표를 보여 주고 있다는 사실을 밝혀냈다. 인간과 여타 동물 종을 구분하

는 차이는 시간이 흐를수록 경험 과학적으로 흐릿하게 지워지고 있다.

2. 도덕적 권리의 원천은 이성이 아니라 고통과 쾌락을 느낄 수 있는 감수성에 있다(공리주의적 견해). 희로애락을 느끼는 동물 종들은 모두 자신의 삶의 주인이며 이해관계를 가진 도덕적 고려 대상들이다.
3. 인간 종만을 도덕적 존재로 간주하거나 최상위 가치를 지니는 존재로 전제하는 것은 사실상 종차별주의로 보인다. 인종이나 성에 따른 차별이 정당화될 수 없듯이 생물 종에 근거한 차별 역시 정당화될 수 없다. 생물학적 속성은 도덕적 속성과 아무런 연관이 없다.

〈덕성 윤리에 의거한 동물의 도덕적 고려 가능성〉

우리가 동물들을 도덕적으로 배려하고 또한 잔인한 동물 실험을 가급적 금기시해야 하는 이유는 동물들이 도덕적 권리를 가지고 있는지의 여부와는 관련이 없다. 우리들의 도덕적 삶의 목표가 덕이 있는 사람이 되는 것이라면 고통을 느끼는 존재에게 광범위한 자비와 배려가 뒤따라야 할 것이다. 여타 동물 종들에게 적극적인 의미의 도덕적 권리라는 것이 없을 수도 있다. 하지만 그렇다고 동물들을 도구적 존재로만 파악해도 된다는 것이 따라 나오는 것은 아니다.

IV. 주장 세우기

→ 동물 실험에는 상당한 수준의 제약이 가해져야 한다(현 상황은 정당하지 못하다).

V. 논증 만들기

1. 동물 활용론자들의 논거들 중 일부 논거는 사실에 부합하는지 의심스럽다. 돌고래는 인간만큼이나 복잡하고 풍부한 언어생활을 영위하고 있다는 사실이 밝혀지고 있으며 개과 동물들의 대부분은 단순한 무리가 아닌 사회적 생활을 영위하고 있는 것으로 볼 수도 있다. 또한 이러한 차이가 확실한 것으로 밝혀진다고 하여도 그것으로부터 도덕적 속성을 추론하는 것은 범주적 오류를 저지르는 것으로 보인다.
2. 동물 실험에 반대하는 논거들 중 일부 논거는 적절하지 않다. 도덕적 삶의 목적이 덕스러운 삶을 사는 것이고, 또 그러한 차원에서 고통받는 존재라면 그것이 인간 이외의 동물이라 할지라도 도덕적으로 배려해야 한다는 것은 매우 모호한 명제이다. 도덕적 고려와 도덕적 배려는 어떻게 구분되는가? 배려의 의미를 강하게 해석하면 이는 곧 도덕적 의무가 된다. 그렇다면 인간의 덕성과는 무관하게 동물들은 도덕적으로 고려되어야 마땅한 도덕적 지위를 누리게 되는 것이며 수단으로만 쓰여선 안 된다. 다른 한편, 배려를 약한 의미로 해석한다면 이는 곧 선택적인 자유에 맡기는 셈이 된다. 그렇다면 필수 불가결하지 않은 동물 실험을 하지 않는 것은 칭찬받을 일이지만 동물 실험을 현행대로 유지한다고 해서 그것을 비난할 수는 없다.
3. (본인의 평가에 따르면) 공리주의적 견해는 가장 선호된다. 일부는 공리주의적 견해의 기본 전제에 대해 그것이 절대적인 참은 아니라고 반론을 제시할 수 있어 보인다(도덕의 원천을 쾌락과 고통을 느끼는 감수성에서 찾아야 한다는 전제). 하지만 공리주의적 견해의 기본 전제는 선택의 문제이지, 수학적으로 증명할 수 있는 문제가 아니다. 이는 인간이 도덕적 권리를

가지고 있다는 견해에 있어서도 마찬가지다. 따라서 (본인의 논증에서) 약점이 되지 않는다.

4. 동물 활용론자들은 동물들의 도덕적 권리를 전혀 인정하지 않는다. 이들의 입장은 동물들에게 불필요한 극단적 고통을 주는 학대 행위까지 면죄부를 줄 수 있다. 이는 우리의 윤리적 직관과 조화되지 않는 입장으로 귀결되고 말 것이다.

반면 공리주의에 기반한 동물 권리론자들의 견해는 인간과 동물 간의 권리 충돌에 있어서 보다 효과적이고 합리적인 조율 방식을 제공한다. 적절한 수준에서 인간과 동물들의 권리를 조율해야만 하며 지금과 같은 인간 생명과 건강을 위한 실험은 인정하되 그 외 동물 실험은 금지되어야 한다.

VI. 아웃라인 작성

1. 동물 실험의 현황과 논쟁을 소개
2. 이러한 논쟁의 근본적인 논점은 동물 권리의 존재 여부 문제로 귀결됨을 설명
3. 이를 둘러싼 세 가지 논증들을 제시(활용론, 권리론, 덕성 윤리적 입장)
4. 공리주의적 견해에 기반하여 활용론적 입장과 덕성 윤리적 입장을 논박
5. 권리론의 견해를 나의 추가적인 논증을 더해서 강화하며 동물 실험에 대한 자신의 입론의 설득력을 높임.

(2) 부자 나라의 사람들은 가난한 나라의 사람들을 도울 의무가 있는가?

I. 주제 선정

우리나라는 과거 개발 원조를 받는 나라에서 이제는 원조를 주는 나라가 되었다. 경제적 성장과 함께 이제는 우리 주변의 가난한 나라의 문제를 우리의 문제로 인식할 수 있는 경제적 여유가 마련된 것이다. 하지만 개발도상국에 대한 부자 나라의 원조는 선택적 덕목일 뿐일까, 아니면 도덕적 의무인 것일까? 상대적으로 먼 과거로부터 선진국의 지위를 누려 온 몇몇 나라들에서는 활발한 논의가 이루어져 온 반면 우리나라는 아직까지 이러한 논의가 본격적으로 이루어지지 않고 있다. 하지만 물질적인 풍요와 함께 이제는 정신적인 성숙을 이루어야 할 때이다. 경제적 선진화와 더불어 문화적 성숙을 위해 우리 사회에 필요한 문제를 주제로 선정하는 것은 주제 선정의 안목을 높일 수 있는 선택이다.

II. 주제 파악

아직까지 세계인구의 20%인 10억의 인구가 절대적 빈곤, 즉 기아, 영양실조, 도처에 만연한 질병, 높은 유아 사망률, 열악한 생활조건, 공포와 불안 등으로 고통받으며 살아가고 있다. 그들 대부분은 '개발도상국'이라고 불리는 가난한 나라에 살고 있다. 그들을 도와줄 수 있는 충분하고 용이한 경제적 수단을 소유한 부유한 사람들은 '선진국'이라 불리는 부자 나라에 살고 있다. 개발도상국의 빈곤을 줄이기 위한 원조는 부자 나라의 부유한 사람들에게 있어서 꼭 해야만 하는 의무인가? 아니면 그저 선택적인 덕목에 불과한 것일까? 이러한 문제를 둘러싼 여러 가지 논쟁과 논점들이 있어 왔다. 일부 논점들은 비교적 이해하기 쉬운 차원에서 진행되어 왔지만 이와 달리 상당히 난해한 논점 역시 존재하는 주제이다.

III. 기존 입장 및 논거 확인

〈의무라고 보는 입장〉

1. 역사적으로 선진국의 부는 현재 가난한 나라의 수탈에 의한 것이다.
2. 가난한 나라의 극빈자들을 선진국의 부자들이 도와주지 않는 것은 부작위에 의한 악행이다. 이러한 악행도 해악 금지의 원칙에 의해 규율되어야 한다.

〈자유로운 선택이라고 보는 입장〉

1. 다른 사람을 도와주라는 것은 의무가 될 수 없다.
2. 부자들이 자신의 돈을 자기 마음대로 쓰는 것은 자유이다.
3. 부작위에 의한 악행은 적극적인 행위가 아니기 때문에 악행 금지의 원칙에 따라 규율되지 아니한다.
4. 전쟁과 기아와 같은 문제들을 개발 원조를 통해 돕는 것은 미봉책에 불과하다.
5. 가난한 나라의 사람을 도와주는 것보다는 국내 불우 이웃을 돕는 것이 더 중요하다.

IV. 입장 확립

→선진국의 부자들은 가난한 나라의 극빈자들을 도와줄 의무가 있다.

V. 논거 작성

〈상대 입장에 대한 반론〉

1. 긴급한 도움이 필요한 사람들에 대한 구호의 의무가 있다는 것은 널리 받아들여질 수 있다. 가령 절벽에 매달린 사람을 발견하고도 자신의 밧줄을 던져 주지 않고 외면한다면 그가 윤리적으로 정당화될 수 있겠는가. 따라서 부작위에 의한 악행은 당연히 금지되어야 한다. 우리는 이러한 상황에서 자신의 안전이나 상대적으로 중요한 이해관계가 손상되지 않을 경우에 한해 도와줄 의무가 있다. 적극적인 행위가 수반된 악행만이 금지된다는 것은 독단일 뿐이다.
2. 가난, 기아, 전쟁과 같은 인간사회의 문제들은 어려울지언정 해결이 불가능한 문제가 아니다. 사회과학의 목적은 인간사회가 변화될 수 있다는, 더 나아질 수 있다는 기본 전제에 놓여 있다. 단지 경험적인 이유와 정도의 문제로 개발 원조를 무의미한 것으로 치부하여 평가절하 하는 것은 과장된 왜곡이다. 최근의 개발 원조는 교육과 의료, 그리고 사회 기반시설을 도와주기 때문에 충분히 실효적이다.
3. 선진국에도 상대적으로 가난한 사람들은 존재한다. 하지만 첫째, 그들의 불행의 정도는 가난한 나라의 극빈자들과 비견될 바가 못 된다. 둘째, 설사 그러한 극빈자가 선진국에 존재한다 하여도 선진국은 사회보장제도와 기본적인 사회 인프라가 잘 갖춰져 있기 때문에 충분한 원조

를 받을 수 있는 여건이 된다. 단지 그들은 멀리 있는데 왜 가까이 있는 불행한 사람들에 집중하지 않는가란 비판은 경향성에 따른 비판이다. 이는 정당하지 않다.

〈나의 추가적인 논거〉

→ 우리의 도덕적 고려 대상들은 시대에 따라 그 범위가 확장되고 있다. 우리는 윤리 의식이 성숙해지는 과정을 나와 내 가족에서 이웃과 국가 그리고 전 세계의 사람들에게, 심지어는 타종들에게까지 윤리적 고려가 확장되어 가는 과정으로 나타낼 수 있다. 따라서 우리의 의무도 적극적인 악행을 금지하는 것을 넘어 충분한 여력이 있을 경우 타인의 고통을 도와주는 데까지 확장되어야 마땅할 것이다.

〈예상 반론〉

→ 주장의 함축이 부조리하다. 만약 위의 논증이 올바르다면, 동일한 논리에 의해 거의 우리 모두는 도덕적 의무를 저버린 사람들이 되고 만다. 우리 모두는 아프리카의 어린이들이 몇천 원이 없어서 깨끗한 물을 사마시지 못한다는 것을 안다. 그것을 알면서도 자신의 딸에게 10만 원짜리 자전거를 사주는 아버지를 생각해 보자. 그는 정당화될 수 있는가? 우리는 지키기 불가능한 의무를 만들 수 없다. 그것은 부조리하다. 또한 소수의 도덕적으로 엄숙한 사람들만이 지킬 수 있는 것을 의무로 상정해서도 안 된다. 그리고 만약 우리가 딸이라는 존재가 아버지와 맺는 특수 관계를 통해 특별한 우월적 의무관계가 성립하기 때문에 이러한 상황은 예외로 처리해 버린다면 친구나 연인은 어떠한가? 직장 동료나 같은 사회의 구성원의 경우에는 어떠한가? 한편, 자신의 딸에게 10만 원짜리를 선물하면서 동시에 1만 원을 기부한다면 그는 정당화될 것

인가? 얼마나 남을 도우면서 자신의 이익을 양보해야 정당화될 수 있는가? 무수히 많은 문제들만이 생겨날 뿐이다.

〈재반론〉

→ 매우 어려운 문제라는 것을 인정해야 한다. 구체적인 양형의 기준을 제시하는 것은 매우 어렵다. 지키기 어려운 것 역시 인정된다. 하지만 나의 주장은 우리가 그러한 광범위한 도덕적 의무를 지니고 있다는 것이며 구체적인 문제들은 더 나아간 논의를 통해 합의점을 찾을 수 있기를 바랄 뿐이다. 만약 이러한 나의 바람이 터무니없는 것이라면, 우리는 같은 논리로 자신을 기독교인이라고 부르는 대부분의 사람들도 터무니없다고 생각해야 할 것이다. 왜냐하면 대다수의 기독교인들도 이웃을 자신의 몸같이 사랑하거나 왼빰을 맞으면 오른빰을 내어 주기를 매우 어려워하기 때문이다.

VI. 아웃라인 및 개요 작성(구성)

1. 서론: 주제 제시 및 논점 제시

2. 본론

2-1. 기존 논증 제시

2-1-1. 의무라는 입장

2-1-2. 의무가 아니라는 입장

2-2. 나의 논증

2-2-1. 의무가 아니라는 기존 입장에 대한 반론

2-2-2. 의무라는 기존 입장의 타당성 재확립 + 나 자신의 추가적인 논거

2-2-3. 예상 반론

2-2-4. 재반론

3. 결론: 핵심 논증의 요약

(3) 허용되는 성행위란 무엇인가?

I. 주제 선정

→ 최근 우리 사회는 성에 관한 개방적 문화가 자리 잡으면서 다양한 문제들이 논쟁이 되어 왔다. 일반적으로 성경험을 하는 연령대가 낮아지고 이에 따라 성교육이 조기에 실시되고 있다. 하지만 성행위에 대한 가치판단은 일치된 교육이 이루어지고 있지 않아 범죄나 피임에 관련된 교육이 주가 되고 있다. 올바른 성행위란 것이 있는지, 그리고 훌륭한 삶을 살아가는 데 있어서 성행위는 어떤 의미인지 고민이 뒤따를 때 진정한 성인이 될 수 있을 것으로 보인다.

II. 주제 파악

→ 단순하게 찬반으로 논쟁이 이루어지는 형식이 아니다. 다양한 관점과 견해들이 상호 경쟁하거나 보완하는 관계에 놓여 있다. 이러한 논리적 지형도를 염두에 둔다면 역사적으로 중요하게 논의되어 왔던 성 담론들을 찾아보고 다양한 견해들이 서로 어떻게 경쟁해 왔는지 살펴보는 것이 중요하다. 또한 자신만의 독특한 관점을 제시하는 것도 좋지만 꼭 그래야 하는 것은 아니다. 기존의 경쟁하는 견해들 사이에서 자신의 합리적 비판을 통해 가장 그럴듯한 의견

을 채택하는 것도 좋다.

III. 기존 견해 및 논증 확인

1. 전통적 견해

소위 기독교적 전통과도 관련된 이 견해는 인간을 육체와 영혼으로 나누며 영혼은 선한 것으로, 육체나 육체에 관련된 정욕은 사악한 것으로 간주한다. 따라서 성행위에 있어서도 극히 제한적으로 인정된다. 가장 최선의 삶은 일체의 성행위가 없이 영혼을 정화시키며 사는 것이며 그 차선이라고 할 수 있는 것이 결혼을 통해 맺어진 배우자(혹은 매우 친밀한 사람)와의 제한된 성행위이다. 물론 이때에도 생식과 관련 없는 성행위는 인간의 본성에 어긋난 것이기 때문에 올바르지 못한 것이다.

〈전통적 견해에 대한 비판〉

육체의 욕구에 대해 죄악시하는 것은 사실상 아무런 근거가 없는 편협한 사고다. 또한 인간의 진정한 본성이 무엇이냐의 문제를 선결문제의 오류를 통해 예단하고 있다('선결문제 요구의 오류'는 2장 참조). 금욕적인 삶이 진정으로 훌륭한 삶일 수도 있다. 하지만 그것으로부터 극히 제한적인 범위의 성행위만이 허용된다는 것이 논리적으로 도출되지 않는다. 우리는 훌륭한 삶을 존중하지만 그렇다고 해서 훌륭한 삶을 살 것을 강요할 수 없기 때문이다. 가령, 게임이 훌륭한 삶에 도움이 되지 않는다고 해서 게임을 하는 것을 막을 수는 없기 때문이다(자율성의 원칙에 위배). 훌륭한 삶에 있어서는 단지 권유만 할 수 있을 뿐이다.

2. 자유주의(계약주의)적 견해

자유주의적 전통과 칸트의 정언명법이 합쳐진 견해다. 인간의 성행위 역시 여타 인간 행위와 마찬가지로 숙지된 자발적 동의가 중요한 관건이다. 계약에 관련된 제반 사항들을 잘 알고 있는 상태에서 자발적으로 동의한다면 상호간의 행위는 정당화된다. 물론 이때 한 가지 단서가 필요하다. 우리가 자발적 동의에 의한 것이라 하여도 노예계약을 정당화하지 않는 것처럼 계약 당사자들은 상대를 단지 수단으로서만 대해선 안 된다. 성행위에 있어서도 이러한 조건하에 이루어진 계약만이 정당하게 취급된다.

〈자유주의적 견해에 대한 비판〉

성행위는 일반적인 인간 행위와 다르다. 성행위는 인간에 있어서 실존적 통합을 위한 행위이며 차가운 계약에 의한 성행위는 인격을 파편화한다. 또한 대상을 수단으로서만 대하지 않는다는 것의 정확하고 명료한 의미란 무엇인가? 어느 정도, 어디까지가 상대를 대상화, 도구화하는 것인가? 대상화를 강하게 규정하면 전통적인 견해로 회귀할 가능성이 있으며 약하게 규정하면 극단적인 성행위 자유주의적 견해로 빠질 것이다.

3. 마르크스주의(여성주의)적 견해

인간의 성행위는 인간의 본성이나 개인과 개인과의 관계로 파악될 수 없다. 사회적 맥락 속에서 파악하면 여성에 대한 가부장적 착취 구조가 먼저 해체되어야 한다. 그러한 억압적 구조 속에서 자발적 동의라는 것은 환상에 불과하거나 착취를 가리기 위한 하나의 위장막에 불과하다. 물론 허용되는, 그리고 허용되지 않는 성행위에 대한 여성주의적 대답은 일치된 합의점을 찾지 못하고 있는 것으로 보인다. 하지만 중요한 것은 여성들이 자신의 힘과 권위를 스스로 제어하고 발현할 수 있는 성행위만이 허용된다는 것이다.

〈마르크스주의적 견해에 대한 비판〉

일체의 자발적 동의가 사실은 가부장적 허위의식에 의한 사회적 구성물에 불과하다는 입장은 너무 과장된 것이다. 더 중요한 것은 이러한 견해가 진정 올바르다면, 여성들은 자발적 동의 능력에 심각한 문제가 있다는 주장의 함축을 불러온다. 이는 자기 파괴적인 논리이다.

Ⅳ. 주장 세우기

→ 자유주의적 견해를 지지한다(상대를 도구로만 삼지 않는 한에서 자발적인 동의하에 이루어진 성관계는 모두 허용되어야 한다).

Ⅴ. 논증 만들기

〈자신의 논증〉

→ 여타 견해들에 비해 자유주의적 견해가 가장 합리적이다. 왜냐하면, 전통적 견해는 너무 편협한 견해를 전제하고 있으며, 마르크스주의(여성주의)는 인간에게 부여된 이성적 능력을 과소평가하기 때문이다. 반면 자유주의적 전통은 그 단점이 보완 가능하다. 문제가 되고 있는 대상화의 기준은 여러 가지 방법으로 적절한 수준까지 명료화될 수 있다. 첫째, 인간은 누구나 자신에게 있어서는 투명한 의식을 가지고 있다. 자신이 상대를 단지 수단으로만 대하는지 아닌지는 자신에게 있어서는 투명하게 드러난다. 둘째, 현실적인 차원에서 사회에 존재하는 상규와 상식들을 통해 토론한다면 다소 어려워도 대상화의 수

준과 범위에 대한 적절한 기준을 마련할 수 있으며 이것을 통해 상호 규제가 가능할 것이다.

VI. 아웃라인+개요 작성

1. 서론: 주제 제시 및 논점 제시

2. 본론

2-1. 기존 논증 제시

2-1-1. 전통적 견해

2-1-2. 자유주의적 견해

2-1-3. 마르크스주의적 견해

2-2. 나의 논증

3. 결론: 핵심 논증의 요약

3) 추가적인 논증적 글쓰기 연습문제

이제 아래의 주제들 혹은 자신이 선정한 새로운 주제들에 대해서 자신만의 논증적 글쓰기를 연습해 보자. 글을 쓰기 전에 선정된 주제들에 대해서 조사하고, 기존 입장(논증)들을 철저히 분석해 보자. 그리고 이를 토대로 자신의 생각을 발전시켜서 독창적이고 설득력 있는 논증을 펼쳐 보자. 물론, 첫술에 배부를 순 없다. 꾸준한 연습을 통해서만 글쓰기 능력이 향상된다는 것을 잊지 말자.

① 인공지능이 그린 그림도 예술이 될 수 있을까?

② 안락사는 허용되어야 하는가? 그렇다면 어디까지 허용되어야 하는가?

③ 낙태 비-불법화 논쟁

④ 노동은 축복인가?

⑤ 빈곤의 원인은 무엇인가?

5

인문학에서 논증적 글쓰기

앞 장에서는, 내가 쓴 글이 한 편의 논증적인 글이 될 수 있기 위해 밟아 나가야 할 기본적인 절차를 확인했다. 그와 같은 '논증적 글쓰기 일반'의 내용을 발판으로 삼아, 이제 우리는 학문 분야별로 특화된 논증적 글쓰기의 단계로 나아가고자 한다. 앞으로 이 책의 남은 지면에서는, 인문학, 사회과학, 자연과학 각각의 분야가 지닌 특성에 따라 서로 달라지는 부분에 초점을 맞추면서 논증적 글쓰기의 방법을 차례차례 살펴볼 것이다.

이 장에서는, 그 첫 번째로 인문학에서의 논증적 글쓰기는 과연 어떻게 이루어지는지를 음미할 것이다. 본격적인 논의에 들어가기 전에 우선 다음과 같이 묻고 답하는 것으로 인문학적 글쓰기와 첫 대면하도록 하자.

인문학이란 어떤 학문 분야인가?

물론 인문학은 무엇이다라고 한마디로 정의하기는 어렵겠지만, 우리의 삶이 뿌리 내리고 있는 토대에 대해 의문을 제기한다는 점이 인문학의 정신을 가장 잘 드러낸다고 말할 수 있겠다.

일상 속 우리의 모습을 들여다보자. 우리는 서점에서 '행복해지는 방법'에 관한 책을 사고, 정의롭지 못한 사건을 접하여 분노하고, 할아버지가 돌아가셨다는 전화를 받고 슬퍼하고, 착한 일을 했을 때 뿌듯함을 느끼고, 아름다운 것을 좋아하고, 교회를 나가고, 친구와 수다를 떨고, 꽃다발을 건네며 사랑한다고 고백하고, 미술관에서 전시회를 관람하고 등등.

이처럼, 행복, 정의, 죽음, 선(또는 악), 아름다움(美), 신, 언어, 타인, 예술 등과 같은 추상적 개념들이 항상 우리의 구체적 일상에 이미 스며들어 있다. 인문학은 우리의 일상에 침전해 있는 바로 이 근본 개념들을 수면 위로 끌어올려 논의의 도마 위에 올린다. 그러므로 인문학적 글쓰기는, 우리 삶의 근본 개념들을 되잡아 논증을 통해 명료화하는 것이라고 볼 수 있다. 그렇기 때문에 인문학은 이른바 '개념들의 향연'으로 불리기도 하는 것이다. 그리고 바로 이 점에, 인문학에서 논증적으로 글을 쓸 때의 핵심이 들어 있음을 항상 염두에 두면서 이 장을 읽어 나가도록 하자.

1. 글쓰기 전

인문학에서 논증적으로 글을 쓰기 위해서는 어떤 준비를 어떻게 해야 할까?

1) 기본 태세를 전환하기

우리 삶의 근본 개념에 대해 스스로 생각해 보지 않으면, 나도 모르는 사이에 남이 생각하는 삶을 내가 대신 살아 주는 꼴이 되고 만다. 예컨대, 행복해지는 방법을 다루는 책에서의 그 방법은 어디까지나 (책에서 명시적으로 말하고 있든 아니든) 저자의 행복관을 전제로 하고 있다. 즉, 우리가 그 방법을 무턱대고 따라 한다는 것은 저자의 행복관을 무비판적으로 받아들이는 것과 다름없다. 즉 이 경우에는, 그 행복관이 타당한지 아닌지를 따져 보는 비판적 사고가 봉인되어 있으므로, 애초에 논증이라는 것이 들어설 여지가 없다.

이 책의 제목에도 들어 있듯이 비판적으로 사고하는 것이야말로 인문학에서 논증적으로 글을 쓰기 위한 시발점이다.

2) 개념을 구체화하여 주제를 선정하기

위와 같은 기본자세를 가지면 삶의 근본 개념들 중에서 인문학적으로 논증하여 글로 표현하고 싶은 개념이 자연스럽게 눈에 들어오게 된다. 하지만, 예컨대 행복, 정의, 죽음, 선과 악, 아름다움, 신, 언어, 시간과 공간, 사랑, 타인, 예술 등은 우리 삶을 가로지르는 개념들이기 때문에 너무나도 막연하다. 따라서, 그 개념들을 보다 구체화하는 과정을 거치지 않은 채 곧바로 쓰게 되면 글은 소위 산으로 갈 수밖에 없다. 그것에 대해 써야 할 개념이 제출자에 의해 특정되는 경우도 마찬가지다.

내가 다루고자 하는 근본 개념이 구체화되었을 때 비로소 글의 주제가 선정되었다고 할 수 있다.

내 삶 곳곳에 침투해 있는 근본 개념을 구체화하여 주제를 선정하는 방법은 크게 두 가지로 나눌 수 있다.

(1) 체험

삶의 근본 개념은 긍정적으로든 부정적으로든 내 삶 곳곳에 산재해 있다. 예를 들어, 하루에도 몇 번씩 SNS에 올라오는 행복한 얼굴을 한 사람들의 사진을 보면서 나는 왠지 행복하지 못한 것 같아 우울한 마음이 든다. 이 경우에는 행복을 SNS와의 관계로 구체화하여 주제로 삼는 것이 가능할 것이다.

이와 같이 주제를 자신의 개인적인 체험을 바탕으로 선정했더라도, 우리가 쓰는 글은 체험담이 아니라 어디까지나 독자를 설득해야 하는 논증적인 글임을 잊어서는 안 된다.

(2) 이론

우리는 어릴 때부터 집에서도 학교에서도 착하게 살라고 귀에 못이 박힐 정도로 들어 왔다. 이처럼 선이라고 하는 근본 개념은 나의 모든 행동, 심지어 나의 모든 생각에도 늘 그림자처럼 따라다니고 있다. 그래서 도대체 어떤 것이 선한 것일까에 대해 의문을 제기하고, 막상 글을 쓰려니 너무 막막하다. 이 경우에는 예컨대 선을 공리주의(선=최대 다수의 최대 행복)로 구체화해서 주제로 삼을 수 있겠다.

이처럼 주제를 그 개념에 관한 이론으로 선정했을 때에는 다음의 사항을 반드시 명심해야 한다. 즉 그 이론을 주제로 삼아 논증적인 글을 쓴다는 것은, 그 이론을 무비판적으로 수용하여 단순히 요약하는 것이 아니라, 그 이론이 내세우는 주장의 타당성 여부를 스스로 비판적으로 따져 보는 것과 다름없다는 사실이다.

3) 선행 연구를 검토하기

인문학에서의 논증적 글쓰기는 삶의 근본 개념들을 다루기 때문에, 내가 선정한 주제에 관한 기존의 생각들을 가능한 한 많이 게다가 철저하게 검토하는 과정을 반드시 거쳐야만 한다. 그도 그럴 것이, 우리 삶의 근본 개념들은 말 그대로 삶의 근본적인 문제들과 맞닿아 있어, 십중팔구 여러분이 선정한 주제에 대한 다양한 논의가 이미, 그것도 아주 많이 이루어져 있기 때문이다.

그러므로 예컨대 SNS와 관련지어 행복을 논할 때에도, 공리주의를 단서로 선을 논할 때에도, 각각의 주제에 관한 논의를 하다못해 한 편이라도 찾아서 읽지 않으면 안 된다. 만약에 누군가가 먼저 나와 똑같은 논거로 나와 똑같은 주장을 했다면 나의 논증은 독창성을 갖기 힘들기 때문에, 다시 처음부터 새롭게 논거와 주장의 얼개를 짜야 한다.

(특히) 인문학에서 기존에 이루어진 생각을 비판적으로 검토하지 않는 것은 논증적으로 글쓰기를 포기하겠다는 것과 마찬가지다.

보기 문제
1

1-1. 하얀 거짓말에 대한 기본 태세를 전환해 보자.

1-2. 욕망에 대한 기본 태세를 전환해 보자.

2-1. 개인적인 체험을 바탕으로 예술을 구체화하여 주제로 선정해 보자.

2-2. 개인적인 체험을 바탕으로 타인(타자)을 구체화하여 주제로 선정해 보자.

3-1. 선에 대한 글쓰기를 구체화할 수 있는 이론을 주제로 선정해 보자.

3-2. 욕구에 대한 글쓰기를 구체화할 수 있는 이론을 주제로 선정해 보자.

4-1. 욕망에 관한 선행 연구를 비판적으로 검토해 보자.

4-2. 행복에 관한 선행 연구를 비판적으로 검토해 보자.

풀이

1-1. 누구나 하얀 거짓말을 아무렇지도 않게 하면서 살아가고 있는데, 애초에 선한 거짓말이라는 것이 있을 수 있는지 스스로 비판적으로 따져 보기로 한다.

1-2. 드라마 '욕망의 불꽃', 영화 '욕망', 책 '욕망의 늪' 등 대중 매체에서는 욕망을 매우 부정적으로 다루는 것이 일반적이다. 욕망은 사람들로 하여금 파멸에 이르게 하는 악을 대표하는 것으로 비춰진다.
그런데 정말 욕망은 인간을 파멸로 이끄는 악하기만 한 것일까? 욕망에 대한 그러한 시선 때문에, 오히려 욕망의 선한 측면을 보지 못하고 있는 것은 아닐까 하는 의문이 든다.

2-1. 게임을 하면서 종종 "이야~ 이건 예술이다!"라는 말을 하는 나는 게임이 예술로 인정받을 수 있는지 어떤지를 주제로 선정했다.

2-2. 소위 대한항공 땅콩 회항 사건이나 울산 맥도날드 사건 등 수많은 갑질 관련 뉴스들을 지겹도록 접하면서, 타인과의 관계라는 근본 문제를 갑질이라는 관점에서 다루기로 했다.

3-1. 행위의 옳고 그름을 판별하는 기준을 행위의 결과로 간주하는 결과주의를 주제로 선정했다.

3-2. 인간은 가장 낮은 단계인 [①] 기본적 욕구로부터 시작해, 중간 단계인 [②] 심리적 욕구를 거쳐, 가장 높은 단계인 [③] 자아실현의 욕구로 나아가고자 한다는 매슬로의 피라미드식 욕구 단계 이론을 주제로 선정했다.

4-1. 에피쿠로스는, 빵과 물만 있다면 신도 부럽지 않고, 최소한의 욕망만 추구한다면 고통 없는 상태인 '아타락시아'에 이를 수 있다고 했다. 바꿔 말해, 갈망하지 않으면 실패를 맛보지 않아 고통스럽지 않다는 것이다. 그는 우리에게 필수적인 것 이상의 욕심은 쓸데없다고 주장한다. 하지만 그가 말하는 빵조차도 필수적이지 않은 욕망에서 비롯된 음식이 아닐까? 날것을 먹던 선사 시대에서 빵을 만들기까지의 과정에는, 배탈로부터 더 안전하고 더 맛있는 음식을 먹고 싶어 하는 인간의 욕망이 숨어 있다는 생각이 든다.

4-2. 쇼펜하우어는 인간을, 인격, 소유, 평판이라는 세 가지 측면에서 바라보면서, 소유도 평판도 아닌 인격만이 우리에게 진정한 행복을 줄 수 있다고 주장한다.

하지만 그는, 인격과 소유의 관계, 인격과 평판의 관계, 소유와 평판의 관계 등, 인간을 이루는 세 요소 사이의 상관관계(역학 관계)에 대해서는 언급을 하지 않고 있다. 그러므로 그 세 요소들 사이의 상관관계에 대한 분석이 필요하다고 여겨진다.

2. 글쓰기

인문학에서 논증적으로 글을 쓰기 위한 준비 단계에서의 중요 요소들을 음미한 우리는 이제 나아가서, 인문학에서의 논증적 글쓰기 단계이기 때문에 유념해야 할 세 가지 핵심 사항을 확인하게 될 것이다.

1) 개념을 정의하기

예컨대 행복을, 사회과학에서는 행복지수로서 다루며, 자연과학에서는 행복할 때 분비되는 화학 물질의 수치로서 다룬다. 그에 비해 인문학은, 지수 또는 수치와 같은 과학의 언어로 번역되어 고정되기 이전의 행복, 바로 그것의 의미를 연구한다. 그런데, 문제는 행복이라는 것이 본질적으로 그 의미가 고정되어 있지 않다는 점이다.

그렇기 때문에 인문학에서의 논증적 글쓰기는, 논의를 전개하기 전에, 나의 글에서 주제화될 개념은 "이러이러한 뜻으로 사용한다"라고 그 의미를 한정하여 독자에게 명확하게 고지할 절대 의무가 있다.

이 사전 고지의 의무는 아래의 세 경우 모두에 해당한다.

① 사전적 정의로 사용할 경우

② 특정 이론에서 내려진 정의로 사용할 경우

③ 내 고유한 정의로 사용할 경우

모든 글쓰기는 필자와 독자가 지면을 통해 대화하는 것인데, 만약 그 대화의 핵심을 이루는 개념의 의미를 서로 다르게 사용하고 있다면, 소위 말이 안 통하게 된다. 즉 이 경우에는 애초에 논쟁이라는 것이 시작될 수조차 없고, 그 책임은 독자에게 있는 것이 아니라 필자에게 있다는 것을 주의하자.

주제적인 개념은 물론 그 개념을 둘러싼 논증 과정에서 등장하는 부수적인 개념들 중 논의를 흐리게 만들 소지가 있는 것에 대해서도, 마찬가지로 그때마다 그 뜻을 명확하게 제시해 주어야 한다. 그렇게 함으로써 자연스레 나 스스로도 개념들을 일관된 의미로 사용하게 되어, 논증 과정에서의 불필요한 비약을 방지할 수 있다(역으로 말하면, 인문학에서 논증적으로 글을 쓸 때에는 나도 모르게 애매어의 오류 — 어떤 단어나 구를 두 가지 이상의 의미로 사용하여 발생되는 오류 — 에 너무나도 쉽게 빠진다).

2) 예를 들기

지금까지 이 책을 읽은 여러분은 쉽게 눈치챘겠지만, 이 책의 기본 골격은 비판적으로 사고하고 논증적으로 글을 쓰는 방법의 설명 그리고 그때마다 그 방법이 적용된 예로 이루어져 있다. 여기에서의 방법이라는 것은 어떤 주제에 대해 사고를 하든, 어떤 주제에 대해 쓰든 통용되는 것인 한, 그 방법에 관한 개념적 설명은 추상적이고 따라서 이해하기 어려운 것이 당연하다. 그렇기 때문에 여러분의 이해를 돕도록 수시로 예를 드는 것이다.

하물며, 우리 삶의 근본 개념들을 다루는 인문학에서의 글쓰기는, 사회과학이나 자연과학에서의 글쓰기처럼 독자의 눈에 보이는 조사 결과나 실험 결과를 갖고 있지 않기 때문에 그 논증은 고도로 추상적일 수밖에 없다. 따라서, 개념의 의미를 예시와 함께 독자의 눈앞에 데리고 와야 한다.

앞 장에서 봤듯이 논증적 글쓰기의 기본은 독자가 읽기 쉽게 쓰는 것인데, 인문학의 논증적 글쓰기에서는 예를 드는 것만큼 독자의 이해를 돕는 확실한 방법은 없다.

3) 선행 연구와 논쟁하기

앞의 글쓰기 전 단계에서 강조했듯이, 선행 연구를 검토하지 않고서는 인문학에서 논증적 글쓰기를 시작조차 할 수 없다. 선행 연구를 비판적으로 검토하여 나온 다양한 결과는 글쓰기 단계에서 적극적으로 활용해야 한다. 그 활용은 크게 세 가지로 나눌 수 있다.

① 선행 연구가 나와 다른 논거를 가지고 나와 다른 주장을 했을 경우에는, 그 논거와 주장 사이의 문제점을 지적하여 논쟁이라고 하는 싸움을 거쳐야 한다. 그래야만 나의 논거와 주장 사이의 관계가 나와 다른 그것보다 더 설득력이 있음을 독자에게 어필할 수 있다.

② 선행 연구가 나와 같은 주장을 하면서 나와는 다른 논거를 댄 경우에는, 그 논거를 내 주장의 보충 논거로 쓴다.

③ 선행 연구가 나와 같은 논거를 가지고 나와는 다른 주장을 했을 경우에는, 그 논거로부터 그러한 주장을 펼치는 것이 아예 부당하거나 적어도 부족하다는 것을 밝히는 방식으로 논증해야 한다.

이처럼, 비판적으로 검토한 선행 연구를 때로는 아군으로 포섭하고 때로는 적군으로 해서 싸우는 논쟁 과정이 내 논증의 일부에 반드시 포함되어야 한다. 바로 이것이, 인문학에서 논증적 글쓰기의 대원칙임을 명심하자.

보기 문제 2

1-1. 선(善)을, [①] 사전적으로, [②] 공리주의 이론으로, [③] 내 고유한 의미로 정의(定義)해 보자.

1-2. 행복을, [①] 사전적으로, [②] '소확행'으로, [③] 내 고유한 의미로 정의해 보자.

2-1. 선을 최대 다수의 최대 행복으로 정의하는 공리주의를 예와 함께 설명해 보자.

2-2. 행복을 영혼의 안정 상태(아타락시아)로 정의하는 쾌락주의를 예와 함께 설명해 보자.

3-1. 여러 종교가 설파하는 '금욕'이라는 단어에서 보듯이, 욕망을 인간에게 해를 끼치는 것으로 여기는 일반적인 입장과 논쟁해 보자.

3-2. 우리는 흔히 "주체적으로 살아라!"라는 말을 듣는다. 이처럼 남이 아니라 내가 주체가 되는 삶을 의미 있는 (가치 있는) 삶으로 보는 기존의 생각과 논쟁을 시도해 보자.

풀이

1-1. [①] 진리에 맞는 올바른 도리, [②] 최대 다수의 최대 행복, [③] 의도와 결과 모두 좋은 것

1-2. [①] 복된 좋은 운수, 생활에서 충분한 만족과 기쁨을 느끼어 흐뭇함 또는 그러한 상태, [②] 일상에서 쉽게 느낄 수 있는 작지만 확실한 즐거움, [③] 자기 자신을 있는 그대로 마주하고 사랑하며 믿는 마음

2-1. 당장 선로를 틀지 않으면 10명이 치여 죽고, 선로를 틀면 1명을 치어 죽이게 되는 상황에 놓인 기관사는 선을 최대 다수의 최대 행복으로 정의하는 공리주의자이기 때문에 선로를 틀어 1명을 치어 죽게 하는 선택을 한다.

2-2. 예를 들어 다음과 같은 현상은 매우 자연스러운 것이다. 솜옷을 입으니, 덕 다운 패딩이 입고 싶고, 덕 다운 패딩을 입으니 구스 다운 패딩이 입고 싶고, 구스 다운 패딩을 입으니 소위 명품 패딩이 입고 싶다. 라면만 먹으니 쌀밥이 먹고 싶고, 쌀밥만 먹으니 따뜻한 국도 함께 먹고 싶고, 쌀밥과 따뜻한 국만 먹으니 반찬까지 곁들여 먹고 싶다. 반지하에 살다보니 지상 주택에 살고 싶어지고, 지상 주택에 살다보니 신축 아파트에 살고 싶어지고, 신축 아파트에 살다보니 더 넓고 고급인 아파트에 살고 싶어진다. 이처럼 의식주에 필수적인 것 이상의 것을 갈망하는 순간 갈증이 뒤따르기 때문에 영혼은 불안정한 상태가 지속되어 불행에 빠진다. 그러므로 필수적인 욕구의 충족을 넘어서는 욕망을 억제해야 더 이상 갈증을 느끼지 않는 영혼은 안정된 상태를 유지하여 행복할 수 있다.

3-1. 욕망이 부정적으로 여겨지는 이유는 다음과 같은 욕망의 특성에 있다. 욕구(예컨대, 배고픔)는 충족될 수 있지만, 그에 반해 욕망(예컨대, 더 맛있는 것을 먹고 싶어 하는 것)은 결코 충족될 수 없으므로 욕망은 항상 고통을 동반한다.
그러나, 오히려 그러한 이유 속에서 욕망의 긍정적인 측면을 읽어 내는 것이 가능하다. 만약 우리가 주어진 상황에 복종하면서 최소한의 욕구만을 충족시키는 삶을 산다면 결코 발전이라는 것을 이룰 수 없다. 욕망을 가지고 있다는 바로 그 점에서 인간은 다른 동물들과 근본적으로 구별된다고 볼 수 있다. 완전하게 채워질 수 없는 그 욕망을 가능한 한 채우기 위해 끊임없이 노력한 결과의 축적물이 지금까지의 역사이며, 그러한 노력을 멈출 경우 인류의 미래는 현재의 자리에서 한 발자국도 나아가지 못할 것이다.

3-2. 사람들은 항상 "네가 주체가 되는 삶을 살아라!"고 이야기한다. 내 삶의 주인공은 바로 나 자신이라고. 물론 맞는 말일 수도 있다. 그 누구도 내가 해야 할 것을 대신 해 줄 수 없으며, 내가 느낄 행복이나 나에게 닥칠 시련을 다른 사람이 온전히 대신할 수는 없다. 그러므로 내가 주체가 되는 삶을 살아야 한다는 것이다.

하지만 이러한 관점은 의미 있는 삶을 너무 일차원적으로 바라본 것에 지나지 않을까? 아리스토텔레스가 말했듯이, 사회적 동물인 우리는 혼자서 살아갈 수 없으며 타인과의 상호 작용을 통해 살아가고 있다. 바꿔 말하면, 나의 삶이란 이미 타인의 삶과 떼려야 뗄 수 없이 언제나 엮여 있는 삶을 뜻한다. 따라서 한 사람의 삶은 결코 개인이 혼자서 이루어 내는 것이 아니라, 타인과 직간접적으로 영향을 주고받으며 함께 이루어 내는 것이다.

그러한 한에서, 삶의 보다 근본적인 의미는 '내가 주체가 되어 살아가는' 일차원적인 삶에 있다기보다, '타인과 조화를 이루며 살아가는' 다차원적 삶에서 드러날 수 있다. 즉 각각의 내가 단독적인 주체가 되는 것이 아니라, 타인과 조화를 이루면서 공동의 주체가 될 때 비로소 우리는 진정 의미 있는 삶을 살 수 있다.

3. 글쓰기 후

글을 쓰고 난 후에는, 앞서 확인한 글쓰기 전, 글쓰기 단계에서의 핵심적인 사항들을 체크리스트로 하여 내 글을 점검하도록 하자.

① 글의 주제는 개념을 구체화하여 선정되었는가?

② 선행 연구의 논거와 주장을 비판적으로 검토했는가?

③ 논증의 대상이 되는 개념을 미리 정의하고, 그 정의에 따라 일관된 의미로 사용하였는가?

④ 글에서 사용된 중요한 개념들의 의미를 예를 통해 독자가 이해하기 쉽게 썼는가?

⑤ 선행 연구와의 논쟁이 내 논증 과정의 일부에 포함되어 있는가?

보기 문제 3

다음의 예문[1)]을 읽고 위의 체크리스트에 따라 점검해 보자.

예문 1

트롤리 딜레마의 공리주의적 해결

'브레이크가 고장 난 기차가 선로에서 작업 중인 10명의 인부를 향해 달려가고 있고, 이 기차를 운전하는 기관사가 본인이라면 기차가 원래 가야 할 길인 직진 선로 위에 있는 인부 10명을 치어 죽이겠는가? 아니면 샛길로 선로를 틀어 샛길에 있는 1명의 인부를 치어 죽이겠는가?' 이 물음이 바로 트롤리 딜레마이다.

이 물음은 최대 다수의 최대 행복을 선(善)으로 여기는 공리주의를 설명할 때 자주 언급되는데, 그 이유는 일반적으로 다수인 10명의 인부를 위해 1명의 인부를 치어 죽이는 선택을 하는 것이 바로 공리주의적인 선을 행하는 것이라고 여겨지기 때문이다. 행위의 근거에 대한 사유는 조금씩 다르지만, 대다수의 사람들이 선로를 틀어서 1명의 인부를 치어 죽이게 되는 것이 공리주의의 정석적인 행동이라고 생각한다. 하지만 필자에게는 철저히 공리주의에 입각하여 트롤리 딜레마를 해석했을 때, 오히려 선로를 틀지 않고 10명의 인부를 치어 죽이는 것이 공리주의적인 정답이라고 여겨진다.

10명을 죽이는 이유의 근거로 첫 번째는, 죄책감 때문이다. 기차는 원래 10명의 인부가 있는 직진 선로로 향해 가고 있었다. 만약 기관사 본인이 굳이 10명을 죽이기 위한 아무런 행동을 취하지 않더라도 10명의 인부

1) 이 장에서 사용하고 있는 모든 예문은 울산대학교 학부생들이 쓴 글로 이루어져 있다. 다만, 여러분이 읽는 데 불편함을 주는 부분에 대해서는 이 장의 필자에 의해 기술적인 수정이 어느 정도 이루어졌다.

는 결국 죽게 된다. 반면에 1명의 인부를 죽이기 위해서는 샛길로 노선을 변경하는 적극적인 개입이 필요하다. 그렇다면 그 행위를 취하기 위해선 직접적으로 영향을 주고 개입을 했다는 사실이 더해져 10명을 죽이는 사건보다 샛길의 1명의 인부를 죽일 때 기관사의 죄책감이 비교적 더 클 것이다. 헌데, 공리주의에서의 행복은 쾌락을 누리는 것과 불행이 없는 것 두 가지를 의미한다. 즉, 불행의 증가 또한 공리주의에서는 최대 다수의 최대 행복에 악영향을 미치는 불필요한 요소인데, 기관사가 사고에 적극적으로 개입하면서 커진 죄책감 역시 불행의 요소이므로 공리주의적 관점에서 1명의 인부를 죽이기 위한 기관사의 적극적인 개입은 없어야 좋은 것이다. 그러나 1명의 인부가 죽는다면 기관사가 사건에 적극적으로 개입하여 1명의 인부를 사망시켜서 죄책감을 가짐에도 불구하고, 10명의 인부를 살릴 수 있기 때문에 궁극적으로 최대 다수의 최대 행복의 수치가 더 높을 것이라는 주장이 있는데, 이 또한 반박이 가능하다.

10명을 죽이는 이유의 두 번째 근거는 생존자들이 행복해할 수 없기 때문이다. 만약 정말 이러한 사건이 일어나고 기차에 치여 죽는 사망자가 발생했다면 기관사를 포함한 그 사건을 목격한 사람들은 아마 경악을 금치 못할 것이다. 내가 있는 선로가 아닌 다른 선로로 기차가 갔다는 사실을 알게 된다면 생존의 안도감보다 사망자를 목격한 정신적 충격과 동료를 잃은 슬픔이 더 클 것이다. 결국 10명이 죽거나 1명이 죽거나 어느 사건이든 간에 발생만 한다면 현장에 있는 모든 사람이 행복하기는커녕 불행해할 텐데, 그렇다면 사건의 결과는 1명의 인부가 죽었을 때 기관사 1명과 인부 10명을 포함한 11명이 슬퍼하는 것과 10명의 인부가 죽었을 때 기관사 1명과 인부 1명을 포함한 2명이 슬퍼하는 것 두 가지로 나뉜다. 공리주의적 입장에서는 불행이 적은 쪽이 궁극적인 행복을 추구하는 것이니 당연히 11명보다는 2명만이 슬퍼하는 것이 더 궁극적으로 행복한 결과일 것이다.

마지막으로, 10명의 인부를 죽이는 게 공리적으로 타당하다는 세 번째 근거는, 죽은 자는 불행을 겪을 수 없다는 것이다. 기차가 달려오면 죽을 수도 있다는 불안감이나 죽음을 목격했을 때의 슬픔 등은 불행의 요소로 작용될 수 있지만, 죽음 자체는 이미 죽은 개체에게 불행의 요소로 작용될 수 없다. 왜냐하면 죽은 자는 행복이나 불행을 느끼는 것 자체가 불가능하기 때문에 10명이건, 1명이건 간에 죽어 버리게 되면 결국 그들이 느끼는 불행의 값은 0에 수렴하게 된다. 결론적으로 트롤리 딜레마에서 주어지지 않은 사망한 인부의 유가족이 느낄 슬픔이나, 기차에 치여도 살게 될 가능성, 시간이 꽤 지난 후에 생존자들이 살면서 느낄 행복과 불행과 같은 불확실성을 가진 전제를 배제하고 나면, 10명의 인부가 죽는 사건과 1명의 인부가 죽는 사건 둘의 죽음으로 인한 불행의 값은 똑같이 0이기 때문에 굳이 10명의 인부를 위해 1명의 인부를 희생시킬 이유가 없다.

이상과 같이, 기관사가 사건에 적극적으로 개입했을 경우의 죄책감과 사고사를 목격하는 이들의 슬픔과 같은 불행의 값, 그리고 불행함을 느낄 수 없는 죽은 이들의 경우를 따져 본다면, 공리주의적 입장에서는 10명의 인부는 반드시 치여 죽어야 마땅한 것이다. 적어도 최대 다수의 최소 불행을 위해서라면 이처럼 행동해야만 한다. 즉, 기관사가 공리주의자라면 10명의 목숨을 향해 거세게 달려가는 기차의 조종석에 앉아서, 운전대에서 손을 떼고 최대 다수의 최대 행복을 지키기 위해 죽게 될 사람들을 위해 기도를 해 줄 뿐, 그 이상은 아무런 개입도 하지 않을 것이다.

예문 2

우리는 실패에서 무엇을 극복해야 하는가

"단 한 번도 실패하지 않은 사람은 아무것도 하지 않은 사람이다."라는 말에 대부분의 사람들은 고개를 끄덕이면서, 인생에 실패라는 것은 반드시 존재한다고 생각한다. 그리고 그들은 실패를 두려워하지 말아야 한다고 말한다. 이처럼 우리는 삶을 살아가면서 성공과 실패를 나누고 성공은 좋은 것 실패는 극복해야 하는 것으로 여기고 있다. 그렇다면 애초에 성공과 실패는 무엇으로부터 나오는지, 또한 실패는 어떤 의미에서 극복해야 하는 것인지에 대해 살펴보자.

일반적으로 성공은 목적하는 바를 이룬 것으로, 실패는 목적하는 바를 이루지 못한 것으로 정의한다.[1] 이처럼 성공이라는 것은 각 개인이 추구하는 목적과 연관되어 있는 주관적인 것이기 때문에 실패 또한 주관적인 성격을 띤다. 예를 들어 경제적인 측면에서, 외제차를 몰고 자기 명의의 건물을 갖는 것을 성공으로 보는 사람들이 있는 반면, 차도 없고 자기 명의가 아니라도 단지 거주할 수 있는 집만 있다면 성공이라고 생각하는 사람들도 있다. 여기에서 보듯이 성공과 실패는 자신이 목적하는 바에 따라 얼마든지 달라질 수 있다. 즉, 성공과 실패는 각 개인의 목표 달성 여부에 따라 결정된다.

이처럼, 성공과 실패는 목표가 있어야 비로소 생길 수 있다. 예컨대 경제적인 측면에서의 성공과 실패는 돈을 내가 만족할 만큼 번다는 목표가 있을 때, 건강적인 측면에서의 성공과 실패는 아프지 않고 오래 산다는 목표가 있을 때만 논해질 수 있다. 그래서 누군가의 삶이 성공인지 실패인지 말할 때에는 그 누군가의 인생의 목표를 달성했는지 못 했는지를 판단하는 것이다. 또한 목표는 스스로에 대한 목표(자신의 한계를 뛰어넘는 것)와 남들과 관계를 가지면서 생긴 목표(경쟁, 연애 등)로 나뉘어지기 때문에, 성공과 실패는 개인적인 경향과 함께 사회적인 경향도 띤다. 인간은 살아가면서 목표를 가질 수밖에 없고 목표를 가지는 순간 성공과 실패의 경험은 예견되어 있다. 만약 인간이 어떤 일을 하는 데 아무런 목표를 가지지 않거나 지금에 만족하고 더 이상 나아가려 하지 않는다면 성공도 실패도 경험하지

1) 네이버 국어사전(https://ko.dict.naver.com/#/entry/koko/3eee6e2dd5b847f1bfdfdb98b6b64549).

않을 수 있다. 하지만 변화해 가는 사회에서 살아가는 인간은 매 순간순간이 동일할 수는 없고 새로운 것을 경험하면서 그것과 관련된 목표가 무의식적으로 생겨나기도 한다.

그렇다면 우리는 어떤 의미에서 "실패를 극복해라!"고 말할까? 자신이 목표로 한 것을 이루지 못하면 자신감을 잃어 실패를 또 다시 경험하게 될까 두려워하게 된다. 또한 우리는 실패로 인해 죄책감도 느끼게 된다. 자신이 계획한 목표를 달성하지 못한 것에 대해 스스로를 비난하고 질책하는 것이다. 하지만 목표를 달성하지 못한 원인을 실패의 경험을 통해 알고 나면, 다시 그 목표에 도전했을 때는 실패를 하지 않을 것이라는 자신감과 한 번 더 도전하게 만드는 용기를 가질 수도 있게 된다. 이처럼 실패에는 좌절감과 죄책감이라는 어두운 부분만 있는 것이 아니라 목표에 도전할 수 있는 자신감과 용기라는 밝은 부분 또한 있다. 그러므로 실패를 극복하라는 말 속에는, 실패의 경험이 낳는 좌절감과 죄책감을 딛고 일어서서, 똑같이 실패의 경험이 낳는 자신감과 용기라는 두 감정을 가지고 자신의 목표로 나아가라는 의미가 들어 있는 것이다.

풀이 1

1. **글의 주제는 개념을 구체화하여 선정되었는가?**

   선이라는 우리 삶의 근본 개념을 공리주의, 특히 트롤리 딜레마로 구체화하여 선정했다.

2. **선행 연구의 논거와 주장을 비판적으로 검토했는가?**

   선행 연구를 특정하지는 않았으나 트롤리 딜레마에 대한 기존의 공리주의적인 해석을 논의의 도마 위에 올리고 있으므로, 사전에 그에 대한 비판적 검토가 이루어졌다고 볼 수 있겠다.

3. **논증의 대상이 되는 개념을 미리 정의하고, 그 정의에 따라 일관된 의**

미로 사용하였는가?

'트롤리 딜레마'가 어떤 딜레마인지를 말하는 것으로 글을 시작하고 있다. 그리고 공리주의에서는 선을 '최대 다수의 최대 행복'으로 정의한다는 것을 명시하고 있고, 나아가서 그 정의 속의 행복은 '쾌락을 누리는 것과 불행이 없는 것'이라는 두 가지 의미로 사용된다는 것 또한 언급하고 있다.

4. **글에서 사용된 중요한 개념들의 의미를 예로 들어 독자가 이해하기 쉽게 썼는가?**

   트롤리 딜레마의 공리주의적 해석에 관한 논증의 핵심인 불행의 의미를 죄책감, 안도감, 불안, 슬픔과 같은 감정을 예로 들어 읽기 쉽게 썼다.

5. **선행 연구와의 논쟁이 내 논증 과정의 일부에 포함되어 있는가?**

   트롤리 딜레마에서 1명의 인부를 치어 죽이는 것이 공리주의에 입각한 선택이라고 보는 기존의 일반적인 해석과의 논쟁을 통해, 오히려 10명의 인부를 치어 죽이는 것이 공리주의에 입각한 선택이라는 주장을 펼치고 있다.

풀이 2

1. **글의 주제는개념을 구체화하여 선정되었는가?**

   우리 누구나 나름대로의 성공을 꿈꾸며 살아가고 있는데, 성공에 도전하는 순간 실패라는 그림자도 따라오기 마련이다. 이처럼 우리 삶의 과정 그 자체를 드러내는 '성공'과 '실패'라는 근본적인 개념을, [①]성공과 실패를 판가름하는 기준이라는 논의로 구체화하여, 그러한 논의를 바탕으로 [②] "실패를 두려워하지 마라!"는 말의 구체적인 내용을 밝히는 것을 주제로 선정했다.

2. **선행 연구의 논거와 주장을 비판적으로 검토했는가?**

살면서 누구나 한 번쯤은 들어 보았을 말, 즉 실패는 성공의 어머니이니 실패를 두려워하지 말고 실패를 극복할 줄 알아야 성공할 수 있다. 성공과 실패에 관한 선행 연구로부터 나온 이 말을 무턱대고 받아들이는 것이 아니라, 어떻게 해서 실패는 성공의 어머니일 수 있는지, 실패의 경험에서 우리는 무엇을 두려워하게 되는지, 극복해야 할 대상은 무엇인지 또 그때의 극복이란 어떤 의미에서의 극복인지에 대해 나름대로 의문을 제기했기 때문에 위와 같은 글을 쓸 수 있었다.

3. **논증의 대상이 되는 개념을 미리 정의하고, 그 정의에 따라 일관된 의미로 사용하였는가?**

성공은 목적하는 바를 이룬 것, 실패는 목적하는 바를 이루지 못한 것이라는 일반적(사전적) 정의에 입각하여, '목적' 개념으로부터 성공과 실패의 발생 및 기준, 그리고 실패에서의 두려움과 극복 문제를 다루고 있다.

4. **글에서 사용된 중요한 개념들의 의미를 예로 들어 독자가 이해하기 쉽게 썼는가?**

① 외제차와 자기 명의의 건물을 갖는 것을 성공으로 보는 사람과, 차도 없고 자기 명의가 아니라도 거주할 수 있는 집만 있다면 성공이라고 생각하는 사람의 예를 통해, 성공과 실패의 주관적인 성격을 이해하기 쉽게 했다.

② 내가 돈을 만족할 만큼 번다는 목표가 있을 때 경제적 측면에서의 성패를 논할 수 있고, 아프지 않고 오래 산다는 목표가 있을 때 건강적 측면에서의 성패를 논할 수 있다는 예시를 통해 성공과 실패라는 것이 각 개인의 목표로부터 파생된 개념임을 읽기 쉽게 전달하

고 있다.

③ 자신의 한계를 뛰어넘는 것, 경쟁과 연애를 언급함으로써, 개인적 차원에서의 성패와 사회적 차원에서의 성패의 구분을 용이하게 한다.

5. 선행 연구와의 논쟁이 내 논증 과정의 일부에 포함되어 있는가?

이 글은 "실패를 두려워하지 마라!" 또는 "실패를 극복해라!"는 선행 연구의 주장을 받아들이면서, 그 주장에 숨겨져 있는 논거를 필자 스스로 제시하는 방식으로 선행 연구와 논쟁하고 있다. 즉, 우리가 실패를 두려워하는 이유는 실패의 경험이 좌절과 죄책감이라는 부정적 감정을 낳기 때문인데, 목표를 달성하지 못한 원인을 알고 나게 되면 그러한 부정적 감정은 목표에 재도전할 수 있는 용기와 성공할 수 있다는 자신감이라는 긍정적 감정으로 변하게 된다. 이처럼, 실패가 일차적으로 낳은 부정적 감정을 긍정적 감정으로 극복할 수 있는 가능성이 항상 열려 있으므로, 실패를 두려워할 필요가 없다고 말할 수 있는 것이다.

지금까지 살펴본 내용들을 염두에 두면서(이 책 4장의 내용도 포함해서), 우리의 삶을 이루고 있는 근본 개념들 중 하나를 주제화하여 논증적인 글을 써 보자.

〈예문 1〉

선악에 대하여

머리말

대부분의 사람들은 '착한 사람'의 정의에 대한 질문을 받았을 때, 예의를 잘 지키는 사람, 규칙을 잘 지키는 사람, 타인의 눈높이를 잘 맞추어 주는 사람 등을 말한다. 특히 우리 사회의 대다수는 '선함'의 기준을 '타인'으로 설정하여 타인을 배려하는 사람이야말로 선한 사람이라는 고정관념을 가지고 있다. 그러나 의리가 있는 남자는 친구들에게는 최고의 친구일지라도, 가정에 소홀하다면 부인에게는 최고의 남편이 아닐 수도 있다. 이상적으로는 의리와 사랑을 모두 지키면 된다고 할 수도 있지만, 우리는 경험적으로 매 순간 일에 우선순위를 두어야 한다는 것을 알고 있다. 따라서 어떤 행위가 절대적으로 선한 것이라고 단정 지을 수 없고 어떤 행위를 평가할 때 플러스가 되는 '선'의 요소를 매기면서 동시에 마이너스가 되는 어떤 개념의 점수를 매길 수 있다. 우리는 그 마이너스가 되는 행위를 '악'이라고 지칭한다. 악은 흔히 선과 대비되는 개념으로 자주 묘사되어 부정적인 것으로 간주된다. 그런데 '악마의 악심은 악마에게는 선이다'라는 글귀가 있다. 이런 상황을 어떻게 이해해야 하는 것인가? 답은 간단하다. 악마 또한 우리가 인위적으로 지정한 것에 불과하다는 것이다. 다수의 이해에 맞지 않으니 다수가 악마를 악마로 몰고 가는 것이다. 그렇다면 우리는 이제 선과 악의 본질에 대해 생각하게 된다.

본 글에서는 선악이 상대적임을 인간이 경험을 통해 알고 있다는 전제하에 선악의 본질과 그럼에도 우리가 사회 속에서 선악이 있다고 생각하며 살아가는 이유에 대해 논할 것이다.

본론

선과 악을 논하기에 앞서 우리는 아래의 두 가지 예시를 보면서 선악의 개념에 대해 한 번 생각해 볼 수 있다. 사람을 죽이는 것을 악이라고 흔히들 생각하지만 북한에서 침투한 무장공비를 향해 방아쇠를 당기는 육군의 행위는 흔히 악이 아니라고 평가한다. 또한 연쇄살인범에 대한 사형 또한 대다수가 악이 아닌 오히려 정의라고 평가한다. 악이 정의로 진화하는 것이다. 반대로 가족을 아끼는 것은 선이지만 가족을 위해서 국가 예산을 횡령하여 가족의 이득을 취하는 것이 선인가? 현재 대한민국 사회가 최순실 일가 때문에 들썩이고 있는 것을 보면 우리 사회는 이를 절대로 선으로 규정하지 않는다는 것을 알 수 있다. 우리는 이것을 선이 아닌 비리라고 말한다. 이번에는 선이 비리로 추락해 버린다.

위의 두 예시를 통해 확실하게 알 수 있는 것은 선과 악이란 지구상에 처음부터 존재하던 것이 아니고, 이는 인간이 점점 무리를 이루고 사회를 가꾸어 가는 과정에서 인위적으로 발명해 낸 개념이라는 것이다. 만일 사하라 사막 한복판에서 혼자 살아가는 사람이 있다고 가정하자. 어느 날 이 사람이 악하게 살기로 마음먹었다. 그러나 그는 상대방이 존재하지 않았기 때문에 악을 행할 수 없다. 어느 날은 그가 선하게 살기로 마음을 먹었어도 선을 베풀 상대방도 존재하지 않았기 때문에 그는 선을 행할 수 없다. 따라서 선과 악은 애초에는 존재하지 않는 개념이며, 손바닥 뒤집듯이 전세가 바뀌는 '절대적'으로 '상대적'인 것이라고 할 수 있다.

선악이 상대적이고 인위적인 개념임을 알아도, 사회를 살아가다 보면 우리는 자연스럽게 선악에 절대적인 기준을 두고 행위의 가치를 평가할 수 있으며 선악을 체감하며 살아간다. 위의 두 가지 예시에는 공통점이 있는데, 모두가 사회적 약속에 기초한다는 조건이다. 살인은 사회에 있는 사람이 사회에 있는 타인을 해치는 쪽에서만 악이라고 규정한다. 무장공비나 반사회인인 연쇄살인마를 죽이는 것은 이미 사회 바깥에 있는 사람을 죽인 것이므로 악이 아니다. 이처럼 효도는 사회 상규를 지키는 선 안에서만 선이다. 뇌물이나 비리는 가족이라는 사회보다 더 큰 사회인 국가의 질서를 깨뜨리는 행위이기에 악이라고 평가된다. 국제 테러 조직인 IS가 지탄받는 것 또한 가장 큰 사회인 세계의 질서를 깨뜨리고 있기 때문이다. 선악은 사회라는 마차가 앞으로 진보할 수 있게 해주는 두 바퀴와 같은 개념으로, 이가 없다면 사회는 그대로 무너져 버릴 것이다.

사회의 질서는 반드시 모두 준수하여야 비로소 정의에 관하여 논할 수 있고 사회적 존재의 의미로서 인간이라고 할 수 있다. 그렇지 못한 자는 들짐승과 다를 바 없고 야산에 혼자 방치하는 것이 사회에 민폐를 끼치지 않는다. 아무리 주위 사람들이 들짐승과 같아 보일지라도 개개인은 이에 흔들리지 말고 끝까지 사회적 질서를 지키려고 노력해야 한다. 모든 선악은 사회에서 오는 것이기 때문에 최소한 사회적 질서를 지키려고 노력하는 것이 가장 인간답고 흔히들 말하는 선하게 사는 것이다. 사회가 없다면 선악이 필요

없겠지만 사람은 사회를 떠나서 살 수 없다. 인간은 특히 충동과 합리화로 사회의 질서를 사소하게 여기는 행위를 경계하면서 살아야 한다. '나 하나 쯤이야'라는 생각이 가장 무서운 법이다. 만일 모두가 그렇게 생각한다면 이 사회의 질서가 무너지고 결국 사회가 무너지게 되기 때문이다. 인간은 사회가 있는 한에서만 인간일 수 있다.

맺음말

선악은 인간이 사회를 유지하기 위해 인위적으로 만들어 낸 개념에 불과하다. 모든 행위를 절대적 기준의 선악에 근거하여 평가할 수는 없으나 대개 인간은 사회적 질서를 지키는 편을 선하다고 평가해 왔으며 그에 따라 인간은 선하게 살기 위해 노력해야 한다. 인간은 사회적 동물이고 사회가 없는 한 인간이라 할 수 없기 때문이다.

〈예문 2〉

게임은 예술로서 인정받을 수 있는가?

들어가는 말

70년대 초반 이후 본격적으로 상업적 용도의 게임이 판매되기 시작한 이후 거의 반세기가 흘렀다. 시간이 흐름에 따라 대중문화에서 게임은 확고한 큰 자리를 하나 차지하게 되었다. 스마트폰의 보급은 기존의 10~20대 남성들만 즐기는 이미지에서 벗어나 여성, 중 · 장년층까지 스마트폰으로 게임을 한 번씩 해 보았을 정도로 게임에 대한 거부감은 줄어들고 친숙하게 해 주었다. 이렇듯 친숙해진 게임은 근래 그 인식 면에서나, 혹은 시장에서의 상업성 측면에서나 주목할 만한 발전을 이뤄 온 산업 중 하나이다. 그와 동시에 필연적으로 떠오르는 논쟁거리가 하나 있다. 바로 '게임은 예술인가, 아닌가?'라는 주제다. 아직 대다수 일반인은 게임을 예술로 보는 데 익숙하지 않은 듯 보인다. 게임을 즐기지 않는 대중뿐 아니라 게임을 즐기는 이용자들이나 만드는 개발자들 사이에서도 게임이 예술인지 아닌지 의견이 상이하게 갈린다.

이처럼 어느 곳에서나 뜨거운 논쟁거리이지만, 예술인지 아닌지는 정확한 답을 내리기 힘들다. 애초에 '예술이란 무엇인가?'라는 더 큰 범위의 논의조차 정확한 답이 없으므로 답을 내리기는 더욱 힘들다. 그럼에도 불구하고 필자는 많은 이들이 즐기는 여가생활이자 하나의 취미로 자리 잡으면서 영역을 넓혀 나가고 있는 게임에 관해 관심을 가지고 위의 문제를 다루고자 한다.

본론

게임이 예술인지 아닌지 논하기 전에 우선 예술에 대해 정의를 해야 할 것이다. 여기에서는 보편적으로 누구나가 납득할 만한 수준에서 간단하게 정의하고자 한다. 예술이란 '특수한 소재, 수단, 형식에 의하여 그것을 경험하는 사람에게 어떠한 감정을 불러일으킬 수 있는 것'이다. 또한, 이 글에서의 게임은 체스나, 장기 같은 것이 아닌 비디오 게임으로 한정하고자 한다(본론에서는 편의상 비디오 게임을 게임으로 칭한다).

프린세스 메이커와 슈퍼 마리오 브라더스는 세계적으로 명작이라고 칭송받고 있는 작품들이다. 전자는, 한 아이를 부모의 입장이 되어 키워 보는 가상 시뮬레이션 게임이다. 가상 인물의 인생을 게이머가 결정함으로 인해 성장하는 모습을 보게 되고 삶의 희로애락을 느낄 수 있게 만들었다. 후자는, 게이머가 용사가 되어 악당의 위협에서 나라를 구하는 과정을 그려 내고 있다. 느낄 수 있는 재미는 다르지만 두 작품 다 각각 동일한 장르에 있어서는 최고의 위치에 있다.

일단 이러한 비디오 게임들은 예술적인 요소로 이루어져 있다. 게임을 구성하며 더 몰입할 수 있게 하는 요소 중엔 당연히 게임 속의 음악과 그림(그래픽)을 빼놓을 수 없다. 이것들은 예술적인 요소이다. 또 게임의 이야기를 매끄럽고 재미있게 진행하기 위해 시나리오도 있다. 이것들이 모여 있으므로 게임은 종합 예술로서의 조건을 갖추고 있다고 볼 수 있다. 하지만 이렇게 게임을 시작하고 나서 엔딩까지 게임에 몰입하고 즐긴다고 하더라도 결국에는 게이머들이 게임 내에서 새로운 이야기를 풀어 나가는 것은 예술을 만들어 내는 것이 아니라 주어진 환경 내에서 제작자의 의도에 따라 작품을 소비하는 것일 뿐이라는 한계가 있다고 여겨진다. 이런 한계의 틀에서 아무리 종합 예술적인 측면이 강조된다 하더라도 누가 보느냐에 따라 느껴지는 것이 달라지는 예술 작품의 특성과, 제작자의 의도에 따라 소비하는 게임의 특성은 다를 수밖에 없다고 말할 것이다.

하지만 과연 이 둘의 본질이 정말로 다를까? 한 작품을 보더라도 사람에 따라 느끼는 것이 천차만별이라는 예술의 특성과 제작자의 의도에 따라 작품을 소비하는 게임의 특성이 다르다고 하더라도 즐거움이란 감정을 느꼈던 사실은 부정할 수 없다. 즉, 작품을 보고 어떠한 감정을 느꼈다는 것이 중요하며, 같은 즐거움이라도 개인마다 느끼는 정도의 차이가 있을 것이다.

또 아예 재미를 못 느끼는 사람도 있을 것이다. 앞서 말했던 '특수한 소재, 수단, 형식에 의하여 그것을 경험하는 사람에게 어떠한 감정을 불러일으킬 수 있는 것'에 부합하는 것이다. 더 나아가 게이머들은 게임에 대해 자신의 느낌을 평가할 수 있다. 예를 들어, "시나리오가 너무 감동적이다", "그래픽이 너무 아름답다", "음악이 배경과 어울리지 않는다"라고 평가한다. 예술 평론가가 예술 작품을 평가하듯이 마찬가지로 게이머도 예술적인 측면으로 평가한다고 볼 수 있다.

게임이 예술로서 인정받는 데 가장 걸림돌이 되는 것이 하나 있다면 역시 상업성을 추구하는 성격이 강하다는 것이다. 게임의 음악, 그래픽, 시나리오가 좋다는 것도 상업적 측면에서 보면 게임을 잘 만들어서 팔기 위한 것일 뿐이라는 비난을 피하기 힘들어 보인다. 하지만 게임은 상업성이 짙다는 것이 예술로서 인정받지 못하는 이유가 되지는 못한다. 오늘날 예술의 절대 다수는 대중 예술이 차지하고 있으며, 심지어는 순수 예술조차 상업적인 성격을 띠어 가고 있다. 사실 대중이 흔히 옛날부터 존재해 온 순수 예술이라 생각하는 '철학적이며 귀감이 되고 심금을 울리는 예술'은 지극히 일부다. 이것은 대중이 예술에 대해 가지는 일종의 편견이라고 볼 수 있다. 게임을 예술의 범주에 넣고자 한다면 오늘날의 게임은 대중 예술이다. 대중 예술이기 때문에 상업성이 두드러진다. 상업 영화, 음악, 방송이 그렇듯 대중을 겨냥해 수입을 창출하기 위한 예술이라는 것이다. 물론 이런 예술을 긍정적인 시각으로만 바라볼 수는 없다. 하지만 상업성을 추구하는 대중 예술로서의 게임도 예술이라고 보는 것은 적절하다고 여겨진다.

그렇다고 해도 상업성을 추구하는 게임의 특성 때문에, 단지 상업적인 성공을 위해 아무런 내용도 없이 폭력성, 사행성, 중독성, 선정성만이 두드러지는 게임도 예술로 볼 수 있느냐는 의문도 생긴다. 그러나 폭력성, 사행성, 중독성, 선정성도 사실 과거 회화나 문학에서 셀 수 없이 많이 나왔다. 현대의 영화나 문학도 마찬가지다. 결국, 중요한 것은 상업적인 성격을 포함하고 있더라도 어떤 내용을 전달하고 무엇을 느끼게 해주는지이다. 작품에 어떤 의미와 가치가 부여되었는가에 따라 폭력적이고 선정적인 작품도 예술로서 인정받을 수 있다. 물론 어떤 의미나 가치도 없이 그저 폭력성, 사행성, 중독성, 선정성만 보여 주는 작품은 예술로서 인정받을 수 없다. 하지만 이것은 게임뿐만 아니라 다른 모든 작품에도 적용되는 것이다.

나가는 말

지금까지 게임이 어떠한 의미에서 예술로 인정받을 수 있는지 살펴보았다. 아직은 게임이 예술로 인정받았다고 보기에는 무리가 있다. 비디오 게임의 역사는 이제 약 50년 정도 흘렀을 뿐이다. 게임이 대중문화로 인식된 지는 그보다 더 최근의 일이다. 물론 모든 게임이 예술로 인정받을 수는 없지만, 많은 게임이 이제 상업성이라는 틀 속에서도 예술적 가치를 인정받기 시작하고 있고 다른 예술들과 결합하는 새로운 모습을 보여 주고 있다. 또한, 기존의 예술에서 볼 수 없었던 상호작용적 측면은 눈여겨볼 만하다. 게임이 예술이 될 수 있는 이유만큼 될 수 없는 이유가 있을 것이다. 다만, 이미 보았듯이 어떤 장르보다도 상업성이 가장 큰 기준이 된다는 점이 게임이 예술 속으로 스며들고 있는 것을 막기는 힘들다.

〈예문 3〉
아름다움의 기준

아름다움에 보편적 기준이 있을 수 있는지를 주제로 선정한 이유는 아름다움이란 것이 무엇일까를 곰곰이 생각해 보니 명확히 정의하는 것이 어려웠기 때문이다. 그렇게 생각하다 보니 아름다움의 기준이 보이는 것에서 점점 안 보이는 것에 대한 기준으로 옮겨가면서 생각하게 되었다.

들어가는 말

아름다움이라는 것은 오랜 시간 동안 인류와 함께하면서, 그 사회에 빠질 수 없는, 그러면서도 쉽게 정의할 수 없는 신비로운 가치이다. 인류가 문화라는 것을 형성할 때부터 이 아름다움은 계속해서 존재해 왔다. 기록에 남아 있는 아름다운 여성, 각 시대의 아름다운 문화재, 자연적으로 생긴 아름다운 풍경 등 언제나 아름다움이라는 가치는 동서양을 막론하고 예로부터 사회의 한 부분으로 존재하며, 때로는 인류에게 큰 영향을 미쳐 왔다. 예를 들면, 트로이 전쟁은 아름다운 여성 헬레네를 두고 일어난 전쟁으로 설명되고, 중국의 기황후는 그 아름다움으로 중국의 황제를 흔들었다고 한다. 경국지색은 아름다움의 놀라운 힘의 예시인 것이다.

그렇다면 이 아름다움이라는 것을 어떻게 정의할 수 있을까? 우리는 대개 무언가를 아름답다고 말하지만, 그것은 보편적인 기준을 두고 말할 수 있는 것이 아니며, 그 아름다움을 느끼는 사람의 감정은 주관적이라고 할 수 있다. 그럼에도 불구하고 대부분의 사람이 공통적으로 아름답다고 생각하는 것들이 존재한다. 필자는 본고를 통해 인간이 가지고 있는 아름다움에 대한 가치의 기준은 어떤 것이 있는지 살펴보고, 아름답다는 것에 보편적인 기준이 있을 수 있는지를 생각해 볼 것이다.

본론

아름다움이라는 가치는 사적인 감정으로 보편적 판단이 아닌 주관적 판단이라고 보는 입장이 있다. 그러나 많은 사람이 주관의 판단으로 어떠한 것을 공통적으로 아름답다고 한다면, 그것은 곧 다수의 의견이 되고 보편적인 것이 될 수 있다. 많은 사람이 어떤 것을 아름답다고 공통적으로 판단한 것은 다수의 사람들의 인식의 기저에 아름다움에 대한 공통의 기준이 있다는 것이다. 하지만 이 보편적 기준은 상대적일 뿐 절대적인 것이 아니며, 각 개인의 아름다움에 대한 주관적 인식을 바탕으로 보편적인 흐름이 존재한다고 여겨진다. 즉 본고는 주관적이라고 여겨지는 아름다움의 인식 중 다수의 사람이 공통적으로 아름다움을 느끼는 보편성을 찾기 위한 논의이다.

그렇다면 이 보편적인 기준은 어디서 찾을 수 있을까? 고대부터 내려오는 미에 대한 관점에 따르면 미는 **조화** 속에서 나타날 수 있다. 사람이 조화로움을 통하여 아름다움을 느끼는 것에는 무엇이 있을까? 가장 간단하게 생각해 보면 물건이나 사람의 형태와 색깔의 조화에서 아름다움을 찾을 수 있다. 일단 형태에서 오는 아름다움을 살펴보자. 레오나르도 다빈치의 그림 '비트루비안 맨'에서나 몬드리안의 그림들을 통해서 우리는 아름다움을 주는 **비율**이라는 것이 존재함을 알 수 있다. 물론 비율이 완벽하다고 모두 아름다운 것은 아니지만 완벽한 비율의 형태에서 오는 아름다움이 존재하는 것은 사실이다. 또한 **색감**에서도 조화로운 것을 찾아볼 수 있는데, 우리는 심리학에서 색깔이 각각의 느낌을 지니고 있고, 또한 여러 색깔의 조화와 대비를 형태와 어울리게 구성해, 색이 가진 느낌과 형태의 조화를 통해 아름다움을 만들어 낼 수 있다. 각각의 사물과 자연은 아름다운 색깔과 형태가 어느 정도 정해져 있는 것이다. 19세기 낭만파 사람들은 조화에서 오는 아름다움을 부정하고, 부조화에서 오는 아름다움을 미의 기준으로 내세우기도 한다. 부조화에서 오는 아름다움의 기준이 기존의 조화에서 오는 아름다움의 보편성을 약화시켰다. 이러한 논의에 따라 시각적인 아름다움의 기준에 조화로운 것도 부조화로운 것도 모두 해당하게 되었고, 시각적인 부분에서의 미의 보편적 기준을 쉽게 찾을 수 없게 되었다.

그러므로 필자는 미의 보편성을 눈에 보이는 것이 아닌 눈에 안 보이는 영역에서 생각해 보았고, 그에 관한 기존의 논의를 살펴보았다. 칸트는 아름다움이 기계론적인 세계관으로는 설명 불가능하다고 보면서 "미는 도덕의 상징이다"라고 했다. 아름답다의 기준은 사적 판단이기 때문에 과학적 원리에 입각하여 설명하는 것이 불가능하여 도덕이라는 가치와 연결시켜서 아름다움을 설명하려 한 것이다.

그렇다면 도덕적이라는 것은 어떤 것일까? 칸트는 정언 명령을 통해 도덕성을 다음과 같이 말한다. "자신의 의지의 격률이 보편적인 도덕적 가치에 어긋나지 않게 하라." 이 말은 도덕적인 행위란 모든 사람이 그렇게 행동하여도 사회에 어떠한 문제가 발생하지 않을 행위임을 뜻한다. 그러나 이것으로는 어떤 행위가 더 선한지를 가리기가 힘들어 보인다. 예를 들어 어떤 사람이 길을 가다 지갑을 발견했다. 이때 이 사람이 지갑을 경찰서에 갖다 준다고 하면 이것은 보편적인 도덕적 가치에 어긋나지 않기 때문에 도덕적인 행위로 볼 수 있다. 그렇지만 지갑을 보고도 그냥 지나가는 행위도 도덕적인 행위가 될 수 있다. 다수의 사람이 보편적으로 그것을 당연히 여긴다면, 지갑을 그 자리에 두고 가는 행위가 보편적인 도덕적 가치에 어긋나지 않을 수 있기 때문이다. 여기서 지갑을 그냥 두고 가는 행위가 아름다운 행위인지 생각해 보면, 다수의 사람이 보편적으로 아름다운 행위가 아니라고 할 것이다.

이와 같이 도덕적인 행위와 아름다움이 바로 연결되지 않는다면 아름다움을 무엇과 연결시킬 수 있을까? 필자는 아름다움을 선한 행위로 정의하고자 한다. 그 이유는 선한 행위는 도덕적 행위에서 좀 더 나아간 것이라고 여겨지기 때문이다. 그렇다면 선한 행위란 어떤 것인가에 대한 논의가 필요하다. 여기에서 말하는 선한 행위는 온전한 사회를 지속하는 데 도움을 주는 행위이고, 이것은 이타적인 행동을 선한 행위로 볼 수 있음을《이기적 유전자》가 다음과 같이 말해 주고 있다.

> 이기적인 행위는 단일 개체에게 있어 득이 되기 때문에 단일 개체의 유전자 보존 가능성을 높여 준다. 그러나 이것은 다른 개체에게 있어서는 해가 되는 행위이기 때문에 이기적인 존재가 출현한 집단에서는 단일 개체가 손해 보지 않기 위해 모두 이기적이 될 확률이 높아진다. 이기적인 것이 집단 내부로 퍼지게 되면 구성원이 모두 이기적이게 된다. 이기적 존재만 가득한 집단은 멸망하게 되고, 집단의 멸망은 개인의 멸망으로 이어진다.

이러한 논의에 따라, 개인의 유전자 보존 가능성을 높이기 위해서는 사회에 이타적인 존재가 많아야 하고, 따라서 우리는 이타적인 행위를 선한 행위로 규정하고 아름답다고 칭찬함으로써, 이기적인 존재를 줄이고 이타적인 존재의 출현을 유도해 그 집단, 더 나아가서는 개인의 유전자 보존 가능성을 높이는 것이다. 예를 들어 우리가 흔히 이야기하는 미담(美談)이라는 것도 이타적인 행위를 선한 것으로 선전하면서 아름답다고 이야기하는 것이다. 또한 이타적인 행위를 미담이라고 매체를 통해 이야기하고 다수의 사람이 이타적 행위를 미담이라고 여기는 관념을 가지고 있는 것 자체가 선한 행위는 아름답다라고 하는 보편적 인식을 보여 주는 것이다.

〈예문 4〉

언어와 인간의 관계, 그리고 꿈

이 글에서는 언어의 특징과 인간과 언어의 관계에 대해서 알아보고자 한다. 언어가 인간에게 가지는 의미나 상호관계, 언어의 장벽과 그 장벽을 뛰어넘을 수 없는 한계를 다룬다. 그리고 언어의 한계를 극복하기 위한 길을 제시해 볼 것이다.

언어와 인간의 관계를 알아보기 전에 먼저 언어를 자세히 알아보자. 언어의 사전적 의미는 '생각, 느낌 따위를 나타내거나 전달하는 데에 쓰는 음성, 문자 따위의 수단, 또는 그 음성이나 문자 따위의 사회 관습적인 체계'이다. 이 정의를 요약하자면 '생각이나 느낌을 나타내거나 전달하기 위하여 사용하는 관습적인 체계를 가진 수단'이라고 할 수 있다. 여기서 언어의 특징을 '관습적인 체계'에 집중해서 바라보자.

언어는 암묵적인 규칙을 가지고 있다. 다시 한 번 언어의 정의를 살펴보면 '생각, 느낌 따위를 나타내거나 전달'이라는 부분이 있다. 이는 언어가 양방향적인 소통을 위해서 사용된다는 것을 의미한다. 따라서 언어의 사용은 보내는 사람과 받는 사람 사이에 규칙이 있는 한에서만 성립한다. 간단한 예시로 한국어와 영어의 규칙을 비교해 보자. 영어에서 'I', 'love', 'you'는 각각 '나', '사랑하다', '너'라는 의미를 가진다. 'I love you'를 영어 배열의 규칙으로 한국어로 나타내면 '나는 사랑하다 너를'이 되어 어색한 문장이 된다. 다른 사람에게 '나는 사랑하다 너를'이라고 말한다면 그 의미는 알겠지만 원활한 소통은 되지 않을 것이다. 따라서 서로 규칙이 다른 언어는 원활한 소통이 불가능하다. 이러한 언어의 규칙을 '언어의 체계성'이라 하며 각각의 언어와 사회에 따라 문법이라는 약속에 의해 사용된다.

'관습적인 체계'에서 '관습적'은 사회성을 가진다는 뜻이다. 서로 다른 사회에서 같은 문자와 체계성을 가진 언어를 사용하더라도 그 사회 특유의 문화가 언어에 나타난다. 다른 문화권의 사람들이 같은 내용을 생각할 때, 의미는 통할지언정 그들이 떠올린 것이 절대 같다고 할 수 없다. 이번에도 예를 들어 보면, '간이 부었다', '눈에 불을 켜다', '발이 넓다'와 같은 관용적인 표현들은 한국에서만 통용되는 말이다. '간이 부었다'는 말을 다른 사회의 사람들이 듣는다면 단순히 신체 기관인 간이 부어 있다는 의학적 내용일 뿐 지나치게 대담하다는 의미는 전혀 알 수 없다. 이렇게 동일한 문화권에서 시간이 흐르면서 언어에 나타나게 되는 특징을 관습성이라고 한다. 관습적인 언어 사용은 단순한 의미 그 이상이다.

위에서 살펴본 언어의 특징을 바탕으로 언어가 인간에게 가지는 의미를 살펴보자. 언어는 사용하는 사람들에게 사회적, 문화적 뿌리가 되고 같은 사회 집단에서 동일한 관습적 체계의 사용을 강요한다. 만약 그 강요를 무시한다면 사회적인 인간으로 생활하기 불가능하다. 즉, 언어는 동일한 집단의 사람들이 공통적인 관습적 체계를 가지고 사용한다는 특징을 활용해서 인간에게 복종을 강요하고 있다. 인간은 언어를 사용하지 않을 수 없고 자신만의 독자적인 언어를 사용한다는 것은 더욱이 불가능하다. 결국 언어가 인간에게 가지는 의미는 의사소통으로 사용되는 수단을 넘어서서 우리를 지배하고 있다고 생각해 볼 수 있다.

이이서 인간과 언어의 관계를 생각해 보자. 유시민 작가는 "시간순으로 보면 감정과 생각이 먼저고 언어는 그 다음이다"[1]라고 말한다. 하지만 둘의 선후 관계를 따져 보면 인간보다 언어가 먼저라고 필자에게는 생각된다. 우리가 사고를 하게 되고, 깨닫는 순간 이미 깨달음에서 언어를 거친 것이기 때문이다. 모든 사고는 언어를 바탕으로 이루어진다. 이는 달걀이 먼저인지 닭이 먼저인지를 다루는 문제와는 다르다. 구체적인 반론으로 강아지, 고양이들도 감정이 있으며 바퀴벌레도 위험하다는 생각을 하지만 언어를 사용하지 않는다고 말할 수 있다. 바퀴벌레나 곤충들의 행동은 본능에 가깝다. 본능을 머릿속으로 생각하고 있다고 하기는 어렵다. 소리를 통해 의사소통하는 개나 고양이같은 동물은 종족의 언어를 사용하고 있다. 이런 동물이 하는 생각은 그들만의 언어로 이루어져 있을 것이다. 따라서 언어가 모든 사고의 근본이라고 할 수 있다. 언어는 사람이 생각할 수 있게 해주는 도구로서 우리와 관계를 맺고 있다.

언어는 인간 존재의 이름표 역할을 한다. 인간이 태어난 아이에게 이름을 지어 주는 이유는 아이를 가족의 일원, 사회의 일원으로 존재하게 하기 위해서이다. 언어가 태아, 갓난아이, 아이, 철수로 불리게 하여 인간으로서의 존재를 처음으로 가능하게 한다. 그리고 우리가 인식하는 모든 것은 언어를 통해서 정의된다. 언어 없이는 사람, 물질, 모든 것들의 존재가 불분명해진다. 따라서 언어는 그 의미, 관계적 측면에서 모두 인간보다 앞서 있다고 할 수 있다.

인간의 사고를 더 넓은 시선으로 바라보았을 때 언어의 장벽이 나타난다. 언어 속에 우리가 인지하는 모든 것들이 담겨 있어서 인간은 언어로 언어 외적인 것을 표현할 수는 없다는 한계가 있다. 우리가 생각할 수 있는 우주의 모든 것(물질, 시간, 힘, 공간 등)은 인간이 인지한 적 있는 것뿐이다. 다르게 말하면 현재 언어에 익숙해진 인간은 우주 밖을 상상할 수 없게 되었다. 이미 언어를 습득하는 과정에서 사고의 한계가 생겼고 언어로 표현할 수 없는 것은 생각조차 할 수 없기 때문이다. 언어가 곧 우리의 생각이며 인간이 인식할 수 있는 우주의 한계는 딱 언어의 한계만큼이라는 장벽이 생겨 버렸다. 언어의 확장이 곧 사고의 확장이 될 것이며, 시간과 공간을 초월하여 더 넓은 세계를 사고하고자 한다면 언어를 뛰어넘어야 한다.

위와 같은 인지의 한계에 대한 해결책으로 꿈을 제시해 본다. 먼 과거에도 시간, 중력, 공간, 태양계는 존재했다. 하지만 뉴턴이 사과가 떨어지는 것을 보고 나서야 중력을 인식하기 시작했다. 마찬가지로 오랜 기간 동안 시간, 공간, 태양계란 것을 나타내는 언어가 없었으며, 이것들은 인식하지 못한 미지의 세계였다. 분명 지금도 존재하지만 미처 깨닫지 못한 영역이 있다. 미지의 세계를 인지하기 위해서는 꿈을 통하면 된다. 왜냐하면 꿈속에서 인간은 언어에 지배를 받지 않기 때문이다. 언어를 사용하지 않고도 상대방의 생각을 알 수 있으며, 인간뿐만 아니라 다른 모든 존재의 생각도 알 수 있다. 무엇이 나타나더라도 모든 것을 이질감 없게, 마치 당연히 알고 있었다는 듯이 받아들인다. 새로운 물체에 대한 생각을 정리하지 않아도 자연스럽게 그 존재를 받아들이게 된다. 결국, 꿈속의 인지하는 과정에서 언어의 역할은 없다고 할 수 있다. 물론 꿈을 꾸기 전 자신의 기억, 경험과도 관계가 있지만, 평소에는 할 수 없는 생각과 비논리적이고 불가능한 것들이 꿈을 통해서는 가능하다. 이처럼 꿈속에서는 언어에 얽매여 있는 인간의 한계를 뛰어넘을 수 있다.

언어를 인간에게서 떼어 놓은 꿈에도 한계가 존재한다. 꿈속에서는 언어를 사용하지 않지만 현실에서 꿈속의 경험을 표현하려면 결국 언어가 필요하다. 즉, 꿈을 기억하고 인지하는 과정에서 언어를 거치게 된다. 그러나 우리는 언어의 족쇄를 끊기 위한 가능성을 꿈을 통해 지금까지 보았고, 인간이 꿈을 통해 언어를 극복한다면 우주 밖 미지의 세계를 볼 수 있을지도 모른다.

언어의 장벽에 가로막힌 생각은 꿈을 통해 발현될 수도 있을 것이다.

1 유시민, 《유시민의 글쓰기 특강》, 아름다운사람들, 2015, 98쪽.

〈예문 5〉

자유 의지와 결정론

인간에게 자유 의지가 있는가? 혹은 인간의 행동은 이미 결정되어 있는가? 이 질문은 셀 수 없이 많이 논의되어 왔다. 이 문제가 고대부터 현대까지 쉬지 않고 논의되어 온 이유는 그것이 현실과 동떨어져 있지 않고 아직까지 우리 생활에 밀접한 관련이 있기 때문이다. 인간이 한 행위를 두고 그에게 그 행위에 대한 도덕적 책임을 물을 수 있는가의 여부와 서로 긴밀하게 연결되어 있기도 한 것이다. 겉으로 보기에 자유 의지와 결정론은 다분히 서로 이율배반적이다.

자유 의지란, 인간이 신, 운명, 초자연적인 존재의 간섭을 배제하여 자신의 운명을 스스로 개척할 수 있는 선택권을 말한다. 따라서 자유 의지는 방종과는 전혀 상관이 없는 것이며, 억압이나 구속에 대립되는 개념을 넘어서서, 운명, 숙명, 신의 의지 등과 대립되는 것이다. 가령 A가 B의 물건을 훔쳤다고 가정하자. A는 B의 물건을 훔치지 않았을 수도 있다. 다시 말해, A의 물건을 훔치는 행위를 충분히 피할 수 있었음에도 불구하고, 그 행위를 했기 때문에 B에게 도덕적 책임을 물을 수 있다.

반면, 결정론이란, 우주상에 모든 물체를 이루는 것은 소립자들이고 이러한 소립자들의 위치와 속도를 정확히 측정할 수 있으면 다가올 미래의 세상을 알아낼 수 있다는 이론이다. 이는 18세기, 라플라스라는 과학자가 뉴턴의 고전 역학에 근거해서 피력한 이론이다. 우리가 야구공을 던지는데 공이 날아가는 방향과 속도를 알면 어디에 떨어진다는 것을 아는 것과 같은 맥락이다.[1] 가령, 위에서 제시한 예와 똑같이 예를 들어 본다면 A가 B의 물건을 훔쳤다고 가정했을 때, A가 B의 물건을 훔친 행위는 '이미 결정된 것'이다. 다시 말해서, 우리가 실제로 한 행위 이외에 다른 어떠한 행위도 결코 할 수 없었음을 뜻한다.

그렇다면, 자유 의지의 이론을 빌려 보면, 부도덕한 행위를 한 사람에게 도덕적 책임을 물을 수 있는 데 비해, 결정론의 이론으로 보면 부도덕한 행위를 한 것은 바꿀 수 없는 운명 즉, 그의 의지와 무관하게 이미 결정되어 있는 것인데 과연 그에게 책임을 물을 수 있을까? 여기에 결정론자들은 도덕적 응징이나 법적인 처벌은 어떤 행위자가 과거에 한 행위에 대한 응보로서가 아니라 미래에 미칠 효과 때문에 의미가 있다고 말한다.

자유 의지론은, 우주에 있는 존재 가운데 오직 인간만이 자유 의지를 가지고 자신이 한 행위에 대해 도덕적 책임을 진다고 본다. 그렇기 때문에 이 이론은, 인간은 다른 동물들을 비롯한 다른 존재들과 구분되어 보다 더 특별한 위치에 있다는 통상적인 관념을 뒷받침할 수 있는 것으로서 지금까지 선호되어 왔다.[2]

그러나 자유 의지론과 결정론의 정의에서부터 이율배반적이 듯이, 자유 의지론에 반대하는 논증이 만만치 않게 제기되어 왔다. 결정론자들에 따르면, 우리는 스스로의 의지에 의해 모든 행위를 자유롭게 선택하는 것처럼 보이지만, 우리의 모든 행위는 어떤 요인에 의해 강제되고 있기 때문에 실제로 한 행위 이외의 다른 행위를 할 수 없었다고 본다. 근대 이전의 결정론자들의 견해는, 신이 전지전능하여 이 우주에서 일어날 일을 모두 알고 있다는 것인데, 근대 과학의 성립과 함께 신은 더 이상 이 세계에 개입하지 않는 것으로 받아들여지면서 신의 전지함을 인과율이 대신하게 된다. 인과율의 원리는 원인이 있으면 결과도 있는 법, 즉 필연적인 것이다. 결정론의 정의에서 살펴보았듯이, 뉴턴이 발견한 운동 법칙과 만유인력 법칙 아래에서 지구는 현재와 같은 궤도를 도는 것 이외에 다른 운동을 할 수는 없다. 결정론자들은 인간의 행동에도 인과율의 법칙이 적용된다고 여긴다.[3] 바로 이점에서 자유 의지론과 엇갈리며, 일단 양립 가능하지 않은 것으로 보인다.

결정론자들과 자유 의지론자들 사이의 핵심적인 쟁점은 우리가 실제로 한 행위 이외에 다른 행위를 선택할 수 있었느냐 하는 것이다. 예를 들면 생과일 주스 가게에서 딸기 주스를 선택했다고 할 때, 그 당시에 딸기 주스가 아닌 키위 주스를 선택하거나 혹은 아무 것도 선택하지 않을 수 있었는가 하는 문제이다. 만일 우리가 실제로 딸기 주스를 선택하기 이전의 상황으로 되돌아가서 그 당시 딸기 주스가 아닌 다른 것을 선택하든가 또는 그러한 선택이 불가능하다는 것을 입증할 수만 있다면 이 문제는 쉽게 풀릴 것이다. 그러나 이미 지나간 과거를 되돌릴 수 없기에 그 상황을 재현한다는 것은 불가능하며 실험이나 관찰로도 입증할 수 없다.

우선 자유 의지론자들은 일상 생활에서 우리가 어떤 선택적인 상황에 부딪혔을 때 심사숙고한 후 하나의 대안을 선택한다는 사실을 통해 인간은 자유 의지를 가지고 있다고 주장한다. 우리가 생과일 주스 가게에서 딸기 주스를 선택할 수도 키위 주스를 선택할 수도 혹은 아무것도 선택하지 않을 수도 있다는 여러 가지 변수가 분명히 있다. 왜냐하면 우리는 그러한 상황에서 우리 앞에 놓인 대안을 두고 어떤 행위를 해야 할지 숙고하게 되는데, 이와 같이 숙고한다는 것은 바로 그러한 대안 가운데 어떠한 행위도 할 수 있음을 의미하기 때문이다. 또한 자유 의지론자들은 우리가 스스로의 마음을 반성해 볼 때, 많은 행위를 자신의 의지에 따라서 행하고 있음을 쉽게 느낄 수 있기 때문에 자유 의지의 존재를 받아들이는 것이 자연스럽다고 주장한다.

흡연의 습관이 이미 형성된 사람이나 도벽이 있는 사람은 자신의 마음을 들여다 볼 때, 담배를 피우도록 하는 혹은 남의 물건을 훔치도록 하는 억제할 수 없는 충동이 자신을 강제하고 있음을 느낀다. 습관적 흡연자는 다른 선택의 여지가 없다고 느낄지 모르지만 장발장이 몹시 굶주림에도 불구하고 어린 아이의 돈과 식량을 빼앗고자 하는 욕망을 거부하듯이, 그러한 욕망을 억제할 수 있는 능력이 자신 안에 있음을 느낄 수 있을 것이다. 또 사랑을 예로 들어 볼 때, 에리히 프롬은《사랑의 기술》에서 인간의 능동적인 의지를 중시하며, 사랑하는 요소로 '보호, 책임, 존경, 통찰'이 따라야 한다는 것을 강조한다. 사랑의 모든 행위에는 책임이 뒤따르고 사랑에는 끊임없는 관심과 애정을 주어야 한다는 것이다. 즉, 무책임한 방치가 사랑이 될 수는 없다는 뜻이다.

그러나 이에 반해 결정론자들은 우리가 우리의 마음속을 들여다 보아 얻은 결론들이 항상 신뢰할 만한 것은 아니라고 한다. 사랑이라는 것이 의지가 아니라 본능적 감정이라고 보고, 이 본능적 감정은 이미 생물학적으로 결정되어 있어 의지로 어찌할 수 없다는 것이다. 즉, 누군가를 사랑해야겠다고 하는 이성적 판단을 했다고 해서 사랑의 감정이 생기지 않는다. 사랑이란 감정이 의무감으로 되지는 않는다.

이은희는《과학 읽어주는 여자》에서 생물학적 결정론의 입장에서 사랑을 설명한다. 인간은 건강한 후손을 많이 남기려 하는 본능이 있어 유전적으로 상대에게 끌리게 돼 있다고 한다. 이러한 내용을 뒷받침하는 근거로 매클린턱 박사의 실험을 제시한다. 매클린턱 박사는 사람에게는 개인마다 흔히 '살 냄새'라고 부르는 독특한 채취가 있는데 이는 우리 몸의 면역세포에 존재하는 MHC(Major Histocompatiblity Complex)라는 물질 때문이라고 한다. 그는 사람이 사랑에 빠지는 것은 유전적 특성, 즉 MHC 타입에 따라서 여성들은 저마다 끌리는 대상이 있다는 것이다.

또한 결론이 신뢰할 만하다고 해도 행위를 선택할 당시의 우리 마음을 잘 들여다볼 때, 자유 의지론자들의 주장과는 달리 우리로 하여금 그러한 행위를 하지 않을 수 없도록 하는 원인적인 요소를 항상 찾을 수 있다고 결정론자들은 주장한다. 예를 들어 정몽주를 죽인 이방원의 경우 그러한 행위를 하지 않을 수도 있는데, 아버지를 돕기 위하여 죄를 저질렀다고 후회한다고 하자. 하지만 잘 따지고 보면 당시에 그가 지녔던 의식과 아버지에 대한 충성도 그리고 그가 타고난 심리적인 자질 등에 비추어 그는 정몽주를 시해할 수밖에 없었던 것이다. 우리는 이것을 통해 이방원이 정몽주를 죽일 수밖에 없었던 인과적인 요인을 발견하게 되면, 그것은 이방원의 타고난 운명이라고 생각하게 된다.

지금까지 우리는 자유 의지론의 세부 논증과 그에 대한 결정론 측의 반박을 살펴보았다. 그런데 이러한 논쟁은 전자와 후자가 양립 불가능하기 때문에 하나는 참이 아니라는 전제를 두었다. 그러나 달리 생각해 보면 이 두 가지의 양립이 성립할 여지가 있지 않을까? 양립 가능론자들은 어떠한 사건도 그 원인이 반드시 존재하기 때문에 결정론을 받아들여야 한다고 주장한다. 그러나 이와 동시에 스스로의 의사 내지는 욕구에서 출발한 자발적인 행위와 비자발적인 행위 사이에는 또렷한 구분이 존재하며 전자의 행위를 자유로운 행위라고 부를 수 있기 때문에 자유 의지도 마찬가지로 받아들일 수 있다고 한다. 따라서 양립 가능론자들은 자발적인 행위로서의 자유로운 행위와 비자발적인 행위라는 의미에서의 자유롭지 못한 행위 간의 구별이 반드시 원인 없는 행위와 원인 있는 행위의 구별과 일치하지 않으며, 그렇기 때문에 원인이 있으면서도 자유로운 행위가 가능하다고 보는 셈이다.[4]

이러한 양립 가능론자에 대한 반론도 많을 것이다. 그러나 그 반론이 어떤 것이든 간에 지금까지의 논의에 비추어 볼 때, 어떤 것도 그 반론들을 뒷받침할 수 있는 결정적인 논증은 없을 것이다. 과학적 세계관에서 자유의지를 어떻게 조화시킬지가 여전히 과제로서 우리에게 남겨져 있다.

1 웨스트팔, 《어떻게 철학을 할 것인가》, 까치, 1990, 154쪽.

2 철학교재편찬위원회, 《철학의 이해》, 중앙대학교출판부, 1997, 241쪽.

3 같은 책, 247쪽.

4 같은 책, 253쪽.

〈예문 6〉

개인과 사회 사이의 책임 공방

흔히, 인간은 사회적 동물이라고 한다. 그러므로, 소속 집단 혹은 사회를 보면 그 사람을 알 수 있다는 말이 있다. 그만큼, 우리 인간은 사회의 구성원으로서 사회로부터 유기적 영향을 주고받는다. 개인을 둘러싼 사회, 환경으로부터 개인이 영향을 받는 것은 부정할 수 없다.

다만, 개인이 사회로부터 영향을 받는다고는 하나, 개인의 행위에 관한 결과가 100% 사회의 영향에 의한 것으로 개인은 그 책임이 없는가에 대해서는 다시 고민해 볼 필요가 있다. 우리는 이 글에서, 역사적으로 자신을 둘러싼 사회(환경) 속 상반된 행위를 한 두 개인을 살펴보면서, 행위의 책임이 개인과 사회 중 어디에서 온다고 할 수 있을지 다루고자 한다.

1. 나치 정권이라는 사회 속 개인(아돌프 아이히만)

홀로코스트란, 본래 인간이나 동물을 대상으로 한 대학살이나 대량으로 태워 죽임을 의미한다. 하지만 현재 '홀로코스트'는 이보다 2차 세계대전 당시, 히틀러 나치 정권하에 자행되었던 유대인 대학살을 의미하는 고

유명사가 되었다. 히틀러는 게르만족만이 우수한 민족이며, 이외 민족은 열등하며 멸시받아 마땅한 존재라 주장했다. 특히 그 이분법적 화살은 유대인을 향해 가장 가혹하게 향하였고 제일 많은 희생자를 냈다.

아돌프 아이히만은 유럽 각지의 유대인을 강제 수용소로 이주, 즉 수송을 담당한 인물이다. 대부분의 유대인 학살에 참여한 이들은 2차 대전 독일 패망 이후 죗값을 치른다. 아이히만 역시도 사형 선고를 받으며 형장의 이슬로 삶을 마감한다. 아이히만은 재판을 치르는 과정에서 계속해서 자신은 '국가로부터 부여받은 업무'인 '수송'을 했을 뿐, 학살에는 관여하지 않았다고 항변한다. 재판장에서 아이히만은 자신은 중간 관리자로서 국가의 지시를 효율적으로 수행하기 위해서라고 주장하나, 가스실이 설치된 열차를 고안하고 유대인을 사지로 몰아 버리는 데 일조했다.

사회 속은 조직의 일원으로서 요구되는 행동에 반하는 행위를 할 시, 목숨에도 위협이 갈 수 있던 당시의 사회 분위기에 순응하여 하라는 일을 했을 뿐이라는 아이히만의 주장을 참작했을 때 그 책임은 개인보다는 사회에 있는 것일까?

2. 신군부 독재 정권이라는 사회 속 개인(안병하 경무관)

아돌프 아이히만이 살았던 당시의 반(反)나치 세력에 대한 횡포와 압력을 생각한다면, 사회적 압력으로 인한 사회의 책임이 더 크게 느껴질지 모른다. 하지만 비슷한 상황 속 전혀 다른 선택을 한 안병하 경무관의 행위에 견주어 본다면, 책임은 사회보다는 개인에 있다고 여겨진다.

민주화된 사회가, 당연한 우리 사회의 모습으로 자리 잡을 때까지, 우리나라 역시도 개인과 사회 사이에서 엄청난 격변의 세월을 보냈다. 1979

년 박정희 유신 시대가 종결되고 민주화에 대한 기대가 가득했던 시기, 전두환 (당시) 보안사령관은 12.12 군사 반란을 일으켜 정권을 잡는다. 많은 시민과 학생들은 군사 반란에 분노했고 계엄령 철폐를 외치며 거리에서 민주화를 외친다. 이게 바로, 1980년 5월 18일 광주에서 일어난 민주화 운동으로, 우리가 알고 있는 광주 5.18 민주화 운동의 시발점이다. 하지만 전두환 신군부 세력은 광주에서 일어난 민주화 움직임에 대해 폭동으로 규정하며 광주를 고립시켜 버린다.

1979년 호남에 부임한 안병하 (당시) 전라남도 경찰국장은 부임한 지 1년 만에 5.18 광주 민주화 운동에 직면하게 됨과 동시에, 신군부 정권으로부터 군부대를 투입해 진압하라는 지시를 받는다. 하지만 안병하 경찰국장은 민간인 시위에 군인이 끼어들면, 오히려 사태를 악화시킬 것이며, 무자비한 진압이 4.19 혁명으로 이어져 이승만 정권을 붕괴시켰다며 정부의 지시를 거부한다. 신군부 정권은 계속해서 강력한 진압을 하라는 압력을 내렸지만, 그는 "시민은 우리가 보호해야 할 대상인데, 어떻게 시민을 향해 총을 들 수 있냐"라며 시민을 향한 발포는 정당하지 못함을 들어 오히려 경찰의 총기를 회수한다.

5.18 민주화 운동이 마무리되자마자, 무자비한 진압을 주장하던 정부와 다른 생각을 하고 있던 안병하는 '직무유기 및 지휘 포기 혐의'라는 죄명으로 체포된다. 이후, 안병하는 10일간의 혹독한 고문과 (강제적) 자진 사퇴를 당하며 생활고와 고문 후유증인 신부전증으로 1988년 사망하게 된다.

3. 생각하는 존재로서의 책임

역사적 시대만 다를 뿐, 안병하와 아돌프 아이히만의 상황은 동일하다고 보인다. 다만 아이히만은 자신의 행위에 대해 '생각'하지 않았던 반면, 안병하는 '생각'하고자 했고 즉 자신의 행위에 대한 결과와 영향에 대한 숙고를 통해 아이히만과는 다른 선택을 한 것이다. 분명, 사회적 동물로서 인간 개인이 사회로부터 받는 영향력은 무시하지 못한다. 하지만 이러한 사회적 영향력을 빌미로 삼아, 사회로 그 탓을 돌리며 어쩔 수 없었다라는 면죄부를 가지고 개인의 행위를 판단한다면 우리 사회는 제2의 제3의 아이히만이 나올 수밖에 없을 것이다.

아이히만의 재판을 취재하고 《예루살렘의 아이히만》이라는 책을 펴낸 한나 아렌트에 따르면, 아이히만은 그가 저지른 악행에 비해서는 너무나도 평범한 중년 남성처럼 보였으며, 그는 심지어 히틀러가 주장한 반인륜적인 행위와 사상에 동조하거나 믿음을 보이지도 않았다. 다만 그에게는, 광기어린 환경에 놓여졌을 때 자신 스스로 그 행위의 옳고 그름을 분별하고 악행을 멈추게 할 '생각'이 존재하지 않았다는 것이 한나 아렌트가 아이히만에게서 읽어 낸 핵심이다.

이처럼 악이란 멀리 존재하지 않으며 일상의 선택에서 그를 통한 행위의 옳고 그름을 분별하는 '생각'의 결여 속에 도사리고 있는 것이다. '생각'하지 않는 사회는 그 사회 속 개인에게 '생각'하지 않은 채 선택하여 행동하길 강요한다. 하지만 위의 정반대인 두 예에서 보듯이, '생각'하지 않는 사회에 잠재하고 있던 악은 개인의 선택에 의해 발현되기도 하고 발현되지 않기도 한다. 이와 같은 것을 고려한다면, 개인의 행위에 대해 책임은, 그러한 행위를 강요한 '생각'하지 않는 사회에 묻는 것에 머무를 수 없고, 그 행위의 선택의 기로에서 '생각'하지 않은 개인 자신에게도 반드시 물어야 하지 않겠는가.

〈예문 7〉
The Justice can't be a 'one' piece

들어가는 말

어른 아이 상관없이 전 세계적으로 인기 있는 철학 서적은 무엇일까? 〈원피스〉라 말하고 싶다. 그저 만화책이 철학 서적이라는 말에 의문을 가질 수 있다. 하지만 〈원피스〉는 충분히 철학적인 내용을 담고 있다. 주인공들의 모험을 통해 '철학'을 엿볼 수 있다.

> 나의 보물? 원한다면 주도록 하지. 잘 찾아 봐라. 이 세상 전부를 거기에 두고 왔으니.[1]

해적왕 골 D 로저가 죽기 전에 남긴 이 한마디는 전 세계 사람들을 바다로 나서게 했다. 위대한 항로를 항해하며, 보물 중의 보물 '원피스'를 찾는 것이 목표. 세상은 그야말로 대해적 시대! 이렇게 〈원피스〉의 이야기는 시작된다. 이 만화 속에서 펼쳐지는 수많은 모험과 함께 각각의 주인공들을 통한 '철학' 이야기가 펼쳐진다. 그중 〈원피스〉 속 세계의 정의에 대해 논하려 한다.

본론

〈원피스〉 세계관에서의 세계 정부를 대표하는 기관으로 해군이 등장한다. 그들의 등 뒤에는 '정의(正義)'라는 두 글자가 쓰여 있다. 즉, 해군이 행하는 모든 일은 정의라는 이름 아래에 행하여 진다는 뜻이다. 그들이 행하는 정의는 해군 소속 세 명의 대장을 통해 대표적으로 보여진다. 푸른 꿩 아오자키는 한껏 해이해진 정의, 노란 원숭이 키자루는 애매모호한 정의, 붉은 개 아카이누는 절대적인 정의, 이렇게 세 가지의 서로 다른 정의관이 표출된다.

대게 〈원피스〉에서 해군이 가지는 정의는 아카이누로 대표되는 절대적인 정의에 가깝다. 해군의 적인 해적은 악한 세력이며, 그들이 착하던 나쁘던 상관없이 강하다 판단되면 해군에 위협적인, 즉 정의를 위협하는 악의 세력이라 판단하고, 그 해적에게는 현상 수배를 건다. 아론파크 사건[2] 이후 전례 없이 최초 수배자에게 3000만 베리라는 거액의 현상금을 루피(원피스의 주인공)에게 건 것도 절대적 정의의 판단에 따라 결정된 것이라고 볼 수 있다.

현실에서도 이와 비슷한 정의에 입각한 판단으로 인해 생기는 문제가 있다. 대표적 사례로 베트남전에서 한국군이 베트남 민간인을 학살한 사건을 들 수 있다. 누가 적인지 알 수 없는 베트남 전장에서 한국군의 선택은 위협이 되는 존재를 전부 적이라고 판단하고 사살하는 것이었다. 그 판단으로 베트콩 사이에 섞여 있던 베트남 민간인들에게 총구가 향했고, 민간인을 학살하는 사태가 벌어졌다. 베트남전 이후 비난의 화살이 한국군에게 날아오자 한국국은 이렇게 변명했다. “우리가 죽인 것은 모두 베트콩이었다”.

> 정의란 건 입장에 따라 모습을 바꾼다. … 철저한 정의는 때때로 사람을 흉기로 만든다.[3]

절대적인 정의가 틀렸다고 말하는 것이 아니다. 그 정의가 아오키지의 말처럼 때때로는 흉기가 될 수 있다는 것이다. 무엇이든 과하면 독이 되는 것이 아닐까? 하지만 〈원피스〉 속 모든 해군이 절대적인 정의를 따르는 것은 아니다.

한껏 해이해진 정의를 보이는 아오키지는 자신만의 양심과 신념으로 정의를 지킨다. 그는 오하라에서 어린 로빈(후에 루피의 동료가 됨)을 놓아 주고, 밀짚모자 해적단을 붙잡을 기회가 충분했지만 잡지 않았다. 루피 일행이 정말로 나쁜 짓을 했는지 명확하게 판단할 근거가 충분하지 못했기 때문이다. 하지만 정상결전[4]에서의 상황은 다르다. 그에게 루피를 잡을 확실한 이유가 성립되었다. 루피가 해군에게 붙잡힌 사형수 에이스를 구출하려했으니 말이다.

정상결전 이후 센고쿠가 해군의 원수직을 그만두면서 자신의 후임으로 아오키지를 추천했다. 센고쿠는 좀 더 유연한 정의관을 보이는 아오키지가 원수직에 어울린다고 생각했다. 그러나 해군의 고위 간부들은 아카이누 대장을 선택했다. 아오키지는 이에 반대했다. 그는 자신이 원수가 되고자 하는 마음이 강하지는 않았으나, 정의에 대한 가치관의 차이로 원수 자리를 놓고 아카이누와 결투를 벌인다. 10일간의 결투 끝에 아카이누가 승리하고 해군 원수직에 오른다. 이후 해군의 정의는 새로운 원수인 아카이누의 '절대적인 정의'로 완벽하게 자리잡는다.

그렇다면 〈원피스〉 속 아카이누의 '절대적인 정의'는 무엇일까?

첫째, 그는 악한 자들과 절대로 타협하지 않는다. 검은 수염이라는 해적이 쥬얼리 보니라는 현상 수배자를 해군과 교환하자고 제안했을 때, 그는 단번에 제안을 거절하고 검은 수염을 체포하러 간다.

둘째, 그는 법을 중시하는 자로 군법을 집행함에 거침이 없다.

그만! 이제 멈추자고요! 여기서 그만 싸움을 멈추자고요! 생명이 아까워! 병사 한 사람 한 사람에겐 귀환을 기다리는 가족이 있는데! 목적은 이미 이루었음에도! 전의가 없는 해적을 쫓으며! 멈출 수 있는 전쟁에 욕심을 내고! 지금 치료하면 살 수 있는 병사를 내버려 둔 채 지금보다 더 희생자를 늘리다니. 앞으로 쓰러져 갈 병사들은 완전히 바보 천치 아니겠습니까![5]

코비는 '사형수 에이스 처형'이라는 본래의 목적이 이루어졌으므로 부상당한 병사들을 돕는 게 우선이라는 판단에 아카이누 앞을 막아 선다. 그러나 아카이누는 '올바르지 못한 병사는 해군에 필요 없다'며 그를 죽이려 한다. 전쟁의 목적과 군인이 따라야 할 군법의 관점에서 아카이누가 행하는 행동은 '정의'이다.

셋째, 아카이누는 명령에 복종하는 사람이다. 정상결전에서도 원수의 명령을 무조건 따랐다. 원수인 센고쿠가 전쟁을 끝낸다고 선언하자 그는 더는 해적을 추격하지 않았다. 물론 속으로는 분명 찬성하지 않았을 테지만 말이다. 이렇듯 아카이누는 군기를 중시한다.

넷째, 아카이누는 개인적인 원한 때문에 복수를 하지 않는다. 충분히 원수직을 놓고 반대하던 아오키지를 죽일 수 있었지만 그러하지 않았다.

이 모든 것을 종합해 보면 아카이누는 군기를 중시하는 사람이다. 그는 이치나 정보다 법을 우선시하며, 법이 곧 정의인 사람이다. 법을 어기는 것은 정의롭지 못하며 법에 따라 처리하는 게 응당 정의로운 것이다. 법을 지키다가 되려 도리에 어긋나는 일은 고려하지 않는다. 하지만 소크라테스가 남긴 유명한 말이 있다. "악법도 법이다". 과연 그럴까? 법이 제대로 시행된다면 억울한 일을 당하는 사람이 없을 것이다. 그러나 한편으로는 그 법이 너무 엄격하게 시행되면 본말이 전도되는 상황이 발생할 수 있다.

사람들은 서로 다른 정의관을 가지고 있다. 같은 상황에서도 우리는 정의의 옳고 그름에 대해 관점의 차이가 생긴다. 그러한 마찰 속에서 우리는 상대방을 설득하는 데 어려움을 느낀다. 그러나 이러한 상황에선 대다수의 사람들은 의견의 일치를 보인다. 약자를 괴롭히는 사람과 약자를 보호하는 사람이 있다면, 누구나 후자가 정의의 편에 서 있다고 말할 것이다. 그렇다면 존 롤스가 제시한 정의의 기본 원칙을 근거로 하여, 〈원피스〉 속 가장 정의로운 주인공은 누구일까?

우선, 존 롤스가 제시한 정의의 기본 원칙은 다음과 같다.

> 모든 사람이 공평하고 공정하게 자유를 누려야 한다. 다수의 행복을 위해 소수를 희생해서는 안 된다.

〈원피스〉 세계관 속 세계 정부라는 조직을 만들어 낸 20명의 왕들의 자손인 천룡인에게는 살인마저 할 수 있는 절대 권력이 주어진다. 그러므로 이러한 제도를 만든 세계 정부 그리고 그 세계 정부는 정의의 기본 원칙인 공평함과 공정함을 어기고 있다.

법을 중시하고 원칙적인 아카이누도 가장 정의로운 자가 될 수 없다. 그는 이미 오하라 사건을 통해 대를 위해 소를 희생시키는 극단적인 선택을 했다. 이러한 그의 모습은 정의라는 모습보다 공리주의적인 면에 더 가깝다고 볼 수 있다. '최대 다수의 최대 행복'을 추구하는 공리주의는 정의를 기준으로 하는 도덕적 판단 원칙에 부합하지 않는다.

그렇다면 아오키지는 어떨까? 오하라 사건에서 오오키지는 어린 로빈을 놓아 주었다. 약자를 보호한 것이라고 할 수 있지만, 그는 자신의 정의 속에서 갈등하는 주인공이다. 정의 수호를 목적으로, 오하라 사건에 대해 반대하는 입장에서 행한 것도 아니다. 그렇기에 아오키지의 정의는 정의롭다 말하기 어렵다.

주인공인 루피도 정의의 기본 원칙 안에서는 정의롭다고 말하기 어렵다. 로빈이 세계 정부에 붙잡혔을 때, 그녀의 잘잘못을 따지는 것이 아니라 동료인 그녀를 구하기 위해 세계 정부에 선전포고를 한다. 이런 모습은 공평함과 공정함의 행동과는 거리가 멀다.

그렇지만 루피의 할아버지이자 해군의 영웅 거프 중장은 예외다. 〈원피스〉 속 가장 정의로운 인물은 거프이다. 마음으로 키운 에이스가 정상결전에서 사형을 당하는 것을 보고 그 누구보다 마음 아파하지만 본분에 충실하게 자리를 지키면서, 에이스를 구하러 가는 루피를 가로막았다.

> 네가 태어나기 훨씬 전부터, 난 해적들과 싸워 왔다! 여기를 지나고 싶다면 날 죽이고서라도 지나가라! 밀짚모자 루피![6]

개인적인 감정에 휘둘리지 않고 해군 중장의 본분을 다 했다. 이 부분은 공평함과 공정함의 조건을 충족했다고 할 수 있다. 그리고 거프의 정의에는 대를 위해 소를 희생시키는 결과론적인 관점도 없었다. 그렇기에 〈원피스〉 속 정의의 모범이 되는 가장 정의로운 인물은 거프 중장이라 할 수 있다.

나가는 말

〈원피스〉 속 해군의 정의관은 해군마다 그 기준이 다르다. 현실 세계에서도 어떤 관점은 비교적 쉽게 받아들일 수 있는 반면, 인정하기 어려운 관점도 있다. 그렇다면 어떤 관점이 가장 정확할까? 다시 말해 객관적인 정의라는 것은 존재할까? 이는 〈원피스〉 속 세계에서도 현실 세계에서도 답을 찾을 수 없을 것이다. 〈원피스〉 속 '정의'의 이름으로 해적을 응징하는 것이 저마다의 다른 해석에 따른 행동이었던 것처럼 말이다.

1 해적왕 골 D 로저가 죽기 전에 남긴 한마디(〈원피스〉 1권 1화).
2 루피가 동료 나미를 되찾기 위해 아론과 어인 해적단을 무찌른 사건(〈원피스〉 8권 69-11권 96화).
3 오하라 회상 중 아오키지 대사(〈원피스〉 41권 397화).
4 에이스 처형을 두고 흰 수염 해적단과 해군 본부가 치른 전쟁(〈원피스〉 56권 549화-59권 581화).
5 정상결전 중 코비 대사(〈원피스〉 59권 579화).
6 정상결전 중 거프 대사(〈원피스〉 58권 571화).

〈예문 8〉

자살의 부재

들어가면서

죽음은 누구나 한 번 겪게 되는 일이지만 다들 먼 미래의 일이라 생각한다. "우리는 죽음을 두려워할 필요가 없다. 왜냐하면 우리는 살아서도 죽어서도 죽음을 경험할 수 없기 때문이다."라고 에피쿠로스는 말했다. 이처럼 죽음은 결코 우리에게 현실이 될 수 없는 것이지만, 아이러니하게도 죽음만큼 가장 확실한 가능성을 갖고 있는 것도 없다. 일반적으로 죽음이란 부정적으로 여겨지는 일이다.

인간은 태어남으로써 누구나 존엄한 삶을 살 자격이 주어진다고 생각한다. 그래서 우리는 타인에 의한 것이든 스스로에 의한 것이든 죽음을 강제하는 행위를 살인이라 칭하면서 옳지 못한 일이라 생각한다. 하지만, 스스로 목숨을 해치는 자살에 대해서는 그 생각이 갈린다. 자살은 옳은 일인가, 옳지 않은 일인가? 인간의 존엄한 생명을 해치는 행위는 무조건 잘못된 행동인데, 자신의 생명을 해치는 것은 왜 용납하는 사람이 있는 것일까?

1. 자살은 그 나름의 최선의 선택이다

자살은 잘못된 행동이 아니라고 생각하는 사람은 이렇게 말할 수 있다. 인간은 자신의 이익을 위해 사고하고 선택하는 고등한 생물이기 때문에, 자신에게 해가 되는 선택을 하지 않을 것이다. "살고 싶지 않은 사람은 없다. 그렇게 살고 싶지 않은 사람이 있을 뿐이다."는 말이 있듯이, 살고 싶은 본능이 강한 인간이 스스로 자신의 삶을 포기한다면, 역설적이게도 살아있음으로써 얻을 수 있는 부분보다 죽음으로써 얻을 수 있는 부분이 더 크다고 판단했다는 것이다. 죽는 것이 더 나을 수 있다는 것은 생존 이상의 중요한 무언가가 있다는 것이다.

생존보다 중요한 것이 있을 수 있는 이유는 바로 인간의 존엄성이다. 그렇다면 무엇이 존엄한 것인가? 인간처럼 자유 의지를 가진 존재에게 삶의 존엄성에 관한 기준을 쉽게 정해 줄 수는 없다. 그렇지만 적어도 말할 수 있는 것은, 그저 존재 그 자체만으로 존엄한 것이 아니라, 어떻게 살아가고 있는지가 중요하다는 점이다. 예를 들어 인간이지만 자신의 자유 의지대로 움직이지 못하고 말할 수 없다면 짐승과 다를 게 없고, 인간의 존엄성이 지켜지지 않는 삶은 사람답지 못한 삶이니 더 이상 살아갈 이유가 없다고 생각할 수도 있다는 것이다.

2. '자살'이란 옳은 표현인가

앞에서 보았듯이, 자살을 자신을 위한 최선의 선택이며 타당한 행동으로 볼 수 있는 이유는, 인간은 자신의 이익을 위해 사고하고 선택하는 고등한 생물이기 때문이다. 즉, 인간은 스스로 자신의 존엄성을 해치는 행동을 할 리가 없다는 것이다. 달리 말해, 인간이 스스로 자신의 존엄성을 해칠 리가 없다는 것은, 타인과 같은 외부적 요인에 의해 자신의 존엄성이 무너지는 상황이 되었고, 그로 인해 죽느니만 못한 삶을 포기하게 된다는 것이다. 그러므로, 물리적으로 자신을 죽음에 이르게 한 행위는 존엄성을 박탈당하면서 강요된 행위인 것이다.

우리는 물리적으로 사람의 목숨을 끊는 행위를 살인이라고 말하기 때문에, 스스로 목숨을 포기하는 행위를 자살이라고 말한다. 하지만 사실 이 또한 자신의 존엄성을 박탈당해 강제된 살인이라고 볼 수 있다. 즉, 물리적인 차원뿐만 아니라 타인의 존엄성을 무너뜨리는 행위도 살인과 다를 게 없다는 것이다. 따라서 자살을 당사자의 잘못된 행동으로 보는 것은 살인의 주체를 잘못 생각하는 것이고, 이와 같은 것을 고려하면 '자살(自殺)'이라는 단어조차 올바른 표현이라고 할 수 없다. 자살을 당사자의 잘못으로 치부하면서 여타 살인과 동일선상에서 바라보는 것은, 인간은 스스로 자신의 이득을 위해 사고하고 판단할 수 없는 존재다라고 말하거나, 타인의 존엄성을 해치는 가해자의 잘못을 피해자의 잘못으로 여기는 것과 같다.

3. 죽음의 경험 불가능성에 기인한 공감 결여

죽음은 생명이 다하는 것이란 부정적인 이미지가 강하다. 애초에 죽음 자체가 부정적 이미지가 강하기 때문에, 자살 또한 부도덕한 행위로 여겨지기 십상이다. 죽음은 누구에게나 당연한 일이지만 직접 겪어 볼 수 없는 일이기 때문에, 자살에 대한 공감 대신 선입견에 의한 부정적인 이미지가 먼저 떠오르는 것이라고 생각한다. 하이데거가 말했듯이 죽음이라는 대상은 존재하지 않기 때문에 죽음이 불러일으키는 감정은 공포가 아닌 불안에 가깝다. 이처럼 죽음은 우리에게 무지에서 오는 불안감만을 줄 뿐, 우리가 죽음을 맞이하기 전까지는 아무런 해도 끼치지 못한다. 고등한 사고를 하는 인간으로서 죽음을 선택하는 이유에 대해 당사자의 시선에서 생각해 본다면 비판의 대상이 잘못됐고 오히려 위로 받아야 할 일임을 알 수 있다.

나가면서

지금까지 보아 왔듯이, '자살'은 옳지 못한 표현이며 자살에 대한 도덕적 비판은 그 대상이 잘못되어 있다. 인간은 자신의 이익을 위한 사고와 판단을 할 줄 아는 존재이며, 누구나 존엄성을 가진다. 단순한 생존 이상의 중요한 것이 있고, 그러한 존엄한 삶을 살고 싶어 하지 않는 인간은 없으며, 외부 요인에 의한 자연적 죽음과 타인에 의한 인위적 죽음 이외에 스스로에 의한 죽음은 있을 수 없다. 자살에 대한 비난은 경험할 수 없다고 하는 죽음의 특수성이 낳은 생각의 오류로 보인다. 살인이라는 것은 물리적으로 목숨을 끊는 것뿐만 아니라 인간의 존엄성을 무너뜨리는 것도 포함하며, 또한 그러한 의미에서 자살은 위로 받아야 할 고통이지 비난 받아야 할 행위가 아니다.

6

사회과학에서 논증적 글쓰기

1. 사회과학적 글쓰기란 무엇인가?

앞 장에서 우리는 인문학적 글쓰기란 어떠한 글쓰기인지에 대해 고찰하였는데, 이 장에서는 사회과학적인 (논증적) 글쓰기에 대해 살펴보도록 하자. 짧게 말해, '사회과학(social science)'은 문자 그대로 사회 혹은 사회적 현상을 연구하는 과학이다. 좀 더 구체적으로, 그것은 어떤 사회적 실재나 현상의 본질 내지는 구조, 그 원인과 결과 등을 실증적 · 경험적 방식(예컨대, 설문조사, 문헌조사, 관찰, 면담, 통계적 처리 등)으로 탐구한다. 사회학을 필두로, 법학, 행정학, 사회복지학, 정치학, 경제학, 경영학, 무역학, 신문방송학 등이 사회과학의 범주에 포함된다. 우리가 이 장에서 다룰 '사회과학적 논증적 글쓰기(social scientific, argumentative writing)'는 주어진 사회적 실재나 현상에 대한 자신의 주장을 개진하되, 앞서 언급한 것들과 같은 사회과학적 조사 방법을 통해 획득한 자료, 특히 객관적 수치를 이유나 근거로서 제시하는 구조를 띤 글쓰기라고 정의할 수 있다.

2. 글쓰기 전

1) 주제의 설정

사회과학적 논증적 글을 쓰기에 앞서서 가장 먼저 해야 할 일은, 어떤 사회적 실재나 현상에 대해서 글을 쓸 것인지, 즉 자신이 쓸 사회과학적 글의 주제 내지는 중심적 논의 대상을 결정하는 것이다. 주제를 선정함에 있어 논자는 주제가 될 수 있는 대상이 자기 자신의 진정한 관심사인지를 가장 먼저 생각해 보아야 한다. 당연한 얘기지만, 진정한 관심사를 주제로 선정할 경우에만 주제에 대해 고찰하고, 그와 관련된 실증적 연구를 진행하는 일련의 작업에 대한 강한 동기 부여가 이루어질 수 있다. 그리고 이는 논자가 그 작업에 즐거운 마음으로 천착하게 할 수 있도록 하는 조건이 된다. 아울러, 논자는 주제 선정 시 자신이 소통하고 설득코자 하는 잠재적 독자층의 흥미 역시 고려해야 한다. 선택한 주제가 그 독자층의 다수의 사람들에게 어필한다면, 그들에게 읽힐 가능성이 높고, 그럴 경우 그 글은 더 큰 가치를 지니게 된다.

더 나아가, 가능한 한 '참신한', 다시 말해 이전에 다루어진 바 없거나 별로 다루어지지 않았던 주제를 선택하는 것이 이상적이다. 무엇보다도, 참신한 주제의 선택은 독자의 흥미 유발에 크게 기여한다. 마지막으로, 논자는 주제의 범위를 한정할 필요가 있다. 이는 논자가 자신의 생각을 정립하는 데 필요한 조사 및 분석을 수행하는 것을 현실적으로 가능케 하는 동시에, 그 작업들에 소요되는 시간과 에너지를 절약할 수 있게끔 한다. 예컨대 만약 논자가 '인문학 교양 교육의 실태'를 주제로 삼기로 했다면, 인문학을 교육하는 모든 나라의 모든 기관을 망라하여 다루는 것은 현실적으로 불가능하거나 가능하더라도 지난한 작업이 될 것이다. 그러나 우리나라의 대학, 더 좁게는 국립대학 또는 사립대학, 일부 지역 내 대학, 그리고 가장 좁게는 특정한 대학교로 주제의 범위를 한정할 경우, 주제와 관련된 조사와 분석이 가능할 뿐 아니라 훨씬 수월할 것이다.

2) 논제의 선정

주제를 설정한 이후, 논자는 논제를 명확히 설정해야 한다. 짧게 말해, 여기서 '논제'는 앞으로 쓸 글을 통해 논자가 답하고자 하는, 주제와 관련된 중심 질문 내지는 문제이다. 논제를 해결하기 위해 조사를 진행하고, 그 결과를 토대로 나름의 답에 도달한 후, 그 답을 글로 표현하면 그것이 글 전체의 중심주장 혹은 논지가 되고 그 토대를 기술하면 그것은 논거가 되는 것이다. 예컨대, 논자가 '현재 한국에서의 인문학의 위기'라는 (사회과학적인) 주제를 정했을 경우, 이와 관련하여 다양한 질문이 제기될 수 있다. 과연 (많은 이들이 주장하듯) 우리나라에 인문학의 위기가 실제 도래하긴 하였는지, (만약 그렇다면) 그 위기의 원인은 무엇인지, 그 위기가 초래할 수 있는 결과는 무엇인지, 그리고 어떻게 그 위기를 극복할 수 있을지 등이 그러한 질문들이다. 이 질문들 중 논자가 앞으로 쓸 글을 통해 어떤 것(들)에 답할지를 결정한다면, 그것이 바로 그 글의 논제(들)가 되는 것이다. 이렇게 논제를 선정한 후, 그 답을 구하고자 노력하고, 그 성과(구체적 · 경험적 자료와 그에 기초한 답)의 기술을 포함하는 글을 쓴다면, 이는 바로 '현재 한국에서의 인문학의 위기'를 주제로 한, 한 편의 사회과학적인 논증적 글을 작성하는 것과 같다.

위와 같이 정의되는 논제를 선정함에 있어, 논자는 주제를 정할 때와 마찬가지로 자기 자신과 독자의 관심이나 흥미를 고려해야 한다. 하지만, 이로부터 더 나아가, 자신의 논증적 글을 통해 어떤 질문에 대한 답을 제시하는 것이 과연 이론적 · 실천적 의의를 지닐 수 있을지도 고민해 보아야 한다. 왜냐하면, 어떤 질문에 대한 답이 그러한 의의 역시 지닐 것으로 예상될 경우, 그 질문을 논제로서 선정하는 것은 더욱 바람직한 일이기 때문이다. 예를 들어, 논자가 "우리 사회에서 최근 청소년의 흉악범죄가 증가한 원인은 무엇인가?"라는 질문을 논제로 택할 경우, 글을 통해 이에 대해 (적절한) 답을 제공함은 "무엇이 청소년 흉악범죄율을 낮출 수 있는 방안이 될 수 있는가?"라는 다른 질문에 독자들이 답하는 데 있어 이론적 토대를 제공할 수 있고, 그렇게 함으로써 실제 흉악범죄율을 낮출 수 있는 사회적 방안을 마련하는 데 기여할 수 있을 것이다. 이런 면에서 앞서 언급한 질문은 이론적 · 실천적으로 큰 의의를 지니며, 그래서 그것을 논제로서 선정하는 것은 바람직하다고 볼 수 있다. 덧붙여, 우리가 스스로에게 제기하는 가능한 논제들 중에서 어떤 한 가지에 답하는 것에 대해 관심을 갖게 되거나 흥미를 느낄 경우, 자기 자신이 왜 애당초에 그런 관심이나 흥미를 지니는지 자문해 보는 것은, 그 가능한 논제에 답을 하는 것이 앞으로 어떤 의의를 지닐 수 있을지에 대해 알 수 있는 중요한 방법이다.

3) 조사

논제가 선정되고 나면, 논자는 그것에 답하기 위한 조사를 진행해야 한다. 하지만 조사를 진행할 때, 어떤 식으로 나아갈 것인지에 대한 지침을 세우고 나서 첫발을 내딛는 것이 필요하다. 재차 강조하지만, 사회과학적 글쓰기에서 논거에 해당하는 것이 바로 조사 결과이므로, 무턱대고 조사를 감행하지 않고 사전에 조사 계획을 꼼꼼하게 수립해 두는 것의 중요성은 아무리 강조해도 지나침이 없을 것이다. 다음에 제시되는 다섯 가지의 질문에 답하는 과정을 거치면 실제 조사를 목적지로의 방향에 맞게 할 수 있다. 그리고 각 질문에 대한 답은 궁극적으로 자신의 논제가 무엇인지에 의해 결정될 것이다.

(1) 어떤 방법으로 조사할 것인가?

조사 방법은 크게 직접 방법과 간접 방법으로 나눌 수 있다. 직접 방법은 해당 주제의 관련자들이 설문지에 답하도록 하거나, 그들을 직접 만나 질문을 던지고 그 답을 청취하는 방법이다. 이 경우에는, 조사 결과의 공개나 활용 등에 관해 미리 응답자의 동의를 받는 것이 필요하다. 이에 반해 간접 방법은 논제와 관련된 기존의 자료 내지 공개된 데이터를 수집하는 방법이다. 직접 방법과 간접 방법의 차이는, 말 그대로 전자는 논자 자신이 조사를 수행하여 그 결과를 얻는 것이고 후자는 이미 타인에 의해 이루어진 조사로부터 얻어진 결과를 활용한다는 것이다. 자신의 논제에 답하는 데 있어 도움을 줄 수 있는 충분한 실증적 자료에 접근 가능하다면, 간접조사 방식을 채택하는 것이 더 효과적일 것이다. 하지만, 그런 자료가 부족하거나 아예 없는 경우에는, 논자 자신이 조사 대상과 설문내용을 새롭게 설정하여 스스로 조사를 실시할 필요가 있다. 예컨대, 사형제도가 과연 (반인륜적) 범죄를 줄일 수 있는가 하는 논제에 답하기 위해서, 다른 국가들 중 사형 제도를 채택한 국가와 그렇지 않은 국가들의 범죄율 내지는 그런 국가들 중 일부 국가의 사형 제도 채택 이전과 이후(혹은 폐지 이전과 이후)의 범죄율에 대한 기존의 조사를 수집하여 정리해야 한다.

(2) 누구를 조사할 것인가?

('직접 방법'을 택할 경우) 논자는 자신이 설정한 논제에 비추어 어떤 사

람 내지 집단을 조사 할지, 얼마나 많은 사람이나 집단을 조사 대상으로 삼을지를 결정해야 한다. 이때 조사 대상 집단을 구성하는 데 소요될 시간과 비용을 참작하여야 한다.

(3) 어디에서 조사할 것인가?

논자는 조사의 목적을 달성하기 위해 어느 장소에서 조사를 실시해야 하는지를 결정해야 한다.

(4) 언제 조사할 것인가?

조사 대상자들이 어떤 스케줄에 따라 생활하는지를 고려하여 조사할 시간을 정해야 한다.

(5) 무엇을 질문할 것인가?

논자는 논제에 부합하는 답을 얻기 위해 설문 항목을 어떻게 구성해야 할지 결정해야 한다.

위의 질문들 각각에 답해 가며 조사를 위한 철저한 준비를 갖추었을 때, 실제 조사는 논제로부터 이탈하지 않게 된다.

4) 조사 결과의 기록

조사 결과로부터 얻은 데이터는 반드시 그 단위와 함께 표기해야 한다. 단위가 없는 수치는 아무런 정보가 될 수 없다. 아울러, 조사 결과를 그림(그래프)이나 표로 제시할 때에는 반드시 다음의 것들을 지켜야 한다.

① 그림(그래프)의 번호와 이름은 그래프 위에 기입한다.
② 그래프의 횡축과 종축에는 눈금이 나타내는 의미와 단위를 기입한다.
③ 표의 번호와 이름은 표 아래에 기입한다.

5) 분석

논제에 입각한 조사 계획에 맞춰 조사를 실시하고 나면, 논자는 논제가 무엇인지에 따라 사회과학적인 논증적 글쓰기에서 가장 중요하고도 어려운 단계인 '분석' 과정, 다시 말해 왜 이러이러한 조사 결과를 얻게 되었는지에 대한 나름의 해석이나 설명의 과정을 거쳐야 한다(그리고 많은 경우 이 유형의 논증적 글쓰기는 분석 과정을 전제로 한다). 예컨대, 논자가 조사를 수행한 결과 최근 몇 년에 걸쳐 이직률이 낮아졌다는 통계적 데이터를 얻었고, 이직률이 낮아지게 된 원인이 무엇인지를 논제로 설정했다고 가정해 보자. 이때 논자가 몇 년간 직장의 근무여건이 전반적으로 나아졌고, 직장의 근무여건 향상이 직장에의 만족도를 높여 이직률을 낮추었다는 것이 그 기간 동안 이직률이 감소했다는 사실을 가장 잘 설명해 준다는 생각을 토대로, 최근 몇 년간 근무여건이 좋아졌기 때문에 이직률이 낮아졌다고 판단을 내린다면, 이는 자료의 분석 과정을 거쳐 결론에 도달한 것이 된다.[1)]

반복컨대, 사회과학적인 논증적 글쓰기에서 실증적 조사를 통해 획득한 자료, 특히 통계적 수치(의 기술)가 논거가 된다. 그런데 만약 논제가 단순히 어떤 사회적 현황(예컨대 현재의 대통령 국정운영 지지율)이나 추세(예컨대 어떤 기간 동안의 대통령 지지율의 변동) 등이 어떠한지를 묻는 것이라면, 직간접적으로 얻은 구체적인 통계적 수치가 그것에 대한 별도의 분석 과정 없이도 충분히 논거로서 기능할 수 있다. 하지만 어떤 사회적 현황이나 추세의 원인, 사회 제도 · 정책의 결과 등이 논제일 경우에는, 조사 결과로서의 객관적 수치에 대한, 위에서 설명한 바와 같은 분석 과정을 거쳐야만 그 수치로부터 결론을 도출해 낼 수 있다.

사회과학적 글쓰기에서는 많은 경우 분석을 어떻게 하느냐에 따라 논증적 글의 성패가 갈린다고 볼 수 있다. 당연히, 분석은 어디까지나 논자가 실시한 조사 결과에 대한 분석이다. 따라서 분석하기에 앞서 조사가 철두철미하게 실시되어야 함은 말할 필요도 없을 것이다.

1) '분석'에 관한 설명에서 제시한 예를 위해,《사회과학과 글쓰기》, 고려대학교 사고와 표현 편찬위원회, 서울: 고려대학교 출판부, 2013, 196쪽을 참조하였음.

연습문제 1

1. 본인이 관심을 갖는 주제를 설정해 보자.
2. 설정된 주제의 범위를 한정해 보자.
3. 주제와 관련된 논제를 선정해 보자.
4. 그 논제에 대한 답이 어떤 의의를 지닐 수 있을지 생각해 보자.
5. 자신의 논제를 염두에 두고 조사 계획을 수립해 보자.
6. 간단한 조사를 하거나 기존의 자료로부터 얻은 조사 결과에 대한 자신 나름의 분석을 해 보자.

예시답안

1. 담뱃값 인상과 흡연율
2. 2015년부터 시행된 우리나라의 담뱃값 인상/성인 · 청소년 남성의 흡연율
3. 2015년 시행된 담뱃값 인상이 성인과 청소년의 흡연율을 감소시켰는가?
4. 만약 논제에 대한 답이 긍정적이라면 그것으로부터 현재의 인상된 담뱃값을 유지하거나 더 담뱃값을 높이는 정책을 펴야 한다는 결론을 도출해 낼 수 있고, 반대로 부정적일 경우, 그 답은 국민의 건강에 도움을 주지도 않으면서 서민 경제를 더욱 어렵게 만드는 인상된 담뱃값을 낮추어야 한다는 것을 시사한다. 아울러, 최근 자유한국당에서 윤한홍 의원 등 11명이 현재 4,500원인 담뱃값을 2015년 인상 전 수준(2,500원)으로 내리는 내용의 법안을 발의하며 담뱃값 인상에 대한 사회적 논쟁이 재점화되었는데, 이 논제에 대한 답은 이러한 사회적 논쟁을 불식시키는 데 기여할 것으로 기대된다.
5. 언론(중앙일보, 2017. 7. 31, 정종훈 기자)에 공개된 보건복지부의 통계자료를 참조하는 '간접 방식'을 취한다. 담뱃값 인상 전후의 흡연율을 비교한다.
6. 보건복지부에 따르면, 2007년 이후 40%대 초중반에 머무르던 성인 남성 흡연율은 담뱃값 인상정책을 실시하기 시작한 2015년 39.3%로 떨어졌다. 공식통계가 산출되기 시작한 이래 최초로 30%대에 진입했다. 그리고 2014년에서 2015

년까지의 하락 폭은 3.8%로서, 역대 최고치를 기록했다. 남자 청소년 흡연율도 2014년까지는 14% 아래로 내려간 적이 없었지만 2015년 11.9%, 2016년 9.6%로 급격히 하락했으며, 집계 이후 처음으로 한 자릿수로 떨어졌다. 2015년에 담뱃값이 인상되었고 담뱃값 인상은 경제적 부담을 가중시켜 흡연율을 낮추었다는 것이 성인 · 청소년의 흡연율이 급감했다는 사실을 가장 잘 설명해 주는 것으로 보이기에, 2015년 담뱃값 인상이 흡연율을 낮추었다고 결론 내릴 수 있다.

6) 개요의 작성

분석 작업이 끝나면, 논자는 개요를 작성함으로써 본격적인 글쓰기의 준비를 마무리하여야 한다. 비유컨대, 개요는 건축물의 설계도 내지는 청사진과 같은 것이다. 즉, 개요는 앞으로 글을 어떻게 써 나아갈 것인지에 대해 간결하게 기록한 전체적인 글의 계획서이다. 그렇다면 왜 개요를 써야 하는가? 첫 번째로는, 머릿속에 뚜렷한 글의 형식과 내용에 대한 제대로 된 계획이 있더라도, 그 계획을 간략하게나마 적어 놓지 않는다면, 글을 쓰는 과정에서 그것을 망각하여 중요한 내용을 빠뜨린다든가, 글의 구성이 원래의 계획과는 달리 무질서해진다든가, 쓸데없는 얘기를 덧붙일 수도 있다. 두 번째, 머릿속에 있는 글의 내용, 형식에 대한 계획을 글로 옮기는 것은 그것을 빠짐없이 점검해 보는 것을 용이하게 한다.

연습문제 2

앞서 제시된 질문에 대한 답을 토대로 한 편의 논증적 글을 써본다고 가정하고, 그 개요를 작성해 보자.

예시답안

제목: 담뱃값 인상과 흡연율

1. 서론

- 전 정부는 오랜 논쟁 끝에 2015년, 담뱃값을 2,500원에서 4,500원으로 인상함.
- 최근 야당에서 담뱃값 인하는 흡연율을 낮추지 못하고 오히려 서민의 경제적인 부담만을 가중시켰다고 주장하며 담뱃값을 인상 전 가격으로 낮추는 것을 골자로 한 법안 발의. 여당과 다수의 국민들은 담뱃값 인상이 흡연율을 낮추어 국민 건강에 이바지했다고 논박함.
- 그렇다면 과연 담뱃값의 인상이 흡연율을 낮추었는가? (논제의 제시)
- 이에 대한 답은 담뱃값 인상의 당위성 여부를 결정하는 데 기여함. 담뱃값 인상과 관련된 최근의 논란을 불식시킬 수 있음.

2. 본론

- 담뱃값 인상은 성인 · 청소년 남성 흡연율을 낮추었음(중심주장 · 논지의 기술).
- 담뱃값이 인상된 2015년 흡연율은 그 이전 해보다 훨씬 낮아짐. 이와 같은 데이터는 같은 연도의 담뱃값 인상, 그리고 담뱃값 인상은 (경제적 부담을 가중시켜) 흡연율을 낮춘다는 것에 의해 가장 잘 설명됨(논거의 기술).

3. 결론

- 본론에 제시된 근거를 토대로, 담뱃값 인상이 성인과 청소년 남성 흡연율을 낮

추었다고 결론내릴 수 있음(본론의 요약 · 정리).

- 인상된 담뱃값은 흡연율을 낮춤으로써 국민 건강에 계속 이바지할 것으로 예상되고, 그래서 담뱃값을 이전 수준으로 내려야 한다는 야당을 비롯한 사회 일각의 주장은 잘못되었음.

3. 글쓰기

지금까지 우리가 살펴본 모든 과정은 사회과학에서 논증적으로 글을 쓰기 위한 준비였다. 하지만 사회과학에서 '주제 선정', '논제 선정', '조사', '조사 결과의 기록', '분석'은 단지 준비 과정에 불과한 것이 아니라, 동시에 논증적 글쓰기, 바로 그것의 성공을 담보한다. 왜냐하면, 실제로 글을 쓰는 것은 준비 단계에서의 일련의 과정과 그 결과를 글로 옮겨 쓰는 것과 다름없기 때문이다. 그렇다면 이제부터 본격적인 글쓰기 작업이 어떻게 이루어져야 하는지 살펴보도록 하자.

1) 서론

앞서 제시된 개요의 예시로부터 짐작하겠지만, 서론에 담아야 할 가장 중요한 내용은 '논제'이다. 논제 제시에 앞서, 그것을 구성하는 주제의 개념이 논자가 염두에 두고 있는 독자층에게 낯설거나 불명확할 것으로 예상된다면, 논자는 그 개념을 구체적이고도 명료하게 정의해야 한다. 이에 덧붙여, 주제와 관련된 개인적인 경험, 일화, 통계 자료 등을 짤막하게나마 서술하는 것도 주의를 환기시키고 주제에 대한 독자의 관심을 유발할 수 있기에 바람직하다고 할 수 있다. 이후 논자는 주제로 구성되는, 글 전체를 관통하는 중심 질문인 논제를 분명하게 제시해야 한다. 아울러 이후의 논의가 지니게 될 이론적 · 실천적 의의를 밝혀야 하는데, 논자 자신이 그 논제를 선택하게 된 배경을 기술하는 것은 이를 위한 좋은 방식이다. (그리고 이렇게 자신의 글이 지니게 될 의의를 밝히는 것 역시 독자의 논자의 글에 대한 관심도를 높이는 데 기여할 수 있다.) 요컨대, 서론에서는 논자가 선정한 주제와 논제를 명쾌하게 제시하고 앞으로 전개될 논의의 의의를 밝힘으로써, 독자의 본론에 대한 관심을 유도하고 독자가 그것을 읽을 준비를 하게끔 해야 한다.

2) 본론

(1) 논자는 서론에서 제기한 논제에 답하기 위해 구체적으로 어떤 방법으로, 언제, 어디서, 누구를, 어떤 질문으로 조사했는지 또는 어떤 자료를 활용했는지 정확하게 밝혀야 한다. 그렇게 함으로써, 독자는 논자가 수행한 조사 전반에 관한 사항들을 인지할 수 있고, 논자가 사용한 기존 자료를 추적해서 확인할 수 있다. 만약 그러한 기본적인 정보들을

충분히 제공하지 않는다면, 논자가 제시하는 근거의 진위 여부를 따지는 것 자체가 불가능하게 되어 논지의 설득력이나 개연성을 떨어뜨린다.

(2) 위와 같이 기존 자료나 논자 자신의 조사에 관한 정확한 정보 제공을 한 후에, 논자는 조사 결과를 독자에게 상세하게 밝히는 단계를 밟아야 한다. 이를 통해 독자는, 기존 자료나 논자의 조사 결과와 그것으로부터 도출한 결론 사이의 논리적 연결을 따져 볼 수가 있는 것이다. 조사 결과를 지면에 옮길 때의 기본은, 그것을 내가 말하고자 하는 바에 끼워 맞추기 식으로 왜곡하거나, 취사선택하거나, 날조해서는 안 되며, 있는 그대로 기술해야 한다는 점이다.

또한 여기서 유의해야 하는 것은, 조사 결과를 기술할 때 자신의 논제에 대한 대답과 결부되어 있는 조사 결과만을 적시해야 한다는 점이다. 기존의 자료나 논자가 직접 조사한 결과 중에서 논제에 대한 대답(논지)을 뒷받침하는 데이터만이 (적어도 본론에서는) 의미를 갖게 되는 것이다. 자신의 결론적 주장과의 논리 관계를 따져 보는 데 불필요한 데이터를 제공하면, 독자는 논자가 그 데이터 역시 결론의 한 토대로서 제시하는 것으로 오해할 수 있다.

(3) 논자는 조사 결과를 논거로서 제시하고, 그것에 기초한 논제에 대한 답(논지)을 최대한 명료하게 기술해야 한다. 앞서 우리는, 조사 결과에 대한 분석 작업을 통해서만 논지에 최종적으로 도달할 수 있는 경우에 대해 살펴보았다. 이런 경우, 본론에서 분석 과정을 구체적으로 서술하는 것이 이상적이다.

요컨대, 본론은 어디까지나 서론에서 자신이 제기한 문제에 대한 답(논지)과 그것에 도달하게끔 한 논거, 즉 조사 결과의 명확한 기술이어야 한다.

3) 결론

결론에서 논자는 본론의 구체적 내용을 보다 추상적인 언어로 요약 · 정리해야 한다. 다시 말해, 본론에서 제시된 논지와 논거를 간결하게 독자에게 재확인시키며 글 전체를 마무리 지어야 한다. 이에 덧붙여, 주제와 관련된 다른 질문이 논제인 글에 대한 기대를 나타내거나 논지로부터 도출해 낼 수 있는 가치나 당위에 관한 윤리적 명제(논지의 '실천적 함의')를 기술하는 것도 전체 논의를 마무리하는 좋은 방법이다.

보기 문제 1

3.에서 제공된 설명을 바탕으로 한 편의 사회과학적인 논증적 글을 작성해 보자.

예시 답안

〈최저임금 인상과 소득 불평등〉

주지하다시피, '최저임금'은 고용자가 피고용인을 저임금으로 부리는 착취를 막자는 취지에서 정부에서 지정한, 피고용인에게 지급해야 할 최소한의 임금을 말한다. 이렇게 정의되는 최저임금은 우리나라 경제가 성장함에 따라 자연히 꾸준한 증가세를 보였다. 2010년 4,110원이었던 최저시급은 인상률이 2.8%에서 8.1%까지 매년 올라 지난해(2017)에는 6,470원을 기록했다. 지난해 5월 출범한 새 정부는 이른바 '소득 주도 성장론'을 제시하며 임기 동안 이에 입각한 경제 정책을 펴겠다고 공언했는데, 최저임금의 인상률을 대폭 증가시키는 것이 이 경제 이론의 골자를 이루는 정책이라 할 수 있다. 정부는 늦어도 임기 내에 최저시급을 1만 원까지 인상할 것을 계획하고 있다. 정부 계획대로라면, 향후 약 5년 동안, 2010년부터 2017년까지, 지난 7년에 걸쳐 인상된 비율만큼 최저임금이 오르게 된다. 이러한 계획하에, 새 정부는 지난해 7월, 올해 최저시급을 지난해 대비 16.4% 인상된 7,650원으로, 올해 8월에는 내년 최저시급을 10.9%(820원) 인상된 8,350원으로 올릴 것이라고 결정했다. 문재인 대통령은 지난 1월 8일 2018년도 첫 수석 · 보좌관 회의를 주재한 자리에서 (이번 해) 최저임금 인상이 "극심한 소득 불평등 해소"와 "저임금 노동자의 인간다운 삶"에 기여할 것이라고 강조했다.

하지만 우리 사회 일각, 특히 학계와 재계에서는 정부의 최저임금 인상 계획은 그 취지에 부합하지도 못할 뿐더러 경제 전반에 걸쳐 심각한 부작용을 지닌다며 우려하고 있다. 그렇다면 과연 정부가 최저임금 인상에 거는 기대는 현실화되었는가? 특히 최저임금 인상은 "극심한 소득 불평등 해소"에 기여했는가? 필자는 앞으로 이 질문에 답하고자 한다.

단도직입적으로 말해, 정부의 최저임금 인상은 소득 불평등 해소에 도움을 주지 못했고, 오히려 소득 불평등의 정도를 증가시켰다. 올해 1분기 소득 불평등의 정도는 역대 최고 수준으로 치솟았다. 한국노동연구원의 '노동리뷰' 8월호에 실린 "최근 소득 불평등의 추이와 특징"이라는 제목의 보고서에 따르면, 올해 1분기 시장소득(근로소득 등 시장을 통해 얻은 소득)을 기준으로 한 가구소득 지니계수는 0.401로 지난해 같은 기간의 지니계수(0.375)보다 더 높아졌다. 복지 혜택 등을 반영한 가처분 소득을 기준으로 해도, 올해 1분기 지니계수는 0.347로 작년 같은 분기의 그것(0.327)보다 높아졌다. 지니계수는 소득 분배의 불평등 정도를 보여 주는 값으로서, 그 값이 1에 가까울수록 소득 분배가 더 불평등하다는 것을 의미한다. 지난 2006년 이후 시장소득을 기준으로 했을 때의 지니계수가 0.4를 넘은 것은 이번이 처음이다. 또한, 통계청이 국가 통계 포털에 올린 "가계 동향 조사 결과" 자료에서, 소득 불평등의 정도를 알려 주는 다른 수치 역시 크게 높아졌음을 알 수 있다. 올해 1분기 상위 20% 평균소득을 하위 20%의 평균소득으로 나눈, "균등화 처분가능소득 5분위 배율(전국 2인 이상 가구)"은 작년 동기에 비해 높아졌다. 이번 해 1분기의 경우 그 배율은 5.95배에 달해 1년 전 5.35배에서 0.6%나 더 벌어졌다. 균등화 처분가능소득 5분위 배율은 1분기를 기준으로 2015년 4.86배, 2016년 5.02배, 2017년 5.35배로 꾸준히 증가하는 추세였다. 결국, 올해 초 최저임금 인상이 시행된 이후 1분기 동안 그 배율은 이전의 증가 폭을 훨씬 상회하는 큰 폭으로 높아진 것이다.

그런데 이처럼 소득 불평등의 정도가 높아진 것은 저소득층의 소득이 크게 줄었기 때문이다. 올해 1분기(2인 이상 가구) 소득 상위 20%의 시장소득은 지난해보다 12.2% 늘어났지만, 하위 20%의 시장소득은 8.5% 줄었다. 또한, 소득 상위 20%의 근로소득도 지난해 같은 분기보다 10.5% 증가한 반면, 소득 하위 20%의 저소득층 근로소득은 27.1%나 줄었다. '노동리뷰'에 따르면, 소득 하위 20% 중에서 가구주(主)가 취업해 있는 경우는 전년 같은 기간보다 대폭(35.4%) 감소한 21.2%에 그친 반면, 상위 20% 가구주의 97.5%는 일자리를 갖고 있었다. 올해 1분기 소득 하위 20% 2인 이상 가구에서 무직자 가구 비중은 57.0%로 전년(49.1%)보다 무려 7.9% 증가했다. 이는 지난 5년간 연평균 증가율인 2.6%보다 3배 이상 높은 수치다. 저소득층의 소득과 관련된 이러한 통계 수치는, (급격한) 최저임금 인상이 인건비를 큰 폭으로 높여 해고 혹은 폐업을 하거나 고용을 꺼리는 영세 자영업자와 중소기업이 속출했고, 그 결과 저소득층 가구의 소득수준이 예전에 비해 크게 감소했다는 것을 강하게 시사한다. 그래서 올해 최저임금 인상으로 인해 저소득층의 소득이 크게 줄어들었고, 그에 따라 소득 불평등의 정도가 급증했다고 볼 수 있다.

요컨대, 앞서 제시한 자료를 토대로, 우리는 올해 최저임금의 가파른 인상이 소득 불평등을 줄여 주기는커녕 더 늘렸다고 결론 내릴 수 있다. 그렇다면 앞으로는 어떻게 될 것인가? 임기 내에 1만 원까지 최저임금을 올리겠다는 정부의 계획이 실행되면, 해고 혹은 폐업을 하거나 고용을 꺼리는 영세 자영업자와 중소기업은 계속 증가할 것이고, 이는 저소득층의 소득수준을 낮출 것이기에, 정부의 최저임금 인상안의 시행은 (그 취지와는 정반대로), 저소득층의 소득수준 저하와 그에 따른 소득 불평등의 심화를 가져올 것으로 예상된다. 따라서 정부는 기존의 최저임금 인상 계획을 심각하게 재고할 필요가 있다.

자료: "1분기 가구 월평균 소득 476만 원… 전년 比(비) 17만 원↑", 이정필 기자, 이투데이, 2018. 5. 24; "최저임금 대폭 올렸지만 소득 불평등은 역대 최고 수준", 성기웅 기자, 펜앤드마이크, 2018. 8. 16.

4. 글쓰기 후

조사가 중심이 되는 논증적 글쓰기의 준비 그리고 실제적인 글쓰기를 통해 한 편의 글을 완성하고 난 후에는, 마지막 확인 작업을 반드시 거쳐야 한다. 이 확인 작업에서 검토해야 할 가장 중요한 사항은, 서론에서 제기한 논제에 대한 답이 본론에서 글 전체의 중심주장으로서 제시되어 있는지의 여부와 본론에 포함된 조사 결과와 그것에 대한 분석이 그 답을 적절히 뒷받침해 주는지의 여부이다.

만약 본론에서 제시된 조사결과가 중심주장에 고도의 개연성 내지는 설득력을 부여하기에 부족하다면, 논자는 더 많은 자료를 확보하기 위해 조사를 추가적으로 진행해 보아야 한다. 그러나 중심주장이 논제에 대한 답이 될 수 없다면, 조사를 새롭게 다시 시작하거나 글을 처음부터 다시 써야 한다. 마지막 검증은 최후의 보루이므로 반드시 실시해야 하지만, 이를 통해 새로운 조사를 하거나 글을 처음부터 다시 써야 하는 최악의 사태에 직면하지 않기 위해, 논자는 조사를 하거나 글을 쓰는 내내 논제로부터 이탈하지 않도록 각별한 주의를 기울여야 한다.

보기 문제 2

앞에서 내가 도출해 낸 결론이 처음의 논제로부터 이탈했는지 아닌지를 확인해 보자.

5. 기타

마지막으로, 사회과학에서 논증적 글의 논거를 얻기 위해 직접 조사를 실행하는 경우 우리가 준수해야 할 윤리적 지침들이 있는데 그것들 각각을 확인하며 이 장을 마치고자 한다.

1) 표본 추출

① 법령 준수: 표본 추출을 위해 활용하는 자료는 합법적인 것이어야 한다.

② 조사 대상자 명부 작성: 자료 열람을 통해 추출한 표본의 조사와 관련된 정보를 철저히 기재해야 한다.

③ 목적 외 사용 금지: 표본으로서 추출한 개인의 정보는 해당 조사에만 사용해야 한다.

2) 조사 의뢰

① 조사 대상과의 연락: 조사가 이루어지기 전에 대상자에게 조사 실시에 관해 연락 및 협조를 구한다.

② 목적, 주체, 연락처 명시: 조사자는 반드시 조사의 목적과 주체 및 연락처를 분명히 밝힌다.

3) 조사 준비

① 인권 존중과 프라이버시 보호: 조사 협조를 강제하지 않는 등 조사 대상자의 인권을 존중하며, 또한 개인 정보 유출 방지를 철저히 하여 프라이버시를 보호한다.

② 조사 대상자 명부 관리: 개인 정보의 분실이나 유출이 발생하지 않도록 철저하게 관리한다.

③ 조사원 교육: 조사원을 고용할 경우에는, 조사 방법 등에 관해 충분히 교육을 한다.

4) 조사 실시

① 익명성 보장: 조사 대상자가 특정되지 않도록 조사 실시 단계에서 충분히 유의한다.

② 조사 협조 의사 확인: 본격적 조사에 앞서 다시 한 번 조사 대상자에게 조사 내용을 충분히 설명하고, 조사에 협조하겠다는 의사를 재확인한 상태에서 조사를 실시한다.

③ 조사 대상자의 불이익 방지: 조사 대상자가 불쾌감을 느끼거나 불이익을 받을 수 있는 행동을 삼간다.

④ 조사 대상자의 중지 자유: 조사 대상자가 조사를 중지하고 싶어 할 경우에는, 그 선택에 따른다.

⑤ 의문에 대한 대응: 조사원은 조사 대상자로부터의 의문이나 고충 등에 대해 성실하게 대응한다.

⑥ 비밀 엄수: 조사자는 조사 실시 과정에서 알게 된 대상자와 관련된 모든 정보의 비밀을 지킬 의무가 있다.

⑦ 차별 금지: 조사 대상자의 성별, 연령, 지역, 국적, 장애 등의 요인에 따라 차별적으로 대우하지 않는다.

⑧ 조사원 신분 증명: 조사원은 항상 신분증을 휴대하여, 조사 대상자의 요청 시 신분을 밝힐 수 있어야 한다.

⑨ 부정 기입 방지: 조사원은 질문지, 인터뷰 노트, 관찰 기록에 부정한 기입을 하지 않는다.

5) 조사 후

① 조사 결과 관리: 기입된 질문지, 녹취록, 관찰 기록 등을 엄중히 관리하여, 조사 대상자의 개인 정보가 유출되지 않도록 한다.

② 공개 사항 정리: 조사의 제목, 목적, 조사 주체, 표본 추출 방법, 조사 방법과 시기, 조사 내용, 분석 결과, 보조 자료 등을 글을 통해 공개한다. 단, 이때에도 회답자의 익명성을 보장할 수 있도록 주의해야 한다.

③ 날조 금지: 자신의 분석을 뒷받침하기 위해, 조사 데이터나 결과 등을 조작하지 않는다.

보기 문제 3

앞서 자신이 작성한 글이 직접 조사에 기초하고 있다면, 그것이 위의 윤리적 규정을 지켰는지 항목별로 확인해 보자.

종합문제 1

다음의 글을 읽고 이어지는 질문에 답해 보자.

지방 연극의 부상[2)]

Lori Weichenthal 지음

김효섭 옮김

1956년, 캘리포니아의 산호세, 그리고 오하이오의 클리블랜드 연극 애호가들에게는 공통점이 있었다. 그것은 다름 아닌, 전문적으로 연출된 연극을 보기 위해서 오랜 시간 그리고 종종 공연히 기다리는 것이었다. 미국의 연극은 뉴욕 브로드웨이의 극단들에 집중되어 있었다. 다른 곳에는 수준급의 극단이 거의 존재하지 않았다. 대다수의 미국인들이 세련된 연극 공연을 볼 수 있는 유일한 기회는 브로드웨이의 극단들이 당시 가장 유명한 공연을 하러 전국을 순회할 때였다. 심지어 그럴 때에도, 많은 관객들은 표를 구하지 못했다. 순회공연은 통상 각 주(洲)의 주요 도시들에서만 이루어졌기 때문이다. 미국의 많은 지역들, 특히 노스웨스트의 지역들은 철저하게 외면당했다. 그러나 1960년대 중반, 마이애미, 플로리다, 앵커리지, 알래스카 등 다양한 곳에서 전문 극단이 생기기 시작했다. 오늘날, 1986년에는 이런 움직임이 번창하는 동향으로 발전했고, 산호세와 클리블랜드의 관

2) 이 글은, Rise B. Axelrod와 Charles R. Cooper의 *Reading Critically, Writing Well: A Reader and Guide* (New York: St. Martin's Press, 1987, pp. 379~384)에 실린, "The Rise of Regional Theater"를 번역한 것이다.

객들은 더 이상 공연을 기다릴 필요가 없다. 지금은 이 두 도시에, 많게는 1년에 6회 공연을 하는 전문 극단이 있다. 이 도시들은 지방 극단이 신설되는 트렌드로부터 수혜를 입어 왔다. 지방 극단의 부상은 처음에는 매우 느렸다. 1956년, 연극 문화 산업의 연보(年譜)인 《연극계》(*Theatre World*)에는 뉴욕시 밖에 단지 2개의 전문 극단이 있었다고 기록되어 있다. 하지만 사실은 몇 개 더 있었다(Blums: 6). 대부분은 작았고, 재정난으로 고초를 겪고 있었으며, 실낱같은 예산으로 여름 세션을 제한된 범위 내에서 유지하고자 했다. 하지만 1965년에, 국가 예술 지원 기금(National Endowment for the Arts)을 마련해야 한다는 요청이 등장했다. 미국의 많은 지역, 특히 노스웨스트와 서부의 주들이 '연극의 황무지(theatrical wilderness)'라는 현실에 대처하고 지방 연극을 활성화하기 위해서 상당한 액수의 재원을 할당하며, 포드 제단(The Ford Foundation)과 연방정부가 이 요청에 부응했다(Ross: 4). 이 자금으로 새로운 극단들이 서서히 생겨나기 시작했고, 기존의 극단들은 더 탄탄해졌다. 1968년, 《연극계》에 뉴욕 이외 지역의 28개 전문 극단이 기록되었다(Willis, vol. 25). 1974년, (뉴욕 이외 지역의) 전문 극단은 59개에 이르며 2배로 많아졌다(Willis, vol. 31). 덧붙여, 한때 브로드웨이에 대한 글들이 독점했던 이 책에는, 당시 신설되었던 극단들의 가능한 가치에 대해 언급하는 흥미로운 글이 실리기 시작했다.

> 실험적인 목적과 새로운 재능을 발전시키는 것, 그리고 관객들을 위해 이러한 지역 극단들이 중요하다는 것은 명백하다. 진실로, 그것들(지역 극단들)은 어떤 격려든 받을 만한 자격이 있다. 아마도 브로드웨이 극단의 미래는 이들의 지속적인 생산성에 의존할 것이다(Willis, 6. vol. 31).

기성의 연극 공동체는 전문적인 극단이 더 이상 뉴욕시의 제한된 범위 안에서만 존재하지 않는 사실에 주목하기 시작했다.

1980년대가 도래하면서, 지역 극단들은 놀랄 만큼 급증하여 152개로 기록되기에 이르렀다(Zeisler: 4). 이 숫자는 1980년대 초반, 브로드웨이가 사양길을 걷기 시작했을 때에도 지속적으로 커졌다. 1년에 평균 10개의 새로운 지역 극단들이 생겨났던 반면, 브로드웨이 연극 공연이 10개 만큼 줄어들었다. 지방 공연의 관객 수가 12,000,000명에 이르렀을 때, 브로드웨이 관객 수는 5% 정도 감소했다(모든 데이터는 Willis와의 인터뷰로부터 얻을 수 있었다). 브로드웨이는 더 이상 연극계의 중심으로 간주될 수 없는 것으로 보였다. 지역 극단이 부상하고 브로드웨이라는 태양으로부터 불빛을 빼앗고 있었다. 그렇다면 무엇이 이러한 변화의 원인인가? 어떤 힘이 지역 극단의 부상을 촉진하고 유지했는가?

지방 전문 연극단의 등장에 대한 가장 명백한 설명은 국가 예술 지원 기금(NEA)의 설립이다. NEA의 설립 이전에는 재정적 지원이 브로드웨이 밖의 연극 활동에 주어지지 않았다. 극단은 기획자가 이윤을 얻기 위해 돈을 투자하는 곳이었다. 지방 극단은 수익을 창출할 가능성이 거의 없었고, 결과적으로 투자자들의 관심을 별로 끌지 못했다. NEA 설립 이전에 존재했던 몇 안 되는 극단은 "큰 결단, 긴축 예산, 그리고 큰 도움의 요청"을 통해서 투자를 받을 수 있었다(Rubin: 94).

그러나 NEA로부터 받은 재원으로, 지방 극단은 발전하고 팽창할 수 있었다. 지방 극장의 수의 첫 번째 비약이 NEA 설립 시점에서 이루어졌다는 사실은 전혀 놀라운 일이 아니다. 아울러, NEA는 전국의 고립된 기획사들 사이에서의 소통과 교류의 연결망을 구축하기 위해서 자금을 할애하였다. 이는 새로운 기획사들의 성장 잠재력을 증가시켰고, 이 기획사들은 더 확고해진 연극단들의 경험에 의지할 수 있었다. 그래서 NEA는 지역 극단이 부상하는 트렌드가 최초로 성립하는 데 있어 결정적이었다. 하지만 자금만이 지방 극단의 증가를 설명할 순 없다. 돈은 극단의 존립에 필수적인 관객의 존재나 성공을 보장하진 않는다. 그러나 NEA의 원조에 의해 설립된 극단들의 대다수는 살아남았고, 상당한 관객을 확보했으며, 그럭저럭 이윤을 창출하였다. 그렇다면 지방 극단 부상의 트렌드를 적절히 설명하기 위해 더 집중적인 연구가 필요하다.

지방 극단이 부상한 것의 더 깊은 원인은 최근 몇십 년에 걸쳐 실황 공연(live entertainment)에 대한 수요가 일반적으로 증가했다는 것이다. 1982년, 미국인이 평균적으로 라이브 공연에 지출한 비용은 1973년에 비해 5% 증가하였다.(Census Bureau: 205) 라이브 공연의 범주 안에서, 연극은 록 음악 콘서트 다음으로 큰 기여를 했다. 그렇게 지방 극단은 사람들의 실황 공연에의 관심의 증가로부터 혜택을 보게 되었다. 기술의 덕분으로 값싼 전자 미디어를 가정에서 즐길 수 있게 되었음에도, 연극을 구성하는 관객과 배우 간의 특별한 교감은 중요해지고 있다. 오리건 셰익스피어 페스티벌(OSF)의 교육 봉사활동의 기획자인 폴 반스(Paul Barnes)는 특히 젊은이들이 연극에 열광하고 그것이 제공하는, (그런 열광에 대한) 다양한 반응에 흥분한다는 점에 주목했다. 반스에 따르면, "그들은 TV 앞에 그냥 앉아 있지 않다. 그들은 생기가 넘치는 일군의 집단과 함께 앉아 다른 사람들이 연기하는 것을 직접 본다. 가능성은 무한하다."

지방 극단은 실황 공연에 대한 요구를 독특하게 만족시켜 줄 수 있다. OSF를 포함한 많은 극단들은, 더 나아가 관객들의 생생한 상호작용의 욕구에 부응하며, 심지어 참여적인 연극을 실험해 보기도 했다. 전국의 많은 지방 극단들이 관객들을 유치하기 위해 이런 형태의 연극을 공연하면서 그것은 점차적으로 인기를 끌게 되었다. 공연에 참여하려는 현대적인 욕구가 연극에 의해 자연스럽게 충족되면서, 미국의 지방 극단들의 부상을 촉진했다. 영속적인 전문 극단들의 성공에 대한 순전히 경제적인 설명 역시 유효하다. 지역 극단은 순회공연을 하는 브로드웨이의 극단들이 예전에 그럴 수 있었던 것보다 더 적은 비용으로 더 많은 사람들에게 다가가고 있다. 1980년에는, 152개의 지방 극단이 평균 2.53달러의 비용으로 12,000,000명의 관객들에게 다가갔다(Zeisler: 4). 브로드웨이의 순회하는 극단은 평균 4.61달러를 지불하며 이 관객들의 고작 10분의 1에 도달할 수 있었다.(Willis 5 vol. 37)

이 높은 가격의 차이는 많은 부분 지방 극단이 더 비용 효과적(cost effective)이라는 사실에 의한 것이다. 비영리적으로 운영되는 대부분의 조직들이 그러하듯, 지방 극단도 빠듯한 예산에 충실하고, 브로드웨이에서의 전설적인(legendary), 과도한 지출 속으로 거의 빠져들지 않는다. 1983년, OSF는 2,354,000달러의 예산으로 열한 편의 공연을 했고, 이는 한 공연당 평균 214,000달러를 지출한 것이 된다. 이 기획사는 그해 2,476,000달러를 벌어들여, 재투자할 수 있는 122,000달러의 이윤을 남겼다(Ross: 105). 같은 해, 한 브로드웨이 연극, 〈My One and Only〉를 제작하는 데 5,000,000달러가 들었으나, 수익은 높지 못했다(Brustein: 23).

재정적인 책임감 면에서의 차이는 종국적으로 관람료에 반영되었다. 1983년, 브로드웨이 연극 공연의 평균 관람료는 25달러였고 비싼 것은 50달러였다(Wilis: 5). 대조적으로, 신설된 극단 중 하나인 산호세 레퍼토리의 다섯 편의 연극 공연을 보기 위해 단 36달러가 들었다. 이는 분명히 절약이다(Isenburg: 95). 이런 가격 차이는 지방 극단을 관객들에게 훨씬 더 매력적으로 만들었다. 뉴욕의 비평가가 말했듯이, 브로드웨이는 "대중의 오직 작은 일부가 캐딜락을 살 수 있을 때 1,000,000대를 팔려고 한다!" 많은 연극 관객들은 지방 극단에 의해 제공되는 저렴한 모델을 선택하고 있고 훨씬 부드러운 승차감을 발견하고 있다(Brustein: 26).

경제적인 것을 넘어서, 지방 극단의 성공은 그것이 지역사회에서 수행해야 할 역할을 일찌감치 깨닫게 된 덕분이라고 말할 수 있다. 브로드웨이 공연 기획사는 순회공연 시 거치는 도시들에 고급 공연을 제공하는 것 외에는 어떤 공헌도 하지 않는다. 살아남기 위해 속해 있는 지역사회와 긍정적인 관계를 유지해야만 하는 영속적인 지방 극단은 사정이 다르다. 처음부터, 많은 지방 극단들은 공연 제작자 이상의 역할을 해야 할 필요성을 실감했다. 그 극단들 각각은 해당 지역사회에 대해 더 많은 책임감을 지녔으며, 숨은 관객들을 이끌어 내고 미래를 위해 새로운 관객과 예술가들을 육성하는 봉사 프로그램을 마련했다.

OSF는 거의 설립 때부터 봉사 프로그램을 유지해 왔다. 처음에는 단지 배우들이 주변 극장을 돌며 셰익스피어를 가르치는 봉사활동에 불과했으나, 이 프로그램은 1975년에 팽창하여 알래스카에서부터 캘리포니아 중부까지 태평양 해안을 가로지르며 학생들을 가르치고 그들이 '셰익스피어 속으로' 들어가는 것을 돕는 2개의 배우 팀을 포함하게 되었다. 더 나아가, OSF는 무대 뒤를 둘러보는 것과 배우 그리고 공연 스태프와 원탁회의를 하는 것 등의 특별한 행사를 모든 관객에게 제공한다. 이 봉사 프로그램을 총괄하는 폴 반스는 이런 특별행사 모두 미래의 극단에게 제안해야 할 방식이라고 말했다. 그는 이 프로그램이 갖는 긍정적인 효과를 이미 찾을 수 있다고 믿는다. 새로운 지역에서 온 사람들은 순회하는 배우들에게 이끌려 OSF의 공연을 관람하기 시작했다. 젊은 연극 관람객이 눈에 띄게 증가했다. OSF는 10년에 걸쳐 10만 명의 관객들을 유치했다(모든 데이터는 반스와의 인터뷰로부터 얻은 것이다).

새로 설립된 지방 극단들 역시 봉사 프로그램을 만들었다. 산호세 레퍼토리(The San Jose Repertory)는 출범 첫해에 예술적 재능을 계발하기 위해 한 고등학교와 자매결연을 맺었다. 그것은 또한 어린아이들이 연극에 입문토록 하기 위해 그 지역의 학교들을 방문하는 프로그램도 도입했다. 그들은 초기의 비용을 그들의 제한된 자금으로부터 떼어 냈다. 하지만 기획자인 데이비드 레모스(David Lemos)는 그 비용을 투자라고 불렀다. 이런 프로그램들은 대중이 연극에 대해 알게끔 했고, 몇몇 작품들에서 이미 나타난 새로운 재능을 발전시킴과 동시에 관객 규모를 3배로 늘리는 것을 도왔다(Lemos).

OSF와 산호세 레퍼토리의 이런 양상은 예외적이지 않고 일반적이다. 현재 거의 모든 지방 극단들이 어떤 형식으로든 나름의 봉사 프로그램을 갖추고 있고, 많은 배당금을 받아 왔다. 그러한 프로그램의 운영자들은 현재의 관객이 미래의 관객을 유치하고, 배우를 양성하며, 극단을 유지하게끔 한다는 것을 알아차렸다. 극단들이 봉사의 역할의 필요성을 실감한 것이 그들의 존립에 크게 기여했다.

지방 극단이 증가하는 현상의 다른 하나의 가능한 원인은, 이런 극단이 속한 지방 주민들의 특수한 관심에 부응하는 작품들을 기획할 수 있다는 것이다. 1984년에, OSF는 캘리포니아에서의 생활에 관한, 〈Dream House〉라는 작품을 선보였다(OSF는 캘리포니아 주의 경계선 근처 오리건의 애슐랜드[Ashland]에 위치하여 주로 캘리포니아의 관객들을 유치했다). 이 연극은 아마도 오하이오주에서는 인기가 없었을 것이다. 그것은, 캘리포니아 주의 사람들에게 직접적으로 중요한 이슈들을 다루었기 때문에, 96%의 티켓 판매율을 기록했다(Rubin: 96). 이와 유사하게, 산호세 레퍼토리는 주변에 위치한 실리콘 벨리의 젊은 도시 전문가들인 여피들(Yuppies)의 삶과 관련한 〈Yup!〉이라는 연극을 제작했다. 여름철 동안 그 공연은 매진을 기록했는데, 동시에 상연된 브로드웨이 뮤지컬은 절반의 관객을 유치하는 데 그쳤다. 이런 공연은 지방 관객들의 요구를 만족시키고, 지방 극단이 폭넓은 관객들을 유치하도록 하며, 그것(지방 극단)을 인기 있게 만들었다. 이러한 인기는 지방 극단이 지속 가능하도록 했으며, 많은 공동체들이 그들 나름의 극단을 설립하게끔 만드는 자극제가 되었고, 미국 내 지방 극단의 유행을 지속케 했다.

이런 모든 원인들이 지방 극단이 유행하게 된 것을 설명한다. NEA의 설립은 이 움직임의 초기 단계에 분명히 기여했으며, 지방 극단의 경제적 이점과 독특한 서비스 능력은 이 유행의 발전과 유지를 도왔다. 하지만, 이 모든 면들을 다 합치더라도 지방 극단이 왜 부상했는지에 대한 완전한 설명을 할 수 없다. 확실히, 이 요인들은 왜 80년대에 갑작스럽게 지방 극단이 급증했는지를 설명하지 못한다. 분명히 지방 극단의 번성에 대한 더 깊고, 더 근본적인 설명을 가능케 하는 요인이 있을 것이다. "예술은 삶을 반영한다."는 격언을 참작하며, 국가를 하나의 전체로서 바라보는 것이 단서를 제공한다. 지방 극단의 부상이라는 연극계의 움직임은 단지 더 넓고, 보다 일반적인 탈-중심화(decentralization) 경향의 일부이다. 이런 경향이 정치에서부터 텔레비전에 이르는 미국인의 삶의 모든 측면에 영향을 미침에 따라, 《대세(大勢)》(*Megatrends*)라는 인기 있는 책에서, 존 나이스비트(John Naisbitt)는 그것(탈-중심화의 경향)에 대해 기록했다. 이 경향의 주요 측면은 현재와 미래에 중요한 운동이 풀뿌리로부터 생겨날 것이라는 점이다. 마치 중요한 정치적 활동이 미국의 수도가 아닌, 각 주의 중심으로 이동하는 것처럼, 지방 극단의 부상은 브로드웨이라는 중심으로부터 힘을 빼앗아 지방에 부여하기에, 이 대세(내지는 메가트렌드)에 완벽하게 들어맞는다. 덧붙여, 탈-중심화의 대세는 나이스비트가 그 동향의 시작이 지니는 진정한 힘을 상세히 기록한 80년대에 지방 극단이 갑작스럽게 증가했다는 사실을 설명한다.

그러므로 지방 극단의 부상에 대한 가장 좋은 설명은, 그것이 미국이 겪고 있는 탈-중심화 경향의 일부라는 것이다. 다른 모든 원인들은 지방 극단의 부상에 기여했고, 아마도 다른 원인들 역시 그랬을지 모르지만, 극단의 움직임에 가장 큰 의미를 부여하는 것은 이 원인이다. 어떤 비평가들이 주장하는 것처럼, 지역 극단의 힘은 브로드웨이의 죽음을 의미하지 않는다. 오히려, 그것은 활력과 재능이 지방으로부터 브로드웨이와 국가의 중심으로 이동할 새로운 시대를 알린다.

참고문헌(Works Cited)

Barnes, Paul, [Personal Interview], 3 May and 6 May 1986.

Blums, Daniel, (ed.), *Theater World*, New York: Grenburg, 1957.

Brustein, Robert., "The Broadway Slump," *The New Republic*(7 March 1983): 25-26.

Census Bureau, *Census of Sports and Leisure*, Washington, D.C.: Census, 1982.

Isenburg, Barbara, (ed.), *California Theatre Annual*, California: Performing Arts Network, 1982.

Lemos, David. [Personal Interview]. 3 May 1986.

Naisbitt, John., *Megatrends: Ten New Directions Transforming Our Lives*, New York: Warmer Books, 1982.

Ross, Laura, (ed.), *Theatre Profiles 5*, New York: Theatre Communications, 1982.
Rubin, Margaret, (ed.), *Ashland, Oregon, Shakespearean Festival*, Ashland: Oregon Shakespearean Festival, 1984.
Willis, John, (ed.), *Theatre World*, Vols. 25-39, New York: Crown, 1984.
Zeisler, Peter., *Theatre Profiles 3*, New York: Theatre Communications, 1980.

질문

1. 이 글의 주제는 무엇인가?
2. 이 글의 논제는 무엇인가?
3. 이 글의 중심주장(논지)은 무엇인가?
4. 이 글의 말미에서 필자는 탈-중심화의 일반적 경향이 지방 극단의 부상의 주요 원인이라고 주장하고 있다. 이 주장의 논거로서 필자는 어떤 조사 결과와 분석을 제공하는가?

예시답안

1. 미국 지방 극단(의 부상)
2. 1960년대 중반부터 1980년대 초반까지 미국의 지방 극단이 유행하게 된 원인은 무엇인가?
3. 1960년대 중반, 미국의 지방 극단이 서서히 증가하며 유행하기 시작한 것의 원인은 1965년의 NEA의 설립이다. 이후 1986년(이 글이 쓰인 시점)까지 지방 극단의 유행이 유지되고 발전된 것은 대중의 실황 공연에 대한 관심의 증가, 지방 극단의 더 큰 비용 효과적인 성격, 저렴하지만 질 높은 공연, 지방 극단의 지역사회에의 (공연 이외의) 공헌(지방 극단의 봉사 프로그램 운영), 각 지방의 고유한 관심사를 주제로 한 작품의 상연, 탈-중심화의 메가트렌드 때문이다.

4. NEA의 설립 시점인 1960년대 중반에 지방 극단의 유행이 시작되고 1970년대까지 이 유행은 유지 · 발전되었다. 그런데 1980년대에 접어들며 지방 극단은 '급증'하였다. 이 사실은 지방 극장의 부상이 탈-중심화라는 메가트렌드의 일부이고 그 메가트렌드가 1980년 이후 미국 전역에 걸쳐 형성 · 발전하였다는 것에 의해 (가장) 잘 설명된다.

직접조사 방식을 택하여 자료를 수집한 후 그것에 기초하여 한 편의 논증적인 글을 써 보자.

예시답안

캘리포니아의 이혼 자녀[3)]

Judith S. Wallerstein, Joan Kelly 지음
김효섭 옮김

결혼 생활이 불행한 부부라도 그들의 '자녀의 이익을 위해서' 결혼 생활을 유지해야 한다는 것이 과거의 통상적인 사고방식이었다. 현재의 많은 사람들은, 불행한 부부는 자녀를 위해서도 이혼을 하는 편이 낫고, 불행한 결혼 생활은 자녀에게도 불행하며, 이혼은 어른들의 행복을 증진할 뿐만 아니라 아이들에게도 이롭다고 말한다.

이 새로운 주장에 대한 시험은, 우리가 '이혼 가정 자녀 프로젝트'라는 것을 시작했던 1971년, 우리가 설정한 목표들 중 하나였다. 우리는 이혼을 한 지 얼마 되지 않은, 자녀가 있는 60가구의 모든 구성원들을 인터뷰했다. 그리고 열여덟 달 후에 그들을 다시 인터뷰했다. 최근, 처음 만난 지 5년이 지난 후에, 우리는 그들을 다시 만났다. 우리의 연구와 견줄 만한 것은 미국에도 유럽에도 없었다. 연구가 진행된 기간, 참여한 다양한 연령의 아동들

3) 이 글은 같은 책, pp. 174~183에 수록된 "California's Children of Divorce"를 번역한 것이다.

의 수, 그리고 제시된 질문 면에서 모두 새로운 것이었다. 우리의 연구 결과는 어른들에게 좋은 것이 항상 그들의 자녀들에게도 좋다는 생각을 포함한 많은 것에 회의적이었다. 예를 들면, 결별 이후 5년 정도가 지나면, 새로운 가족 구조가 삶의 일부로서 수용될 것이고, 우리의 관찰은 안정에 이른 사회적 · 심리적 환경 속에서 이루어질 것으로 예상했다. 하지만 우리는, 우리가 생각했던 것보다 많은 사람들이 여전히 다양한 정도의 혼란 속에 처해 있음을 알아냈다.

우리의 전반적인 결론은 과거와 현재의 사회적 통념과는 달리, 이혼이 사람들의 삶에서 단일한 패턴이 아닌 (많은 변수에 따라) 적어도 세 가지 패턴을 형성한다는 것이었다. 5년이 지난 후, 어른들과 아이들 중에서 약 4분의 1에 해당하는 사람들에게 이혼은 성공적인 것이었고, 절반 정도가 어려움에 대처하며 그럭저럭 살아갔으며, 나머지 4분의 1은 크게 상처받은 채 이혼 전의 가정으로 돌아가고 싶어 했다. 각 집단의 일부는 예전과 같았고 변화 없이 지속되었다. 나머지 사람들에 대해 말하자면, 거의 대부분의 사람들에게 이혼은 개선이나 악화와 관련 있는 것으로 보였다.

자녀들에게 가장 큰 차이를 만들었던 것은 이혼 그 자체가 아니고, 온전한 가정에서 좋은 적응도와 만족을 가져다주는 요인들, 즉 부모와 자녀의 심리적 건강과 서로의 삶에의 적절한 관여였다. 하지만 이처럼 최적의 조건을 제공하는 것은 분노, 거절, 그리고 떠나간 부모를 배제하고자 하는 시도 등의 특징들을 지닌 이혼 후의 가정에 있어 어려운 일이다.

가족 환경의 변화

분명 부모의 이혼은 대부분의 자녀들에게 불행한 충격이었다. 그들 중

다수가 불행한 가정에서 수년을 살아왔다 할지라도 이혼을 그들의 불행의 해결책이라 여기지 않았고, 이혼 시 혹은 몇 년 후에도 안도감 속에서 그것을 반기지도 않았다.

확실히, 자녀들 중 다수는 성숙해짐에 따라 이혼에 대해 다른 관점을 갖게 되었다. 하지만 가정 불화의 시기에 다수의 자녀들은 그들의 환경이 주변의 다른 가족들에 비해 더 좋다고도 더 나쁘다고도 생각하지 않았다. 사실, 그들은 절뚝거리며 걷는 것에 만족했을 것이다. 이혼은 그들이 폭풍우로부터 돌아올 요구조차 인지하지 못했을 때 그들에게 내리친 번개와도 같았다. 5년 후, 한 부모로부터 다른 부모로 양육권이 이양된 경우는 거의 없었다. 77%에 달하는 자녀들이 계속해서 어머니의 양육을 받았다. 8%의 아이들은 아버지와 함께 살고 있었는데, 이는 5년 전과 비교할 때 약간 증가된 수치이다. 자녀들 중 3%는 한 집에서 다른 집으로 옮겨 가길 반복했는데, 이는 대부분의 경우 공동 양육의 합의에 따른 것은 아니었고, 아이, 그리고 함께 사는 부모와의 관계가 심하게 틀어진 경우의 압박에 의한 것이었다. 11%의 추가적인 자녀들은 이제 청년이 되어 혼자 살고 있었다.

3분의 2가량의 아이들은 5년 안에 거처를 옮겼던 경험이 있었고, 그런 아이들 중의 상당수가 3회 이상 이사하였다. 하지만 이사는 30마일 반경 이내에서 이루어졌다. 소수의 가정이 살 던 지역을 떠났다. 아버지들은 근처에서 사는 경향을 보였다. 절반에 해당하는 아버지들은 그들의 자녀들과 같은 지역 안에 거주하였고 그중 일부는 자전거로 다닐 수 있을 만큼 가까운 거리에 살았다. 그 외 30%의 아버지들은 1시간 운전을 하면 닿을 곳에 있었다.

43%에 달하는 24명의 아버지들은 첫 조사로부터 5년이 지날 때까지

재혼을 했는데, 그들 중 5명은 다시 이혼했고, 2명은 이혼 후 다시 재혼했다. 어머니들 중 19명(전체의 3분의 1에 해당)은 재혼을 했다. 이들 중 2명은 다시 이혼하였고, 2명은 과부가 되었다. 그래서 4분의 1에 가까운 아이들이 계부와 함께 살았다.

대다수의 아버지들(68%에 해당)은 꽤 규칙적으로 양육비를 지불했고, 다른 19%의 아버지들은 불규칙적으로, 금액을 달리하며 약간의 경제적 지원을 하였다(국가적으로 볼 때, 추정되는 액수는 상당히 낮다). 13%의 아버지들은 완전히 경제적 책임을 방기하고 있다. 여전히, 아버지들보다 훨씬 많은 어머니들이 이전의 경제적 형편보다 못한 환경에 놓여 있었다.

이혼 당시에, 5분의 2에 해당하는 가구가 상류층 내지는 중 · 상위층에 속했었지만, 지금은 어머니들과 그 자녀들의 3분의 2가 중류층 내지는 중 · 하위층에 속한다.

자녀들의 변화하는 상호작용

우리가 알게 된 아이들은 대개 그들 부모의 마술적인 화해의 판타지를 버리지 못했다. 우리가 처음 보았을 때 7살이었던 대니(Danny)는 약하게나마 그의 '가장 좋은' 판타지를 믿고 있었다. 대니는 헤이젤 거리(Hazel Street)와 파인 거리(Pine Street)를 항상 복구하고 싶어 했었다. "그 거리들은 온통 진흙으로 채워져 있고 서로 떨어져 있어요. 하지만 오래전에는 붙어 있었어요. 나는 그 두 거리를 잘라서 붙여 놓고 싶어요. 하지만 그건 먼 훗날의 일이에요"라고 대니는 말했었다. 우리가 대니를 다시 보았을 때, 이렇게 말했다. "이혼은 당신이 생각하는 것만큼 나쁘지 않아요…. 영화나 텔레비전에서 보이는 것만큼이요." 그는 자신이 그간 이혼에 대해서 많이 생각해 왔고 아주 최근에야 그것에 대해 알게 되었다고 말했다. "당신이 유리잔을 깨고 그 조각들을 바로 집어 붙이면, 그것들은 완전히 함께 다시 들어맞지만, 한 조각을 집어 올려 모서리를 사포로 닦아 매끈하게 만들면, 그것은 결코 다시 들어맞지 않죠. 이혼은 마치 그런 것과 같아요."

이혼 후 5년이 지나, 아이들의 28%는 그들 부모의 이혼을 강하게 찬성했고, 42%는 변화된 가정을 수용하지만 이혼에 대해 찬성이든 반대이든 강한 입장을 지니지 않은 채 중간 어디쯤에 위치했으며, 30%는 이혼에 강하게 반대했다. 그리고 이는 첫 번째 조사 때와 비교할 때 중요한 변화였다. 그 당시에는 4분의 3에 해당하는 자녀들이 이혼에 대해 강한 거부감을 드러냈었다. 여전히 수많은 아이들의 이혼 이전의 가족에 대한 충성심은 불안할 정도로 높았다.

현재 2학년인 낸시는 "부모님들이 처음 이혼을 했을 때는 좀 슬펐어요"라고 말했다. 이어서 낸시는, "우리는 아빠 집에서 아빠를 보게 됐어요…. 거기엔 할 수 있는 즐거운 일들이 많아요…. 거기에선 많은 개들과 새로운 사람들을 만날 수 있어요"라고 말했다. 그 아이는 그래서 사는 것이 재미있다고 했다. 34%의 아동들과 청소년들은 첫 대면 후 5년이 지났던 그 때와 비교했을 때 심리적으로 잘 지내고 있었다. 그들의 자존감은 높았고, 학교, 운동장, 그리고 집에서의 과제들에 유능하게 잘 대처하고 있었다. 이런 회복력 높은 아이들 사이에서 유의미한 연령 혹은 성의 차이는 없었다. 남자 아이들은, 자존감이 뒤처져 있었던 첫 번째 만남 이후 몇 해 안에 그들의 누나를 따라잡은 것으로 보였다. 자족감(sense of sufficiency)이 이 (회복력 높은) 아동들의 특징이었다. 이혼은 사랑하는 부모를 빼앗아 감으로써, 혹은 분노에 찬, 불만족해하는 부모와 동행케 함으로써 그들의 삶을 망쳐 놓지는 않았다. 때때로, 그들은 여전히 외롭고, 불행하고, 이혼에 대해 슬퍼했다. 하지만 그들은 이런 우려할 만한 사항들 때문에 부모에게 분노하지는 않았다.

약 29%의 자녀들은 심리적 건강 척도에서 중간 정도의 위치에 있었다. 그 아이들은 초등학교에 다니는 중이었고, 어른과 다른 아이들과의 관계에서 적절한 사회적 행동과 판단을 할 수 있음을 보여 주었다. 그들의 선생님은 그들을 평균적이라고 여겼다. 그럼에도, 불행, 낮아진 자존감 혹은 분노는 계속해서 그들의 주의력과 에너지의 상당 부분을 빼앗아 갔고, 때로는 발달의 잠재성을 충분히 발휘하는 것을 방해했다.

11살의 손자(Sonja)는 이런 중간 집단의 전형이라 할 수 있는 아이였다. 그 아이는 이렇게 말했다. "나는 이혼에 대해 내가 예전에 그랬던 것만큼 많이 생각하지 않아요. 예전에는 내가 잘못했어요. 나는 늘 화가 나 있었고 엄마에게 욕을 했어요…. 지금도 종종 엄마에게 욕을 해요. 나는 엄마에게 진심이 아니라고 말하지만 나도 나 자신을 어떻게 할 수가 없어요." 손자는 불안감을 주며, 타인을 때리고 아프게 하는 것에 관해 유쾌하게 얘기했다. 어려움에 처한 사람들, 어른들, 아이들에 대한 몇 가지 이야기를 꺼내며 손자는 흥분한 채로 웃어 댔다. 최근에, 손자는 쇼핑센터와 학교에서 물건을 훔치다 적발되었다. 하지만 손자의 어머니는 그 아이가 예전만큼 많은 것을 요구하지 않으며, 전반적으로 볼 때, 행동이 개선되고 있다고 말했다.

우리는 마지막 세 번째 범주의 아동들과 청소년들이 이혼 이후의 가정 안에서의 생활에 대해 의식적으로, 큰 불행을 느끼며 불만족스러워한다는 것을 알 수 있었다. 이 집단에는 중간에서 심한 정도까지의 우울증을 앓고 있는 아동들과 청소년들도 포함되어 있었다. 그럼에도 우울증을 겪고 있는 아이들 중 적어도 절반은 내부에 개선의 여지를 지니고 있었고, 학교와 같은 그들 삶의 중요한 부분들 속에서 나이에 맞는 방식으로 행동할 수 있었다.

우리는 27%에 달하는 아이들 안에서 발견한 강한 외로움의 높은 빈도에도 놀라지 않을 수 없었다. 그리고 이 수치는 첫 인터뷰 이후 열여덟 달이 지난 지점에서 보다 약간 높은 것이었다. 이 아이들은 방과 후 빈 집으로 와 일하는 부모가 돌아오기를 기다리는 것에 대해 불평하였다. 주말에는 이혼한 두 부모의 사교로부터 버려진 것처럼 느꼈다. 몇몇 아동들은, 재혼한 성인들이 사적인 것을 원하고 호기심 많은 아이들로부터 떨어진 사생활과 시간을 원한다는 것을 인지하면서도, 부모가 재혼을 했을 때 느끼는 외로움에 대해 불만을 표했다.

잘 적응하지 못하는 아동들과 청소년들의 23%의 심리 상태에 있어 분노는 중요한 역할을 했다. 대부분의 분노는 방어적이고, 이들의 두려움, 슬픔, 그리고 무력감을 반영하는 것이었다. 특히 아버지에 대한 분노가 유지되는 경향이 강했고, 나이를 더 먹은 아이들과 청소년들에게서 특히 그러했다. 3명의 아동들은 그들의 아버지의 접근을 거절했다. 폴(Paul)은 그들 중 1명이었는데, 그는 14번째 생일에 아버지가 준 생일 선물을 열어 보지도 않았다. 다른 아동들의 분노는 폭발적으로 화를 표출하는 것과 약물의 복용이나 절도와 같은 비행을 포함하는 다른 형식을 취했다.

개입적인(involved) 아버지의 중요성

그렇다면 무엇이 성공적인 결과를 설명하는가? 어떤 아동들은 불만족해하고 난폭한 부모로부터 떨어져, 자신을 배려하고 사랑하는 부모의 양육하에서 지내는 것 자체에 의해 더 나아졌다. 이들 중 일부는 계모나 계부와 좋은 관계를 맺고 있었다. 특히, 어린 아이들은 그들이 금방 좋아하게 된 계부와 함께하며 새롭게 성장하고 흥분감 속에서 앞으로 나아가는(spurt ahead) 듯했다. 가장 높은 회복력을 보이며 부모의 이혼에 대처한 아이들에게 공통적인 수많은 다른 변수들이 있는 것으로 보였다. 그것들 중 하나는, 별로 놀랍지 않게도, 애당초부터 강한 성격을 지니는 것이다. 맨 첫 번째 조사에서 매우 잘 적응하는 범주에 포함시켰던 아동들의 발달 과정을 추적했을 때, 이 회복력 있고, 성공적으로 적응하는 아동들 중 3분의 2는 5년 후에도 여전히 매우 잘 기능하고 있었다. 슬픈 일이지만, 갈등하는 부모의 결혼 생활에 대처할 수 있었던 모든 연령 집단에서 어떤 아이들은 이혼 이후에 잘못 지내게 됐다.

가장 예측하기 어려운 변화는, 애초에 성공과 실패가 섞인 채 들어 있는 가방과 같았던 적응도를 보여 준 아이들 안에서 발생했다. 처음에 적응 정도의 척도 상 가운데쯤에 위치했던 아이들 중 극히 소수만이 5년 후에도 비슷한 위치에 있었다. 이 아이들이 변화에 가장 민감했고 같은 정도로 좋아지거나 나빠졌다.

좋은 적응도에 영향을 미친 가장 중요한 요인은 아마도, 서로 간의 마찰이 크게 해소된 두 부모와의 안정적인 애착관계였을 것이다. 이런 관계의 본질은, 떨어져 사는 부모가 양육권을 지니는 부모의 격려 속에서 정기적인, 믿을 만한 방문 패턴을 보이는 것에 있다. 모자관계의 40%가 척도 상에서 적절함과 매우 좋음 사이에 위치해 있었고, 추가적인 20%가 적절함의 지점에 있었다. 아버지가 심리적으로 문제가 있거나 학대적일 때, 강한 어머니는 혼자 정서적인 짐을 지고 자녀에게 필요한 모든 정서적인 지지를 제공할 수 있는 것으로 보였다. 하지만 일반적으로, 두 부모 모두가 정서적인 지지를 제공했고, 양육권을 지닌 부모의 아이의 삶을 향상시키고자 하는 노력은 무관심한 다른 부모에 의해 가중되었다.

집을 떠난 부모가 할 수 있는 기여는 조사 후 5년째 되는 지점에서 분명하게 나타났다. 빈번하고 융통성 있는 방문 패턴이 대다수의 아이들에게 중요했다. 거의 4분의 1에 달하는 아이들이 일주일에 1번 이상은 지속적으로 아버지를 만났고, 다른 20%의 아이들이 한 달에 2번에서 3번 방문을 받았다. 그래서 45%의 아동들과 청소년들은 사회가 '적정 수준의 방문'이라 간주하는 것을 계속해서 받고 있었다. 비록 그 아이들 중 다수가 방문이 충분치 못하다는 불만을 표하지만 말이다.

한 달에 1번 이하의 빈도의 변덕스러운 방문을 받은 17%의 아이들은 아버지의 일관성 없음에 의해 계속해서 비통해했다. 5년의 시간 경과는 그들의 두 부모 모두로부터 사랑받고 싶은 바람을 줄이진 못했던 것이다. 9%의 아이들은 아예 아무런 접촉이 없었다.

전체적으로, 아이들 중 30%가 이혼 후 5년이 지나서도 그들의 아버지로부터 애정 어린 돌봄과 관심을 받고 있었으며, 이렇게 지속적인, 친밀한 관계를 느끼는 것이 남녀 아동 모두의 좋은 적응도에 결정적이라는 사실을 우리는 알아냈다.

이런 아버지는 보통 가정의 아버지들이 당연시하는 양육비를 벌기 위해 열심히 일했다. 어떤 아버지들은, (이혼 이후 4년이 지나서도 아이가 아버지를 방문하는 동안 전화를 걸어 아이에게 샤워를 하라고 명령하는 전 부인과 같이) 짜증스러운 요인들에도 불구하고 계속 노력했다. 한 남성은 그의 세 자녀들 각각의 독특한 성격에 대해서 너무도 생생하게 묘사했다. 만약 누군가가 그가 얘기하는 것을 듣는다면, 그가 5년 전에 이혼을 했다는 것을 알기 어려웠을 것이다. 이러한 남성들의 자녀들은 비교적 운이 나쁜 많은 아동들이 경험했던 거절당했다는 느낌과 상실감을 지니지 않았다.

더 많은 방문을 간절히 바랐던 아이들과는 대조적으로, 아이들 중 약 5분의 1은 부모를 방문하는 것이 즐겁다거나 만족스럽다고 생각하지 않았다. 많은 아이들이 이혼한 부모들 사이에서 적대적인 메시지를 전달하도록 이용당하는 것에 분개했다. 13세의 래리(Larry)는 "아빠는 엄마에게 화살을 쏠 때, 그 화살이 엄마에게 도달하기 전, 제일 먼저 우리들 몸을 뚫고 지나간다는 것을 알아야 해요"라고 말했다.

노골적인 버림에서부터 일반적인 불성실함에 이르기까지의 광범위한 부모의 행동이 아동을 반복적으로 실망시키고, 많은 경우 그 아동이 거절당했고, 퇴짜를 맞았으며, 사랑받지 못하고, 사랑받을 수 없다고 느끼게끔 만든다. 거절하는 아버지에 대한 분노는 자신이 아버지에게 본질적으로 사랑받을 수 없다는 아동의 불행한 결론을 무효로 만들 수 없었다. 예컨대 리아(Lea)는 비정상적으로 말이 없었고 리아의 선생님은 그 아이가 어떤 일에도 성공할 수 없을 것이라고 말했다. 우리는 집에서 리아와 인터뷰를 했다. 자기 아버지에 대해서 질문을 받았을 때, 리아는 아버지가 지난 3년간 자신에게 써준 편지들을 담고 있는 상자 하나를 꺼내 왔다. 이 편지들은-아마 15통이었을 것이다-모서리가 접혀 있거나, 1번 접혀 있거나, 여러 번 접혀 있었고, 인터뷰 담당자는, 눈물을 흘리며 읽고 또 읽은 귀중한 러브레터들의 모음을 떠올리지 않을 수 없었다. 사실 리아의 아버지는 지난 2년 동안 단 1번 방문했었다.

9살의 피터는 근처에 거주하는 아버지를 두세 달에 1번 이상은 만날 수 없었다. 우리는 피터가 힘들어 할 것이라 예상했지만 그 아이가 느끼는 비참함의 크기를 마주할 마음의 준비가 전혀 되어 있지 않았다. 인터뷰 담당자는 다음과 같이 말했다. "나는 피터가 언제 아버지를 마지막으로 보았는지를 물었어요. 피터는 멍하니 저를 바라보았고, 그 아이의 생각은 혼란스러웠고, 말은 멈칫거렸습니다. 바로 그때, 경찰차 한 대가 요란한 사이렌 소리를 내며 지나갔고, 피터는 허공을 응시하며 몽상 속에서 길을 잃은 듯 보였어요. 이 상태가 몇 분 동안 지속되었을 때, 저는 그 경찰차가 그의 아버지를 연상케 했을 것이라고 조심스럽게 말했습니다. 그러자 피터는 울기 시작했고, 35분 동안 멈추지 않고 흐느꼈어요."

대다수의 아버지와 아이가 꽤 자주, 지속적으로 만났지만, 이 관계의 4분의 3은 5년이 지난 그 지점에서, 성장의 복잡한 과제들에 대해 충분히 얘기하는 것에 별 도움을 주지는 못했다. 아버지가 명백히 자녀를 학대하거나 심리적으로 문제가 있는 극단적인 경우를 제외하면, 접촉이 있는 것이 아예 없는 것보다는 더 나아 보였다. 아버지와 함께 있음은, 버림받음과 전적인 거절에 대한 걱정과 이런 근심에 수반되는, 지속적인 자기-의심으로부터 아이를 지켜 냈다. 아버지와 함께 있는 것은, 얼마만큼 제한적이건 간에, 아이의 취약성, 외로움, 그리고 한 부모에의 전적인 의존을 감소시켰다.

아이들이 적응하는 것을 돕는 데 중요할 것이라고 우리가 예상했었던 몇 가지 다른 요인들은 실제 중요하지 않은 것으로 판명되었다. 아이들은 친구를 통해 집에서의 괴로운 상황을 보상받을 수 없었다. 오히려, 비교적 안정적인 가정에서 자라 온 아이들이 밖에서 친구들을 사귈 수 있는 가능성이 가장 높았다. 조부모들은 -그들이 이혼을 지지하는 경우- 이혼한 어머니와 그 자녀에게 꾸준하게 약간의 지원을 제공했지만, 다른 곳에서의 문제점들을 상쇄하는 데 있어 충분히 강한 영향을 미치지 못했다. 대부분의 아이들은, 어머니가 일을 하든지 안 하든지, 좋건 나쁘건 간에 영향을 받는 것처럼 보이지 않았다. 그러나 가장 어린 남자 아동들의 일부는 어머니가 풀타임으로 일을 하지 않을 때 성적이 유의미하게 더 높고, 전반적으로 더 잘 적응하는 것으로 보였다.

3분의 1의 이혼 가정 부모들 중 1명 혹은 모두는 재혼을 했는데, 이때 그 자녀들은 일상생활에서 다시 한 번 큰 변화에 직면하게 됐다(조사 대상인 양육권을 가진 아버지들 중 단 2명이 재혼을 하였다). 계부의 등장은 잠시 동안 마찰을 일으키는 것으로 보였다. 대부분의 계부는 과거에 결혼을 한 적이 있고, 새 부인의 아이들에게도 아버지의 역할을 할 것으로 기대되었으며, 새 부인의 격려 속에서 그 역할과 전통적으로 관련되었던 권위, 전제 조건, 특권 속으로 빨리 움직였다. 단지 소수의 남성이 점차적으로 그의 의붓자식과의 관계를 발전시키고 초기 단계에서의 의심과 저항을 잘 참작하는 것에 미숙했다.

재혼 초반부의 약간의 긴장 후에, 2살에서 8살까지의 아이들과 계부와의 관계는 꽤 빨리 뿌리를 내렸고, 아이들과 어른들 모두에게 행복감을 주고 만족스러웠다. 그러나 계부와 함께 살게 된 아이들은 친부모들 사이의 마찰에 특히 민감한 것으로 보였다.

많은 사람들이 아동이 성장하는 동안 자신의 아버지로부터 새아버지로 방향을 바꿈에 따라 갈등을 경험할 것이라고 예상한다. 우리의 관찰은 그 예상이 잘못된 것이라는 것을 보여 주었다. 행복하게 재혼하여 살고 있는 가정에서 생물학적 아버지는 아이들의 삶에서 서서히 사라질 것이라는 예상 또한 우리의 관찰과 달랐다. 재혼을 한 아버지들의 대다수는 이전에 그랬던 것만큼 자주 아이들을 방문했다. 대부분의 경우, 아동들은 가족에 대한 기존의 관점을 확장시켰고 마음속에 3명의 주요 인물을 위한 여유를 만들어 냈다. 10살의 제리(Jerry)는 아버지를 얼마나 자주 만나냐는 질문에, "어떤 아빠를 말하는 거예요?"라고 답했다. 아동이 아버지와 계부 사이에서 고통스러운 심리적 갈등을 경험할 때는 대체로, 이 두 어른들이 정반대의 방향에서 아이를 끌어당기면서, 질투심이나 경쟁심을 느끼는 경우였다.

그런 아이에 있어 가장 비극적인 상황은, 어머니와 계부가 재혼 가정 내에서의 수용과 애정에 대한 대가로서 친아버지에 대한 사랑을 버리라고 요구하는 경우이다. 이런 상황에 처한 아이들은 심각할 정도로 괴로워하고 우울해지며 만성적인, 해소될 수 없는 갈등에 너무나 정신이 팔린 나머지 정상적인 속도로 배우거나 발달할 수 없었다.

종국적인 긴장의 완화

우리의 연구 대상이었던 어른들, 특히 여성들의 대다수는, 증가된 경제적 압박과 여러 스트레스에도 불구하고, 이혼 후 5년이 지난 시점에서 우리가 그들을 처음 만났을 때보다 더 잘 지내고 있었다. 하지만 아이들의 경우, 개인들은 더 좋아지거나 나빠졌더라도, 좋거나 나쁜 '적응도'라는 넓은 범주 내에서의 비율은 비교적 안정적으로 유지되었다. 불운하게도, 불행한 결혼 생활과 이혼 모두 아이들에게 그다지 만족스럽지 못했다. 각 상황은 그 나름의 다른 스트레스들의 조합을 아이들에게 부과하고 있었다.

아이가 이혼한 친부모들과 맺는 관계에 대한 우리의 연구 결과는, '이혼한 친부모의 더 큰 책임 분담'이라는 개념의 중요성을 시사했다. 이런 조건은, 부모가 자녀의 이익에 대해 진정한 관심과 책임감을 유지하는 것으로 이루어진다.

'법적인 공동 양육(joint legal custody)' 개념은 옳은 방향으로의 첫걸음이다. 법적인 공동 양육의 상태에서는, 각 부모가 아이의 삶에 관한 중대한 결정을 내릴 권한을 지니게 된다. '공유된 물리적 양육(shared physical custody)'이라는 더 새로운 개념은, 부모가 자녀를 50 대 50으로, 80 대 20으로, 혹은 다른 비율로 공유하든지 간에, 역시 긍정적인 발걸음일 수도 있다. 그러나 다양한 발달 단계의 자녀들에게 이런 양육 방식이 주는 이익과 불이익을 결정하기 위해 더 많은 연구가 필요하다. 결혼 생활 중 의견 일치를 볼 수 없었던 많은 부모들이 이혼 후 자녀와 관련된 사항들에 대해 합의에 도달하는 것을 절대 기대할 수 없다고 말하며 이런 개념들에 반대한다. 진실로 분노에 휩싸여 있거나 정신적으로 장애가 있는 부모는 자녀와 관련된 합리적인 계획을 세울 수 없을 것이다. 하지만 우리 사회가, 이혼 후 자녀와 부모와의 관계에서 연속성이 중요하다는 사실을 부모가 인정할 것을 촉구해야 한다는 것은 분명해 보인다. 아마도 법적인 기대(legal expectations)를 바꾸면서, 우리는 이혼 후 자녀들의 요구에 응하는 것에 관한 필수적 재교육을 하는 첫걸음을 뗄 수 있을 것이다.

불행하게도, 이혼 가정은 양 부모가 함께 있는 가정보다 경제적으로, 사회적으로, 심리적으로 아이를 양육하는 것에 있어 덜 적합하다는 것은 분명해 보인다. 이는 이혼 가정이 아이를 잘 키울 수 있는 조건을 갖출 수 없다는 것을 의미하지 않는다. 그러나 양육의 부담이 전적으로 혹은 대체적으로 한 부모에게 지워진 이혼 가정은 스트레스에 더 민감하고, 더 제한된 경제적 · 심리적 자원을 지니며, 삶의 예견되거나 예견되지 않은 위기에 대해 더 취약하다. 양육의 책임을 다하기 위해, 많은 이혼 가정들이 현재 다수의 공동체가 갖추지 못한, 교육적, 직업적, 재정적인 상담에서부터 풍성한 방과 후 아이 돌봄 프로그램에 이르는 서비스망을 긴급하게 요구하고 있다. 우리 연구의 5년째 되는 지점에서 남성 부모의 5분의 2 그리고 약간 더 많은 수의 여성 부모가 우리가 제공했던 짧은 상담이 지지적(supportive)이거나 유용했다고 말했다. 이들은 5년 전 첫 번째 만남에서 우리가 제안했던 사항들을 여전히 따르고 있었다.

아이와 함께 이혼한 채로 사는 것은 어른들이 부모로서 협력하면서 전적으로 분리된 성적 · 사회적 역할을 유지할 수 있는 능력을 지니는 것을 요구한다. 이는 매우 어려운 일이다. 우리는 이혼은 불행한 결혼 생활에 갇힌 성인들에게 유용한 옵션으로 남아 있어야 한다는 신념과 함께 이 연구를 시작했다. 우리의 연구 결과는, 예상했던 것보다는 약간 더 무거운(grave) 것이었지만, 우리의 신념을 바꾸지 못했다. 그 결과는, 아이와 어른 모두를 위해 가정의 불화를 완화시키는 것에 대한 우리의 관심에 더 큰 자극이 되었다.

7

자연과학에서 논증적 글쓰기

자연과학에서 논증적 글쓰기란 무엇인가? 물리학 · 생물학 · 화학 등 자연과학뿐만 아니라 이에 기반을 둔 공학까지 과학은 예외 없이 공통의 방법을 채택하고 있다. 그것은 바로 '실험'이다. 한마디로 실험 없이는 과학적이라 할 수 없다. 자연과학에서 논증적 글쓰기는 무엇보다 실험에 관한 글쓰기이다. 이 점에서 인문학이나 사회과학에서의 논증적 글쓰기와 확연히 구별된다. 또한, 자연과학 글쓰기는 과학의 공통 언어인 수를 통해 실험 결과를 표현한다. 실험을 통해 얻은 결과를 수로 적시함으로써 과학은 자연을 객관적으로 설명한다. 실험보고서, 연구계획서, 학술논문 등 자연과학에서 논증적 글쓰기는 실험 결과로 얻은 객관적 수치를 논증의 근거로 삼는다.

이같이 자연과학에서의 논증적 글쓰기는 실험을 통해 얻은 데이터에 입각한 글쓰기이다. 그러면 이러한 글쓰기가 주장하는 내용은 무엇인가? 자연과학에서 논증적 글쓰기는 무엇을 목적으로 하는가? 그것은 과학적 가설의 입증이다. 자연과학은 우선 자연현상을 설명하는 가설을 제시하고, 다음으로 이러한 가설의 타당성을 입증할 실험을 설계한 후, 마지막으로 이 실험을 통해 얻은 데이터로 가설을 입증하거나 반증한다. 자연과학 글쓰기의 논증은 이러한 과학적 방법론을 바탕으로 한다. 먼저, 자연과학 글쓰기를 논증적 글쓰기로 만들어 주는 '가설연역법'이라는 논증구조를 살펴보도록 하자.

1. 자연과학에서 논증적 글쓰기의 기틀: 가설연역법

보통 이론적 수학은 연역을, 경험 내용을 바탕으로 하는 과학은 귀납을 방법론으로 삼는다고 알려져 있다. (연역과 귀납에 대해서는 2장 비판적 사고와 논증 (2) 논증의 형식 참고) 과학은 자연현상에 대한 관찰로부터 개별 현상에서 반복되는 일반적 특성을 발견하고 이를 법칙으로 제시하는 귀납적 추론을 토대로 한다. 그러나 과학적 주장은 단순히 자연현상에 대한 관찰과 그 일반화에 근거하지 않는다. 자연에 대한 관찰에서부터 과학적 법칙에 이르는 과정에는 '실험'이 있다. 현상에 대한 관찰 및 측정은 과학자에게 현상을 설명할 '가설'을 세우는 데 영감을 준다. 과학자는 이러한 가설을 입증할 수 있는 실험을 설계한다. 이 실험은 이 가설이 옳다면 이 가설이 주장하는 바에 따라 어떠한 결과가 나올 것인지, 연역적으로 추론한다. 그리고 실험을 통해 이러한 추론 내용이 옳은 지 검증한다. 이렇게 해서 실험에서 얻은 결과는 가설을 확증하거나 반증하게 된다. 이러한 현대 자연과학 및 공학에서 통용되는 과학적 방법론을 '가설연역법'이라 부른다. 가설연역적 추론의 절차를 간략하게 표현하면 다음과 같다.

① 구체적인 관찰과 기술

② 가설 제시

③ 가설로부터 결과 예측

④ 예측을 검증하기 위한 실험 설계

⑤ 예측과 실제의 일치 여부

⑥ 가설의 검증 또는 반증

일반적으로 자연과학 글쓰기는 이러한 가설연역적 논증 방식의 틀을 반영한다. 먼저 ①번과 ②번의 과정은 문제 제기 및 해결을 위한 가설을 제안하는 '도입(Introduction)'에 해당한다. 그리고 ③, ④번은 해당 실험의 배경이 되는 이론과 실험 방법을 제안하는 '재료와 방법(Material and Method)'에, ⑤번은 실험의 '결과(Result)'에 해당한다. 그리고 이를 바탕으로 가설의 검증 또는 반증을 논하는 ⑥번은 '토의(And Discussion)' 부분에서 전개된다. 이렇게 해서 자연과학 글쓰기는 가설연역적 논증 방식의 형태를 취하는 IMRND의 형식에 따라 구성된다.

IMRND 글쓰기

도입(Introduction)

재료와 방법(Material and Method)

결과(Result)

그리고 토의(And Discussion)

〈표 7-1〉 IMRAD 글쓰기와 실험보고서 형식

IMRAD	실험보고서
도입(Introduction)	목적, 이론
재료와 방법(Material and Method)	방법
결과(Result)	결과
그리고 토의(And Discussion)	고찰

우리가 이번 장에서 살펴볼 실험보고서 또한 다른 자연과학 글쓰기와 마찬가지로 이러한 형식을 따른다.

보기 문제 1

〈과학적 글쓰기의 특성 이해하기〉

1. 다음 글에서 말하는 과학적 언어의 특성을 열거해 보자.
2. 이 글에서 과학적 방법론으로 제시하는 귀납법의 내용을 찾아 요약하고, 귀납법을 가설연역법과 비교해 설명해 보자.

과학은 명확한 의사 전달을 위한 엄격한 언어에 기초되어야만 한다. 과학언어에 있어서 애매성은 완전히 배제되어야 하며, 개념의 적용 한계가 분명하게 설정되어야 한다. 따라서 언어의 논리성이 가장 중요한 역할을 차지하고 있다는 것은 당연한 귀결이다. 그런데 자연과학에서의 두드러진 난점은 다음과 같이 묘사되고 있다. 자연과학은 개별 현상의 사례를 수집하여 분석, 종합한 후에 일반화된 단순 법칙을 만든다. 다음 단순화된 일반 법칙으로부터 개별적인 사례의 적용 여부를 검증하는 것이 자연과학의 방법론이다. 일반 법칙은 대개 몇 안 되는 개념을 포함하는 특수언어 형식으로 형성된다. 이러한 개념들로부터 무한히 많은 자연현상의 가능성을 매우 엄밀하게 도출해 낸다. 일상언어에 의한 개념으로는 부정확하고 모호하게밖에는 기술할 수 없으므로, 일상언어에 의해서 그와 같은 도출은 거의 불가능하다. 전제로부터 결론을 유도하려면, 먼저 전제가 튼튼하고 정확해야만 한다. 그러므로 자연과학에 있어서 일반 법칙의 개념도 완전한 정확성을 갖고 정의되어야만 한다. 또한 이 정확성은 수학적 추상화의 과정을 필연적으로 겪어야만 한다. 이론물리학에 있어서, 측정의 결괏값들과 일대일 대응이 가능한 수학식을 찾아냄으로써 자연현상을 이해하고자 한다. 수학식은 측정의 결과를 유도해 가는 과정을 추상적으로 개념화시킨 것이다. 따라서 수학식은 일종의 언어이다. 이 수학 언어는 정의와 공리로 구성된 아주 엄격한 체계이다. 자연법칙은 수학 방정식과 같은 언어로 표현된다. 이렇게 만들어진 방정식에 대한 무한히 많은 해(solution)는 자연세계에서 무한히 많이 발생 가능한 실례적인 개별 현상에 하나하나 대응된다. 언어가 사실을 묘사하는 수단이 되듯이 수학적 도식은 자연현상을 논리적으로 표현하는 방법이다. 또한 관찰과 도구조작으로 이루어지는 과학실험은 일상언어를 통해서도 경험적으로 자연법칙을 설명할 수 있다. 어쨌든 자연과학에서 사용되는 언어는 자연현상의 사실과 대응된다는 점이 주목되는 일이다.

– W. 하이젠베르크, 최종덕 옮김, 《철학과 물리학의 만남: 현대 과학의 혁명》, 한겨레, 1985.

2. 실험보고서 작성의 기술

이제 자연과학 글쓰기 가운데 학부 과정 중에 실제 작성하는 실험보고서를 중심으로 자연과학에서 논증적 글쓰기의 기술을 익혀 보자. 물론 각 전공 실험실습 강의에서 보고서 작성에 반드시 따라야 할 세부 규칙들이 제시될 것이다. 여기서는 일반적으로 통용되는 실험보고서 작성법의 기술을 살펴보고 이를 통해 자연과학에서 논증적 글쓰기의 기본요건들을 습득하도록 하자.

1) 글쓰기 전

(1) 주제 선정

자연과학에서 연구 주제를 선정할 때는 여러 제약조건이 따를 수밖에 없다. 왜냐하면, 자연과학에서의 글쓰기는 기본적으로 실험이라는 과정이 필요하기 때문이다. 사실상, 글의 주제를 선택할 때 가장 중요한 것은 "어떤 실험을 할 수 있는가?"이다. 실험 시간, 실험 기구, 실험 재료 등 실험환경을 종합적으로 판단해 어떤 실험이 가능할 것인지 고려해야 한다.

실험보고서의 경우 학부 과정에서 배우게 되는 이론이나 원리를 실험을 통해 확인해 보는 내용이 주를 이룬다. 그래서 학생들은 주로 주어진 실험 주제와 방법을 따라 실험실습에 임한다. 일반적으로 대학에서는 해당 대학 실험실의 실험 기구 및 재료를 사용해서 일정 수의 학생들이, 정해진 시간 안에, 사고 없이 안전하게, 저비용으로, 어느 정도 높은 성공률을 보장하는 실험을 한다.

(2) 주제 파악

자연과학 글쓰기의 주제가 실험에 기초하고 있는 한, 글의 주제를 파악한다는 것은 실험을 파악하는 것이나 마찬가지다. 실험에 들어가기에 앞서, 무엇을 위해 실험을 하고 어떤 실험 도구와 재료를 사용하며 어떻게 실험하는지 충분히 숙지해 두어야 한다. 이를 위해 실험 예비리포트를 쓰기도 한다. 실험의 목적, 실험 도구와 재료, 실험 방법을 정확히 파악하는 것, 이것이 실험을 성공적으로 수행하고, 더 나아가 좋은 보고서를 작성하기 위한 발판이 된다.

2) 글쓰기

자연과학에서 논증적 글쓰기는 실험에 관련한 전반적인 사항을 글의 형태로 바꾸어 나가는 과정과 다름없다. 그렇다고 해서 실험 과정을 단순히 나열하는 것으로는 충분하지 않다. 지면을 통해 독자에게 실험 내용을 간결하고 정확하게 서술해야 한다. 중요한 것은 이 서술의 '기술'이다. 여기서 가장 먼저 유의해야 할 사항은 독자가 내 글을 읽고 내가 행한 실험을 재현할 수 있도록 써야 한다는 것이다. 실험 결과는 다르게 나올지언정 적어도 실험 자체는 독자가 재현할 수 있도록 실험에 관련된 이론, 방법, 기구, 재료 등을 가능한 한 상세하고 알기 쉽게 써야 한다. 아무리 실험에 대한 고찰이 획기적이라 해도 실험의 재현 가능성을 담보하지 않는 실험보고서는 사상누각에 지나지 않는다.

처음부터 끝까지 실험을 중심으로 하는 자연과학 글쓰기는 주로 다음과 같은 골격을 이루고 있다.

① 목적

② 이론

③ 방법

④ 결과

⑤ 고찰

⑥ 참고문헌

크게 나누면, 실험의 '목적'과 '이론'은 서론에, 실험의 '방법'과 '결과'는 본론에, 실험 결과에 대한 '고찰'은 '결론'에 해당한다고 볼 수 있다. 자연과학 및 이공계의 학위논문을 비롯한 학술논문은 이와 같은 형식을 따른다.

I. 서론: 〈목적〉, 〈이론〉

II. 본론: 〈방법〉, 〈결과〉

III. 결론: 〈고찰〉

우리가 살펴볼 실험보고서는 주로 교재에 실린 실험에 대한 보고서이다. 실험실습으로 과학적 연구의 경험을 쌓고, 보고서 작성을 통해 과학적 사고와 표현을 익힐 수 있다. 이러한 단계를 거쳐 스스로 실험을 구성하고 실험 결과를 통해 새로운 고찰을 제시하는 학위논문 또는 연구논문의 저자로 성장할 수 있을 것이다.

보기 문제 2

〈과학적 글쓰기의 구성 이해하기〉

다음은 한 간호학과 석사학위 논문의 국문초록이다. 다음 초록에서 연구의 목적, (이론,) 방법, 결과, 고찰을 구분하고 이를 서론, 본론, 결론으로 정리해 보자. 이렇게 응용과학 분야의 전문적 학술논문 또한 기본적인 과학적 글쓰기 구성을 따르고 있다는 것을 확인할 수 있다.

[목적] 약물 비순응이란 처방된 약을 복용하지 않거나 치료진과 상의 없이 용법, 용량 등을 조절해서 복용하는 것을 말한다. 정신과 환자들에게 나타나는 높은 약물 비순응은 다양한 부정적 결과 및 예후와 관련이 높아, 정신과 환자들의 약물 순응을 향상시키기 위한 관심과 노력은 환자를 돌보는 정신과 간호사들의 매우 중요한 역할이다. ([이론] 그러나 국내의 정신 간호 연구 중 약물 순응 증진을 위한 연구는 약물 및 증상관리 교육 프로그램 위주로 제한적인 실정이다.) 본 연구는 정신과 환자의 약물 순응 증진을 위한 집단 간호 중재로서 동기 강화 순응치료의 효과를 확인하는 데 목적이 있으며, 이를 위해 비동등성 대조군 시차 설계의 유사실험 연구를 시행하였다. [방법] 2014년 11월부터 2016년 9월까지 서울시 모 대학병원의 정신과 낮병원에 통원 중인 환자 43명을 대상으로 먼저 대조군의 사전, 사후 조사를 마친 뒤 실험군에게 동기 강화 순응치료 프로그램을 시행하였다. 동기 강화 순응치료는 주 1회, 50분씩, 총 6회기의 집단 간호 중재 프로그램으로 동기 강화 상담의 기본 정신인 협동성, 유발성, 자율성을 근간으로 국내의 입원환자에게 적합하도록 기존의 순응치료를 연구자가 수정, 보완한 프로그램이다. 연구 대상자의 인구사회학적 특성과 약물에 대한 태도, 약물복용 자기효능감, 약물에 대한 태도를 실험 전과 후에 측정하였다. 약물에 대한 태도는 DAI-10으로, 약물복용 자기효능감은 이희정(2002)의 고혈압 환자의 약물 관련 자기효능감 도구로, 약물복용 이행은 신경숙(2001)의 약물복용 이행 도구를 이용해 측정하였다. 이와 같이 수집된 자료는SPSS/WIN 23.0 프로그램을 이용해 분석하였다. 실험군과 대조군의 동질성 검정과 정규성 검정을 위해 Chi-square test, Fisher's exact test, t-test, Shapiro-Wilk test를 시행하였다. 실험군과 대조군의 사전, 사후 결과에 대한 paired t-test와 실험군과 대조군의 차이를 비교하기 위한 independent t-test를 시행하였다. 동기 강화 순응치료의 효과 크기를 계산하였고, 설문 문항의 신뢰성 검증을 위해 Cronbach's α 계수를 산출하였다. 통계적 유의수

준은 .05로 하였다. [결과] 연구결과는 다음과 같다. (1) 동기 강화 순응치료를 받은 실험군의 약물에 대한 태도 점수는 유의하게 증가하였고(t=3.19 p= .004), 실험군은 대조군보다 실험 후 약물에 대한 태도 점수가 증가하는 경향성을 보였다(t=2.01, p= .051). (2) 동기 강화 순응치료를 받은 실험군의 약물복용 자기효능감 점수가 유의하게 증가하였으나(t=3.71 p= .001), 실험군과 대조군의 사전, 사후 점수의 차이는 통계적으로 유의한 차이가 없었다(t=1.66, p= .104). (3) 동기 강화 순응치료를 받은 실험군은 대조군보다 실험 후 약물복용 이행의 차이가 없었다(t=0.28, p= .779). [고찰] 이상의 연구결과로 본 연구에서 시행한 동기 강화 순응치료는 기존에 시도되지 않은 새로운 집단 간호 중재로서, 참여자가 자율성을 갖고 약물 순응에 참여할 수 있도록 돕는 프로그램으로서 의미가 있다.

이제, 다시 실험보고서 작성법으로 돌아가서, '목적', '이론', '방법', '결과', '고찰' 각 항목에 무엇을 어떻게 쓸 것인지 구체적으로 살펴보도록 하자.

(1) 목적

- ▶ 실험 대상은 무엇인가?
- ▶ 이 대상을 실험하는 것은 왜 중요한가?
- ▶ 이 실험에서 예상될 수 있는 문제는 무엇인가?

실험보고서는 무엇을 위해 이 실험을 하는지에 대한 설명으로부터 시작한다. '목적'은 독자를 나의 실험으로 초대하는 초대장과 같은 것이다. 독자가 '목적'을 읽는 것만으로 내가 '어떤' 실험을 '왜' 했는지 파악할 수 있도록 글을 작성하는 것이 중요하다. 학부 과정에서의 실험은 대부분 미리 정해져 있으므로 교재를 참조하여 실험 대상, 목적, 이유, 중요성, 문제점 등을 서술하면 된다. 물론, 실험 교재에 나와 있는 내용을 있는 그대로 옮겨 적지 말고 간단하면서도 명료하게 요약 · 서술해야 한다.

예시

<응고점강하 측정실험>

용액의 응고 온도는 일반적으로 순수 용매의 응고 온도보다 낮다. 이 현상은 응고점강하라고 불리며, 다성분계의 상평균을 해석할 때 중요하다. 이 실험에서는, 응고점강하 현상이 어떻게 일어나는지를 관찰한다. 또한, 실험으로 얻은 응고점강하의 크기 ΔT로부터 물의 몰 응고점강하를 구하고 그 값을 이론치와 비교 검토한다.

(2) 이론

▶ 어떠한 이론 또는 원리에 기초해 실험하는가?

'이론'에는 '목적'을 달성하는 데 유용한 이론 또는 원리를 정리한다. 이론의 전제 조건이나 기본 가정, 이론에 사용되는 좌표, 기호, 모델,

식의 도출 과정 등을 간결히 제시하여 독자가 실험의 이론적 틀을 이해할 수 있도록 한다. 실험이 특정된 경우 '목적'과 마찬가지로 이론 또한 실험 교재에서 확인할 수 있다.

예시

<뷔퐁의 바늘 실험>

II. 이론

뷔퐁의 바늘 문제는 평균면에 당겨진 등간격의 평균선군 위에 바늘을 던졌을 때 이 바늘이 평균선과 교차하는 확률 p로부터 원주율 π를 구하는 방법이다. 여기에서 우선 p와 π의 관계를 도출한다. 평행선 사이의 거리를 $2a$, 바늘의 길이를 $2l$로 한다. … <그래프 1>에 나타나 있듯이 y축을 취한다. 바늘을 떨어트리는 범위는 특정되지 않지만 … 일반성은 잃지 않는다. 따라서, 이 조건에서는 바늘이 $y=0$의 직선과 교차하는 확률을 구하는 것에 귀착한다. … 바늘과 직선이 이루는 각도를 θ로 하면, 바늘과 직선이 교차하는 조건은 아래와 같다.

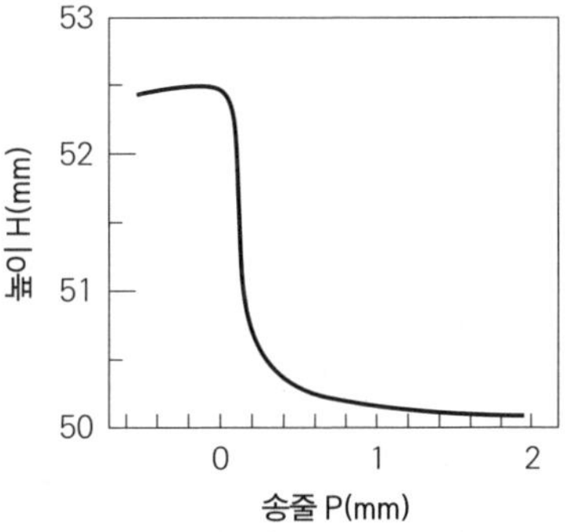

[그래프 1] 바늘과 평행선의 관계

$$y \le \sin\theta (0 \le \theta \le \pi)$$

… 따라서 확률 p는,

$$p = \int_0^{\pi} \left[\int_0^{l\sin\theta} \frac{1}{a} dy \right] \frac{1}{\pi} d\theta \quad (2)$$

이 된다. 이 이중적분을 실행하면, 다음의 관계를 얻는다.

$$\pi = \frac{2l}{aP}$$

(3) 방법

▶ 어떻게 실험을 했는가?

누구든 이 '방법'에 적힌 내용만 보고 내가 한 실험을 동일하게 수행할 수 있도록 자세하고 정확하게 실험 방법을 기록한다. 다시 말해, 실험을 재현하는 데 필수 불가결한 것들을 철저하게 기술해야 한다. 실험 조건 및 순서, 실험에서 사용한 장치의 제조사, 형번[1], 정격,[2] 재료, 시약 등의 정확한 명칭 그리고 계측 방법 등을 빠짐없이 적시한다. 실험 교재에는 앞으로 행할 실험에 관해 쓰는 것이고 실험보고서에는 내가 행한 실험에 관해 쓰는 것이기 때문에 과거형을 사용해서 방법을 기술한다. 교재 참조 시 실험 방법을 보고서에 다시 되풀이하여 적지 않을 수도 있다.

---

1) 장치의 고유 번호.

2) 장치 어딘가에 반드시 기재되어 있는 장치의 사양이나 성능. 예를 들면, 전원은 몇 볼트까지 허용하는지, 출력은 몇 암페어인지 등등.

예시

<증폭회로 실험>

III. 방법

반전 증폭회로의 입력 저항값 R을, 1 MΩ 및 100 kΩ으로 하고, 귀환 저항값 R을 1 MΩ으로 했을 때의 입력 전압 V_1과 출력 전압 V_0의 관계를 측정했다. V_1 및 V_0의 측정에는 Hioki DM200을 사용했고, 연산 증폭기로는 Texas Instruments LM358을 사용했다.

(4) 결과

'결과'에는 내가 실험을 통해 얻은 객관적인 결과를 수치 데이터나 관찰 기록 등을 활용하여 구체적으로 명시한다.

- ▶ '뜨거워졌다.' ⇒ '온도가 80 ℃까지 상승했다.'
- ▶ '불꽃의 색이 밝아졌다.' ⇒ '불꽃의 색이 어두운 청록색에서 밝은 황색이 되었다.'
- ▶ '가루가 물에 녹았다.' ⇒ '5 g의 염화나트륨이 5 ㎖의 물에 완전히 용해했다.'

또한 독자가 실험 결과를 직관적으로 이해할 수 있도록 도표를 활용한다. 다음은 데이터를 표현하는 도표 및 그래프의 종류이다. 실험마다 데이터가 말하는 바를 명확히 드러낼 수 있는 도표를 활용할 수 있도록 하자.

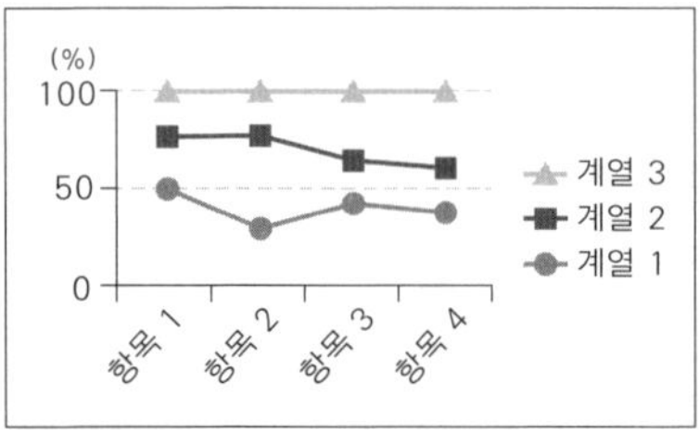

[그림 7-1] 선 그래프의 예

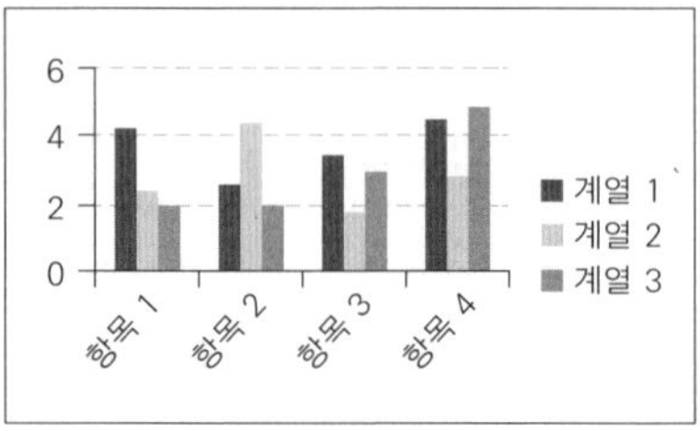

[그림 7-2] 막대 그래프의 예

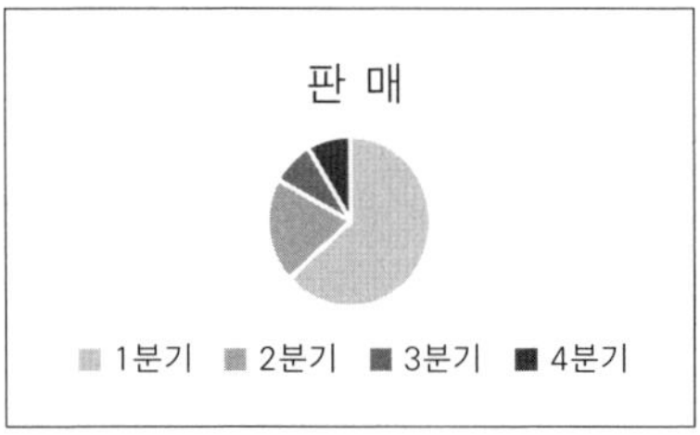

[그림 7-3] 파이 다이어그램의 예

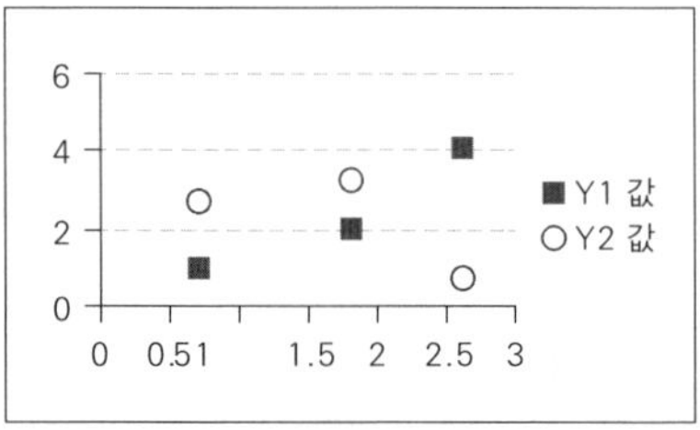

[그림 7-4] 분산형 차트 예

이와 더불어 '결과'를 서술할 때 다음과 같은 점을 유념하도록 하자.

① 객관적인 실험 결괏값을 넘어서는 주관적인 예측이나 해석은 철저히 배제한다. 그와 같은 내용은 다음 항목인 '고찰'에서 이루어진다.

② 실험 결과는 이미 완료된 실험으로부터 나온 정보이기 때문에 현재형이 아니라 전부 과거형으로 쓴다.

③ 수치 데이터는 반드시 단위가 병기되어 있어야 한다. 단위가 없는 수치는 아무런 정보를 주지 않는다.

④ 각 도표에는 각각의 고유 번호와 이름을 넣는다. 그렇게 함으로써 본문의 내용에 대응하는 도표를 정확하게 지시할 수 있다. 또한 반드시 다음의 것들을 지켜야만 한다.

- 그래프, 그림, 표의 번호와 이름은 그래프, 그림, 표 아래에 기입한다.
- 그래프의 횡축과 종축에는 눈금이 나타내는 의미와 단위를 기입한다.

⑤ 실험 결과를 도출하는 데 중요한 수식들에는 번호를 넣는다.

실험보고서의 '결과'는 내 실험 결과를 무엇보다 있는 그대로 정확하게 전하는 것을 최우선으로 한다. 독자가 나의 실험 결과를 온전히 이해할 수 있도록 이와 같은 기본적인 사항들을 반드시 지켜야 한다.

(5) 고찰

자연과학 글쓰기에서 무엇보다 중요한 부분이 바로 '고찰'이다. 즉 '고찰' 이전까지의 단계를 아무리 잘 썼다 하더라도 고찰 부분을 제대로 쓰지 않는다면 좋은 보고서가 될 수 없다.

▶ 목적, 이론, 방법에 근거하여 실험한 결과로부터 무엇을 말하고자 하는가?

▶ 왜 그렇게 말할 수 있는가?

'목적', '이론', '방법', '결과'에는 객관적 사실을 쓴다고 한다면, '고찰'은 그 객관적 사실에 대한 주관적 해석을 쓰는 곳이다. 같은 '목적', 같은 '이론', 같은 '방법'에 따라 행해진 실험이라고 해도, 심지어 그 실험의 '결과'조차 같다고 해도 그에 대한 고찰은 사람마다 다를 수 있다. 물론 주관적 해석이라고 해서 '고찰'에 실험에 대한 나의 주관적 감상을 써서는 안 된다. 객관적 사실을 바탕으로 한 논리적이고 논증적인 해석이 담겨야 한다. 이처럼 '고찰'은 보고서 항목 가운데서 가장 어렵고 또 가장 많은 고민을 요구하는 부분이다. '고찰'을 어떻게 쓰느냐에 따라 보고서의 성패가 좌우된다 해도 틀린 말은 아닐 것이다. 물론, '고찰'에서 전개하는 내용은 어디까지나 실험에 대해 고찰한 것이므로 좋은 고찰은 '목적', '이론', '방법', '결과'가 정확히 서술된 바탕 위에서 나오는 것임을 다시 한 번 명심하자.

그러면 '고찰'을 어떻게 쓸 것인지 보다 구체적으로 알아보도록 하자. 우선, '고찰'의 내용이 될 수 없는 것들을 확인해 두자.

'고찰'에 해당하지 않는 것들

① 실험의 목적, 이론, 방법 그리고 결과 그 자체

② 예컨대, '재미있었다', '어려웠다', '파란색으로 빛난 불이 아름다웠다'와 같은 감상

③ '용액을 쏟아 버린 것이 후회된다', '보다 주의 깊게 온도를 쟀어야 했다'와 같은 반성

④ '시간이 부족해서 할 수 없었다'라든지 '기계의 고장으로 실험이 제대로 이루어지지 않았다'라고 하는 변명

⑤ '다음 실험에서는 이러이러한 실수를 하지 않을 것이다', '다음 실험에서는 정밀도를 더 높이고 싶다', '이번 실험에서 배운 것을 다음 실험에서 활용할 예정이다'와 같은 결의

⑥ '왜 이러한 반응을 보였을까?', '어떻게 해서 이러한 결과가 나왔을까?'와 같은 질문(이러한 질문을 던지는 것으로 끝나는 것이 아니라 그 물음에 대한 나름의 답을 제시해야 한다.)

⑦ 실험의 객관적인 사실(목적, 이론, 방법, 결과)과 전혀 무관한 주관적 생각

위와 같은 것들은 고찰의 내용이 될 수 없음에도 불구하고 '고찰'에서 쓰기 십상이므로 실수하지 않도록 조심하자.

보기 문제 3

〈주관적 감상을 배제한 고찰 쓰기〉

다음은 실험 후 고찰을 작성하기 위해 한 의과대학의 학생들이 작성한 댓글이다. 다음 댓글에서 '고찰의 내용이 될 수 없는 것들'에 밑줄을 치고 ①~⑦ 가운데 무엇에 속하는 오류인지 살펴보자. 마지막으로 어떤 댓글이 가장 적절한 고찰인지 논의해 보자.

실험 게시판

글쓴이: 조장

제목: 오전에 한 실험 '보고서' 작성을 위해 '고찰' 내용 올려 주세요.

1. R** 모양을 관찰해 봄으로써 Rat RBC와 마우스 비장세포의 면역 반응에 대해 살펴볼 수 있었다.
2. Fc 수용체를 가진 B cell에 항체의 Fc 부분이 결합되고 Rat A가 항원으로 항체에 결합되어 R**가 형성되는 과정의 결과인 R** 모양을 관찰해 봄으로써 Rat A와 마우스 비장세포의 면역 반응에 대해 살펴볼 수 있었다.
3. 처음에는 실수가 많았지만 조교 선생님의 도움으로 B cell R**의 형성이 선명하게 잘 나와서 매우 만족스러운 결과를 볼 수 있었다. 쥐의 비장을 슬라이드로 갈아 내는 과정이 조금 까다롭긴 하였으나, 생각으로만 해오던 면역 반응을 R**를 통해 직접 눈으로 확인할 수 있는 좋은

기회였다.

4. 조교 선생님께서 R**를 관찰하기가 어렵다고 말씀하셔서 과연 우리 조에서 찾을 수 있을까 생각했는데 운 좋게도 다른 조에서 발견하지 못한 것을 발견할 수 있어 뿌듯했다. 면역 반응의 기억성을 직접 눈으로 확인해 볼 수 있는 유익한 실험이었다.
5. T cell의 CD2와 RBC가 결합하여 R**를 형성하였다. 쥐를 해부하여서 비장을 갈아서 실험하였는데 신기하면서도 생소한 실험이었다. 면역학 수업시간에 들은 것을 실습할 수 있어서 좋았다.
6. Rat RBC에 대해서 면역성을 가지고 있는 마우스의 비장세포와 Rat RBC를 혼합한 것에서 R**를 관찰할 수 있었다. 이것을 이용해 면역 반응에 대하여 알아볼 수 있는 실험이었다.
7. 항원, 항체 반응은 그렇게 색다른 경험이 아니었지만 B cell을 가운데 두고 Rat의 RBC가 주위를 둘러싸는 R** form에 대해서는 처음 듣고 또 실험해 매우 흥미로웠다. 아무래도 이런 구조가 형성되는 것은 B cell과 RBC의 사이즈 차이 때문이 아닐까 한다. B cell이 아무래도 RBC보다 크기 때문에 B cell 주위에 RBC가 둘러싸는 모양이 형성된 것 같다. 교수님도 1년에 꼭 한두 조씩 관찰할 수 있을 만큼 관찰하기 어렵다고 했는데 그나마 우리 조가 완벽하게 예쁜 모양은 아니었지만 나름대로 관찰할 수 있어서 뜻깊은 실험이었다.

이제부터는 어떤 것들이 고찰의 내용이 될 수 있는지 살펴보자. 이론상 예측된 값과 실험 결괏값이 근사하거나 일치하는 경우 또는 그렇지 않은 경우, 이 두 경우에 고찰에 들어갈 내용은 달라진다.

▶ 실험 결괏값이 이론상의 값과 같거나 비슷한가?

▶ 그렇지 않은가?

① 이론상의 값과 같거나 비슷한 실험 결괏값을 얻은 경우

이 경우, 이론치와 같거나 근접한 실험치가 어떻게 해서 나올 수 있었는지 고찰한다. 대부분의 실험 교재에는 해당 실험을 할 때 주의해야 하는 사항이 명시되어 있다. 즉, 이론치에 맞는 실험치를 얻을 수 있었다는 것은 실험 교재의 주의 사항을 충실히 이행했음을 의미한다. 따라서 다음과 같은 실험 결과에 대한 고찰이 이루어질 수 있다.

예시

실험 교재에 따르면, 이 실험에서는 용기의 진동이나 용기 안의 오물이 실험 결과에 영향을 주기 때문에 조심해야 한다. 그러므로 실험 시작 전에 실험 기구를 깨끗이 씻어 두었으며, 또한 용기를 손이 아닌 스탠드를 사용해 고정시킨 상태에서 용액을 계측했다. 그 결과, 이론치의 93%라는 값을 얻을 수 있었다. 반면에 용기를 세척하지 않았거나 혹은 용기를 손에 든 채로 용액을 측정한 사람들의 실험치는 이론치를 벗어나 있었다. 이로부터, 측정 결괏값이 이론상의 값과 근사하게 나올 수 있었던 이유는, 용액의 측정 과정이 용기의 진동 및 용기 안 오물의 영향을 받지 않았기 때문이라고 볼 수 있다.

이처럼, 실험에 앞서 교재에 나와 있는 실험상의 주의점을 잘 파악해 놓으면, 실험이 성공적으로 진행될 가능성이 크고, '고찰' 또한 비교적 작성하기 용이하다.

② 이론상의 값과 크게 다른 실험 결괏값을 얻은 경우

실험 결괏값이 이론상의 값에 맞게 나왔다고 해서 무조건 높은 평가를 받는 것은 아니다. 중요한 것은, 실험치가 이론치에 맞든 안 맞든 그러한 결과가 나온 이유를 타당하게 밝히는 것이다. 이것이 고찰의 핵심이다. 실험 결과가 예상과 다르게 나왔을 때 '고찰'에 쓸 내용은 더욱 많아진다. 왜 예상과 다른 결과가 나왔는지 설명해야 하기 때문이다. 예상과 다른 실험 결과가 나온 이유를 재료, 측정 장치, 실험실 환경, 실험 방법, 측정 정밀도 등 다각도에서 검토하면서 고찰의 내용을 생각해 보자.

ⓐ 실험 조작의 제약을 주제로 한 고찰

교재에 나와 있는 방법에 따라 실험을 진행해도 세부 과정에서 종종 문제가 발생하기도 한다. 이러한 실험 과정에서의 문제점들을 기록해 둔다면 그것들이 곧 고찰의 내용이 될 수 있다. 예를 들면 다음과 같은 고찰이 가능하다.

예시

이론상 예상되는 값의 62 %라는 실험 결괏값을 얻었다. 이처럼 실험치가 이론치에 도달하지 않았던 이유로 샘플 회수 조작이 어려웠다는 점을 들 수 있다. 시료의 반응 후 용기 내부 벽면에서 샘플을 온전히 회수해야 하지만, 회수 조작 자체가 곤란하여 벽면에 2할 정도를 남긴 채 다음 조작으로 넘어갈 수밖에 없었다. 실험 과정에서 다른 조작들은 정상적으로 이루어졌다. 그러므로, 만약 샘플을 충분히 회수할 수 있었다면, 이론치에 가까운 결괏값을 얻을 수 있었을 것이다.

ⓑ 자신이 범한 실수를 주제로 한 고찰

실험 교재에 명시되어 있는 주의 사항을 충분히 지키면 적어도 이론치에 가까운 값을 얻게 될 가능성이 크지만, 그렇지 않으면 애초에 근사치를 얻을 여지마저 없는 것이다. 그러므로 결괏값이 예상치에서 벗어난 경우, 먼저 실험 과정상 반드시 해야 했던 것을 빠뜨리지는 않았는지 또는 절대로 하지 말았어야 하는 것을 해버린 것은 아닌지 돌이켜 보아야 한다. 이러한 것들이 고찰의 내용이 될 수 있다. 그러나 '조금 더 철저히 했더라면 이론치와 근사한 실험 결과를 얻을 수 있었을 텐데'라는 반성을 적는 자리는 아니다. 그러한 반성을 통해 구체적으로 고찰한 것을 써야 한다. 다음과 같은 고찰을 예로 들어 보자.

예시

이론치의 41 %를 실험치로 얻었다. 이러한 실험 결과에 대하여 다음과 같이 생각해 볼 수 있다. 이번 실험에서는, 기구를 세척하지 않은 상태에서 실험을 시작했다. 그런데 이 실험의 경우, 용기 안의 오염이 실험 결과에 영향을 끼칠 수 있으므로 주의를 요한다고 실험 교재에 명시되어 있다. 교재에 나와 있는 나머지 주의 사항들은 빠짐없이 이행하면서 실험했다. 그러므로, 만약 사전에 기구를 세척하고 실험을 개시했다면, 적어도 41 %보다 높은 값을 얻을 수 있었다고 보는 것이 가능하다.

ⓒ 실험 방법 자체를 주제로 한 고찰

때때로 실험에 관련된 다른 문헌들을 찾아보면, 같은 원리나 이론에 입각한 실험이라도 다른 방법이 제시되어 있을 수도 있다. 실험 교재에 나온 실험 방법과 다른 문헌에 나와 있는 실험 방법이 다를 경우, 이를 비교 · 검토해 왜 이론치와 동떨어진 값이 나왔는지 그 단서를 찾을 수도 있다. 예를 들어, 다음과 같은 고찰이 가능하다.

예시

이론상으로는 150 g이라는 결과가 나와야 하는데, 실험에서는 60 g이라는 결과밖에 나오지 않았다. 실험 결과에 영향을 끼칠 수 있는 사항들에 관해 충분히 유의하였고, 실험 과정에서 결과에 영향을 끼쳤다고 볼 수 있는 실수도 저지르지 않았다. 실험은 교재에 따라 ○○ 장치를 사용하여 진행되었다. 그런데 다른 문헌을 확인하니, 같은 실험을 △△ 장치를 사용해서 진행하는 것으로 나와 있었다. ○○ 장치와 △△ 장치는 같은 제조사의 장치지만, 후자가 전자의 측정 정밀도를 개선한 것임을 제조사의 장치 설명서에서 확인할 수 있었다. 이상으로부터 이번 실험에서 이론치 150 g과 실험치 60 g 사이의 괴리는 ○○ 장치에 기인한 것으로 보인다.

지금까지 여러 유형의 '고찰'을 살펴보았다. '고찰'이란 실험을 끝낸 뒤 그제야 시작되는 것이 아니다. 고찰은 실험하기 전부터 실험을 끝낸 후까지 모든 과정에서 이루어지는 활동이다. 실험을 위해 교재나 참고문헌을 읽을 때부터, 그리고 실제로 실험을 진행할 때에도 항상 '고찰'을 미리 염두에 두고 있어야 고찰 내용에 해당하는 사안들을 그때그때 읽어 낼 수가 있다. 그렇게 축적된 것들이 실험이 끝난 후 쓰기 시작할 '고찰'의 자료가 될 것이다.

예시

<점성계수 측정실험>

I. 목적

모든 유체는 고유의 점성(viscosity)을 갖고 있고 특정한 유체의 유동에 큰 영향을 미친다. 유체가 흐르면 이러한 점성에 기인하여 유체 내에 전단응력이 전달되고 유체와 고체의 경계면에서 유체 유동의 평균속도가 0이 되는 점착(no slip)이 일어난다. 이 실험은 모세관 점도계를 이용해 물의 점성을 관찰하여 유체 성질을 이해하는 것을 목적으로 한다.

(…중략…)

V. 고찰

이번 실험에서 측정한 물의 점성 계수가 이론치의 20 %를 밑돌았다. 교재에 따라 측정 기구의 관에서 흘러나온 물을 즉시 측정했지만, 당시에 실험실의 온도가 27 ℃여서 관의 온도가 처음부터 높았다. 따라서 관을 통과하면서 물의 온도가 상승해 버린 것이 이론치와 동떨어진 측정치를 낳은 이유라고 생각할 수 있다. 이를 고려하여 실험실 온도로부터 관의 온도를 추측하고, 그 온도까지 물의 온도가 상승했다고 가정해서 계산한 결과, 실험치와 이론치의 차이는 3 %에 불과했다. 그러므로, 측정치와 이론치 사이의 20 %라는 차이는 관의 온도가 원인이라고 생각할 수 있다.

(6) 참고문헌

실험 교재를 비롯해서, 실험 전이나 실험을 하는 중에 또는 실험한 후까지 통틀어 참조한 모든 문헌을 반드시 참고문헌 목록에 쓰도록 한다. 참고문헌은 실험 결과로부터 도출된 내용이 아닌 내용, 고찰을 통해 내가 발견한 것이 아닌 정보의 출처를 밝히는 것이다. '참고문헌'은 실험과 관련해 내가 참조한 내용을 독자가 확인하고 활용할 수 있게 한다. 참고문헌 표기는 기준이 되는 양식에 따라 점 하나까지 꼼꼼하고 정확하게 표기한다. 다음은 참고문헌 표기 예이다.

예시

<학술지 논문>

박종민, 서병수, 이정택(2000), "우리나라 노거수거원 보호관리실태 및 개선방안", 《한국임학회지》, 89, 440~451쪽.

Kojima, A. O., Kim, S. K., and John, O. H.(1980), "Measurement of W boson production cross-sections," *Physical Review* 122, pp. 872-890.

<학위논문>

백성일(1999), "한국산 소금쟁이의 생활사 연구", 서울대학교 이학박사 논문, 서울.

Johns, K. S.(1983), "A study on effects of alanine in oxygen consumption in neurospora," Ph. D. Dissertation, Dept. of Microbiology, The University of Chicago, Chicago.

<저서>

Mackenzie, D., and Danton, R. A.(1979), *Purification of Laboratory Chemicals*, Pergamon Press, New York.

한국지구과학회(1998), 《지구과학입문》, 서울: 경문사, 23쪽.

<인터넷 자료>

Park, C. W.(1993), "Nitrogen fixation in Orley Ambrosia Trees in South Korea." http://Agriinfo.net/nitrogen-fix.html(검색일자: 2004. 3. 1)

<번역서>

Smith, A. W.(2008), 《유기화학 입문》, 이수현 옮김, 서울: 표문사.

3) 글쓰기 후

마지막으로 다음과 같은 것들을 확인하면서 글을 다듬는 시간을 가져 보자.

① 지정된 항목들이 빠짐없이 기입되었는가?

② 그림(그래프), 표의 번호가 중복 또는 누락되지 않았는가?

③ 단위를 정확하게 썼는가?

④ 계산을 틀리게 하지는 않았는가?

⑤ 독자가 읽기 쉬운 문장으로 썼는가?

무엇보다 위와 같은 기본적인 사항들을 다시 한 번 확인하여 바로잡고 충분한 시간을 들여 '고찰'을 다듬고 고쳐서 실험보고서를 완성하도록 한다.

3. 자연과학 글쓰기에서 표현의 기술

마지막으로 자연과학 글쓰기에서 주의해야 하는 표현방법을 간략하게 살펴보도록 한다.

(1) 일인칭 문장을 쓰지 않는다.

내가 행한 실험에 기반을 두어 내가 쓴 글이므로, 굳이 매 문장 '나'를 주어로 넣을 필요가 없다.

'~~나는~~ 식염수를 300 ㎖ 제조했다' ⇒ '식염수를 300 ㎖ 제조했다'

(2) 경어체를 쓰지 않는다.

~~'제조했습니다'~~ ⇒ '제조했다'

(3) 계산식을 쓸 때 수치뿐만 아니라 단위도 항상 기재한다. 수치와 단위 사이는 한 칸을 띄운다.

이것은 국제적으로 정해진 규칙이다. 10m은 '십 엠'으로 읽고 m이 10개라는 뜻이다. 10 m는 '십 미터'로 읽고 1미터의 10배라는 뜻이다. 온도를 나타낼 때도 36℃는 틀린 표기이고, 36 ℃가 국제적으로 통용되는 표기다. 또한 퍼센트도 마찬가지로 수치와 % 사이를 띄운다. 즉 10%가 아니라 10 %로 쓴다.

보기 문제 4

〈수치와 단위 표현 익히기〉

아래 문장을 숫자와 단위를 사용해서 표기해 보자.

이 미터의 나무 한 그루의 길이를 엠이라고 했을 경우, 이 나무를 세로로 열 그루 연결하면 그 길이는 십 미터가 된다. 한편, 그때의 길이를 미터로 하면 이십 미터가 된다.

풀이

2 m의 나무 1그루의 길이를 m이라고 했을 경우, 이 나무를 세로로 10그루 연결하면 그 길이는 10 m가 된다. 한편, 그때의 길이를 미터로 하면 20 m가 된다.

(4) 정확한 표현을 사용한다.

- ○○ 실험을 행했다. ⇒ ○○을 실험했다.
- 정보량이 높다/낮다. 정보량이 많다/적다. ⇒ 정보량이 크다/작다.
- 가능성이 많다/적다. 가능성이 크다/작다. ⇒ 가능성이 높다/낮다.
- 주파수가 많다/적다. 주파수가 크다/작다. ⇒ 주파수가 높다/낮다.
- 차원이 많다/적다. 차원이 크다/작다. ⇒ 차원이 높다/낮다.
- 차원수가 높다/낮다. 차원수가 크다/작다. ⇒ 차원수가 많다/적다.
- 기억 용량이 높다/낮다. 기억 용량이 많다/적다. ⇒ 기억 용량이 크다/작다.

(5) 의미가 모호한 표현은 쓰지 않는다.

~~아마도 어려울지 모른다.~~ ⇒ 불가능하다.

(6) 수식을 단순히 나열하기보다는 독자가 사고의 흐름을 읽어 낼 수 있도록 명확한 문장으로 풀어서 설명하는 것이 좋다.

보기 문제 5

아래의 연립방정식 풀이를 독자가 읽기 쉽도록 보다 명확한 문장으로 수정해 보자.

$x+y=9,\ x=2y$

$x=2y$를 대입하면 $2y+y=9$가 된다. 그러므로 $y=3,\ x=6$.

풀이

$x+y=9,\ x=2y.$

$x=2y$를 대입하면, $x+y=9$는 $2y+y=9$가 된다. 이 식을 정리하면 $3y=9$가 되어 $y=3$을 얻는다. 얻어진 y의 값 3을 $x=2y$에 대입하면 $x=6$을 얻을 수 있다. 이상으로부터 이 연립방정식의 해는 $x=6,\ y=3$이다.

(7) 문장을 짧게 끊어 쓴다.

보기 문제 6

다음 무리수의 상등에 관한 정리를 간결한 문장으로 고쳐 써라.

등식 $x+\sqrt{2}y=0$을 만족하는 실수 x, y의 값은 $(x, y)=(0, 0),\ (-2, \sqrt{2}),\ (2, -\sqrt{2}),\ (-4, 2\sqrt{2}), \cdots$ 와 같이 무수히 많으나 이 중에서 x, y가 유리수인 경우는 $x=0,\ y=0$뿐이므로 x, y가 유리수일 때

$x+\sqrt{2}y=0 \Leftrightarrow x=0,\ y=0$

풀이

등식 $x+\sqrt{2}y=0$을 만족하는 실수 x, y의 값은

$(x, y)=(0, 0)$, $(-2, \sqrt{2})$, $(2, -\sqrt{2})$, $(-4, 2\sqrt{2})$, … 와 같이 무수히 많다. 그러나 이 중에서 x, y가 유리수인 경우는 $x=0$, $y=0$뿐이다.

곧,

x, y가 유리수일 때

$x+\sqrt{2}y=0 \Leftrightarrow x=0,\ y=0$

(8) 등호의 위치를 정렬시킨다.

$$\begin{aligned}(a+b)^2 &= (a+b)(a+b)\\ &= aa+ab+ba+bb\\ &= a^2+2ab+b^2\end{aligned}$$

4. 자연과학 글쓰기 윤리

지금껏 강조했듯 실험에 기반한 자연과학 글쓰기의 핵심은 실험에 대한 자신의 생각을 전개하는 '고찰'에 있다. 즉, 실험 결과 자체가 중요한 것이 아니라 왜 그러한 실험 결과가 나왔는지를 얼마만큼 독자가 납득할 수 있도록 쓰느냐가 중요하다. 교재에 나와 있는 실험 절차 중 하나를 빠트렸다면, 그 때문에 결과가 다르게 나온 것이므로 이를 고찰의 내용으로 기술하면 된다. 실험치가 이론치에 맞으면 맞는 대로, 틀리면 틀린 대로 그 이유를 밝히는 것이 곧 고찰이다. 그러므로 하지도 않은 것을 실험 과정에 포함시키거나 실험 결과의 수치를 속이는 것은 자연과학에서의 글쓰기의 기반을 무너뜨리는 일이다. 실험 과정과 결과를 정직하고 정확하게 적는 것, 이것이 자연과학 글쓰기에 기본이 되는 윤리이다.

연습문제 1

〈자연과학에서 논증적 글쓰기 '구성' 이해하기〉

다음 기사가 소개하는 실험의 ① 목적 ② 이론 ③ 방법 ④ 결과 ⑤ 고찰을 분석해 보자.

유니스트(UNIST)와 울산대학교 병원의 공동연구팀이 간암 발생을 촉진하는 주요 유전자를 발견해 치료제 개발에 청신호를 켰다.

유니스트는 생명과학부 권혁무(사진) 교수 팀과 울산대병원 소화기내과 박능화(사진) 교수 팀이 공동연구를 통해 '톤이비피(TonEBP)'라는 유전자가 간암 발생과 재발을 촉진한다는 사실을 밝혀 영국 학술지《소화관(*Gut*)》에 발표했다고 18일 밝혔다.

톤이비피는 권 교수가 1999년 존스홉킨스 의대에서 처음 발견한 유전자다. 당시 신장생리학을 연구하던 권 교수는 톤이비피가 신장에서 소변량을 정밀하게 조절하고, 바이러스나 박테리아에 감염됐을 때 염증을 유발해 감염을 퇴치하는 데 기여한다는 걸 밝혀냈다. 이번 연구에서는 신장이 아닌 간에서 톤이비피 유전자의 영향을 밝혀냈다.

이번 연구에서는 동물 실험뿐만 아니라 울산대병원 간암 환자 296명의 간 시료를 분석한 결과까지 더해져 의미가 크다. 연구에서는 간암 환자의 92.6%가 암세포에서 주변 세포보다 톤이비피가 더 많이 발현된 것으로 밝혀졌다. 또 암이나 주변 조직의 톤이비피 발현 수치가 높으면 나중에 간암 재발이나 전이, 사망률도 높아지는 것으로 나타났다.

특히 발병 원인이 B형 바이러스나 C형 바이러스나 술, 지방간 등으로 다양해도 간암 발생 원리는 동일하다는 게 밝혀졌다.

실험용 쥐를 두 그룹으로 나누어 톤이비피 발현량을 다르게 하고, 간암을 일으켰다. 실험 결과에 따르면 톤이비피 발현이 적을수록 암 숫자가 적고 암세포 크기도 작았다. 톤이비피가 간암에 영향을 준다는 단서였다. 권 교수는 울산대병원 간암 환자 데이터로 검증작업도 했다. 울산대병원 박능화 교수가 수술하고 떼어 낸 간암 시료 296개의 발병 원인과 수술 후 재발, 전이, 사망까지 정리된 자료로 검증했다. 이 작업으로도 톤이비피가 간암을 발생시키는 다양한 단계(세포 손상, 산화 스트레스, 염증)에 모두 관여한다는 게 밝혀졌다. 또 90% 이상의 환자는 간암 발병 원인(B형 바이러스, C형 바이러스, 지방간 등)에 관계없이 톤이비피 발현이 늘면 종양이 악화됐다.

권 교수는 "지금까지 간암은 발병 원인이 사람마다 달라 치료제 만들기가 어렵다고 알려졌다"며 "이번 연구로 간암 발병 경로가 동일하다는 게 밝혀지면서 간암 치료의 큰 줄기를 잡았다"고 설명했다. 이어 "현재 톤이비피 유전자가 간암 재발과 항암제 저항성에 어떻게 영향을 주는지 구체적으로 파악 중"이라며 "이 연구가 성공하면 간암 치료에 획기적인 돌파구가 될 것"이라고 기대했다.

자료: "UNIST, 울산대병원과 협업으로 간암 치료 실마리 찾았다",
조은미 기자, 울산뉴스투데이, 2018. 04. 18.

연습문제 2

〈'이론' 정리하기〉

다음은 '초음파를 이용한 도플러 효과 측정 실험' 보고서의 이론 부분을 작성하기 위한 질문이다. 다음의 문제에 답하고 실험 관련 이론을 정리해 보자.

1. 도플러 효과란 무엇인가?
2. 일상생활에 적용되는 도플러 효과의 예를 들어 보자.
3. 도플러 효과에 의해 앰뷸런스가 관측자를 향해 다가오거나 멀어질 때, 관측자는 음원의 진동수와 비교했을 경우 어떤 음을 듣게 되는가?

초음파를 이용한 도플러 효과 측정 실험 1. 목적 음원과 관측자의 상대속도를 측정하여 음속을 구하고 도플러 효과를 확인한다. 2. 이론

일반물리실험 보고서

대학	학부	실험실:	
실험조:	조	실험자:	
담당교수:		학번:	
담당조교:		공동실험자:	
일자:	년 월 일		

도플러효과를 이용한 소리의 속도 측정

1. 이론

음원과 관측자가 움직이는 상대속도(v)를 측정하여 소리의 속도(v_s)를 알아본다.

*도플러 효과(진동수의 변화)

음원과 관측자가 상대운동을 하고 있을 때 발생하는 효과로 음원과 관측자 사이의 거리가 가까워지면 본래 진동수보다 증가되어 관측되고, 거리가 멀어지면 본래 진동수보다 감소되어 관측되는 현상

〈음원이 관측자로부터 멀어질 때〉

$$f = \frac{f_0}{(1+\frac{v_s}{V})} \Rightarrow V = \frac{v_s}{(\frac{f_0}{f}-1)}$$

〈음원이 관측자와 가까워질 때〉

$$f = \frac{f_0}{(1-\frac{v_s}{V})} \Rightarrow V = \frac{v_s}{(1-\frac{f_0}{f})}$$

자료: 울산대학교 물리학과 일반물리실험 자료실

연습문제 3

〈'결과' 표현하기〉

다음의 신문 기사에 포함되어 있는 연구 결과를 표 또는 그래프 등(표, 선 그래프, 막대 그래프, 파이 다이어그램, 분산형 차트, 사진, 선, 흐름도 …)으로 효과적으로 표현하시오.

"여름철 울산 고농도 미세먼지 원인은?
대기정체 시 공장 오염물질의 광화학반응 때문"

여름철 울산에서 발생하는 고농도 미세먼지는 공장에서 나오는 오염물질이 대기정체로 머무르면서 강한 햇볕 아래 광화학반응을 일으켜 생성되는 것이란 환경부의 분석이 나왔다. 환경부 소속 국립환경과학원은 이달 10일부터 울산에 나타난 미세먼지 고농도 발생 원인을 종합 분석한 결과 이같이 확인됐다고 22일 밝혔다.

연중 미세먼지 농도가 가장 낮은 여름철에도 영남 지역 고농도 미세먼지 현상이 잇따라 이번 연구가 실시됐다. 울산의 7월 고농도 미세먼지 발생일수는 △ 2018년(19일 기준) 7일 △ 2017년(31일 기준) 9일 △ 2016년 0일 △ 2015년 6일이다. 연구 결과, 울산의 고농도 미세먼지는 국지순환(해륙풍)에 의한 대기정체 조건에서 광화학반응으로 2차 미세먼지 생성이 활발하게 일어나 발생하는 것으로 분석됐다.

실제 지난 13~19일 울산 지역 미세먼지(PM2.5) 일평균 농도는 최대 66 ㎍/㎥에서 최소 33 ㎍/㎥까지 다른 지역에 비해 2배 정도 농도가 높았고, 이 기간에는 북태평양 고기압 내에 국지순환이 일어난 영남 동부지역을 중심으로 대기정체가 발생했다. 오전에는 북서풍, 오후에는 남동풍이 반복되면서 오염물질이 빠져나가지 못하고 순환한 것이다.

이 가운데 고기압권에서는 고온 등으로 광화학반응에 의한 2차 미세먼지 생성까지 활발해지면서 고농도 미세먼지가 나타났다. 특히 울산은 광화학반응이 가장 활발하게 일어나는 낮 시간대(정오~오후 4시)에 미세먼지 농도가 가파르게 증가했는데, 광화학반응으로 생성된 유기물질이 미세먼지 전체 성분의 44%나 차지했다.

지난 19일 사례를 보면, 이날 오후 11시 미세먼지 최고 농도가 83 ㎍/㎥으로 나타나는 등 미세먼지 농도가 높게 치솟았다. 광화학반응의 지표인 오존(O3) 농도 또한 117 ppb(18일 오후 4시), 104 ppb(19일 오후 3시)로 고농도로 측정됐다.

전국에서 울산의 미세먼지 농도가 최고 수준으로 나타난 데에는 지역 내 밀집해 있는 사업장도 한몫 했다. 광화학반응이 증가한 것은 지역에서 배출된 대기오염물질도 그만큼 많기 때문인데, 울산의 석유화학 등 사업장이 오염물질 주요 배출원 역할을 하고 있다.

2015년 기준 울산의 배출원 분석자료에 따르면, PM2.5의 경우 제조업 등 사업장 배출량이 지역 전체 배출량의 58%(2,000t)을 차지했다. 선박과 건설장비, 화물차 등 이동 오염원 배출량도 26%(1,000t)에 달했다.

다른 지역에 비해 유해물질 배출량도 많았다. 황산화물(SOx)과 휘발성 유기화합물(VOCs)의 전국 배출량 가운데 울산이 차지하는 비율은 각각 14%(전국 1위), 10%(전국 2위)로 나타났다. 울산에서는 제조공장 등 사업장이 주로 배출하기 때문으로, 사업장 배출 비율은 각각 77%, 64%를 차지했다.

한편, 국립환경과학원은 고농도 미세먼지 현상이 지난 21일부터 태풍의 간접영향을 받아 다소 강한 남동풍이 유입되면서 점차 해소되고 있다고 밝혔다. 환경부는 23일 울산시와 국립환경과학원, 한국환경공단 등과 긴급 대책회의를 실시하고 배출 사업장을 대상으로 합동 특별점검과 대응방안을 마련할 계획이다.

자료: "여름철 울산 고농도 미세먼지 원인은? 대기정체 시 공장 오염물질의 광화학 반응 때문", 박수지 기자, 울산매일, 2018. 07. 22.

연습문제 4

<'고찰' 작성하기>

다음은 나일론 합성 실험에 대한 결과 및 고찰이다. 예상과 다른 결과를 얻은 이유를 다음 요인들 가운데 무엇으로 설명하였는지 분석해 보자.

1. 실험 조작의 제약 2. 자신이 범한 실수 3. 실험 방법 자체

<table>
<tr><td>목적</td><td colspan="2">고분자에서 단위체의 결합 방법을 알고 나일론 합성 반응식을 이해할 수 있다.</td></tr>
<tr><td rowspan="2">재료</td><td>실험기구</td><td>비커, 메스실린더, 유리 막대, 핀셋, 저울, 약숟가락, 가위, 색소, 약포지, 나무젓가락</td></tr>
<tr><td>실험약품</td><td>염화 아디프산, 헥사메틸렌다이아민, 수산화나트륨, 다이클로로메테인, 증류수</td></tr>
<tr><td>이론</td><td colspan="2">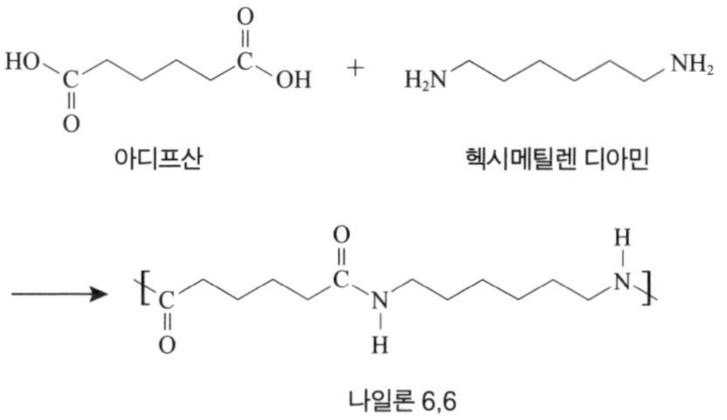
*축합 반응: 탄소화합물의 반응에서 물 한 분자가 떨어져 나가면서 두 분자가 결합하는 반응을 말한다.
*첨가 반응: 이중 결합이나 삼중 결합을 포함하는 탄소화합물은, 이중 결합 중의 약한 결합 하나가 끊어지면서, 원자나 원자단이 첨가되어 단일 결합 화합물로 변하는 반응을 말한다.</td></tr>
</table>

방법	① 250mL 비커에 다이클로로메테인 50mL를 넣고 여기에 염화 아디프산 2g을 녹인다. ② 100mL 비커에 증류수 50mL를 넣고 여기에 수산화나트륨 1g과 헥사메틸렌다이아민 1.5g, 원하는 색의 색소를 차례로 녹인다. ③ 과정 ②의 수용액에 과정 ①의 수용액을 비커 벽면을 따라 조심하면서 붓는다. 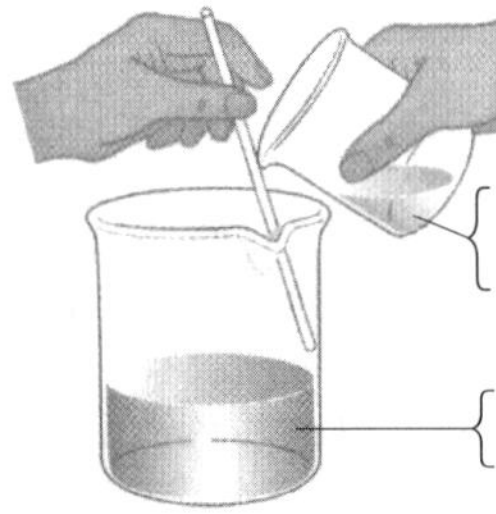 I 그림 34 I 나일론의 합성 ④ 과정 ③의 혼합 용액 사이에 생긴 막을 조심스럽게 핀셋으로 끌어올려 나무젓가락에 걸친 후 나무젓가락을 돌리면서 실을 감는다.  ⑤ 다 감아 낸 실을 물로 충분히 씻은 다음 공기 중에서 건조한다. ⑥ 과정 ⑤의 실을 약간 풀어 양손으로 잡아당겨 보면서 관찰한다.

결과	첫 번째 실험 시행 시 나일론이 계속 가라앉았다. 유리 막대를 통해 감아서 끌어올리려 했지만 끊어졌다. 또한 실처럼 얇은 나일론이 아닌 휴지처럼 넓은 천 모양의 나일론이 합성되었다. 두 번째 시행 시 두 용액이 만나는 경계 부근에서 나일론이 생성되었고, 유리 막대를 사용해 끊김 없이 끌어올릴 수 있었다. 유리 막대를 천천히 돌리면 얇은 굵기의 나일론이 합성되었고, 빠르게 돌리면 굵은 굵기의 나일론이 합성되었다.

고찰	헥사메틸렌다이아민과 염화 아디프산이 반응해 나일론6.6을 형성하는 과정은 다음과 같다. 헥사메틸렌다이아민과 염화 아디프산이 만나면 헥사메틸렌다이아민의 양 끝에 있는 아미노기(NH-)에서 H 원자가 1개씩 떨어져 나오고, 염화 아디프산의 양쪽 끝에서 Cl이 떨어져 나온다. 이 H 원자와 Cl 원자가 만난 결과 염산(HCl)이 생성되고, 두 물질이 결합하는 축합중합 반응이 일어난다. 수산화나트륨을 넣어 주는 이유는 바로 이 염산을 중화시키기 위해서이다. 이러한 과정이 끊임없이 반복되면서 나일론6.6이 합성된다. 나일론6.6을 합성할 때 원래 사용되는 시약은 아디프산이지만 일반적으로는 염화 아디프산을 사용한다. 이번 실험에서도 마찬가지로 염화 아디프산(아디포일클로라이드)를 사용했는데 이는 아디프산을 사용했을 때보다 염화 아디프산을 사용했을 때 나일론의 수득률이 높고, 아디프산은 붙어 있는 카복시기에 비해 탄소 수가 많지 않아 물에 잘 녹지 않기 때문이다. 첫 번째 시행에서 얻은 나일론 대부분은 두 용액의 경계에 형성되다 곧 가라앉았다. 건질 수 있었던 나일론 일부조차 실처럼 연결되지 않고 뚝뚝 끊겨 원하는 결과를 얻을 수 없었다. 다음과 같은 점이 오차 요인으로 추정된다. 첫 번째로는 밀도가 높은 용액에 밀도가 낮은 용액을 부어야 하는데 반대로 부었다. 헥사메틸렌다이아민 수용액의 밀도는 0.84로 염화 아디프산 수용액의 밀도보다 작다. 그러므로 헥사메틸렌다이아민 수용액을 염화 아디프산 수용액에 부어야 한다. 이와 반대로 실험을 진행한 탓에 합성된 나일론이 계속 가라앉았다. 또한 헥사메틸렌다이아민과 염화 아디프산이 1:1로 반응하는데, 몰수가 정확히 맞지 않았다는 점도 오차를 발생시킨 요인으로 추정된다.

참고문헌

고려대학교 사고와 표현 편찬위원회, 《사회과학과 글쓰기》, 개정판, 서울: 고려대학교 출판부, 2005.

김광수, 《논리와 비판적 사고》, 철학과현실사, 2007.

김상희 외, 《분석과 비판의 기초》, 가톨릭대학교 출판부, 2007.

김중신, 수원대학교 고운교양연구소, 《논리적 글쓰기와 고전읽기》, 화성시: 학교법인 고운학원, 2018.

박은진 · 김희정, 《비판적 사고》, 아카넷, 2008.

손동현 외, 《학술적 글쓰기》, 성균관대학교 출판부, 2007.

이좌용 · 홍지호, 《비판적 사고》, 성균관대학교 출판부, 2015.

알렉 피셔, 최원배 옮김, 《피셔의 비판적 사고》, 서광사, 2010.

Axelrod, B. Rise, and Charles. R. Cooper, *Reading Critically, Writing Well: A Reader and Guide*. New York: St. Martin's Press, 1987.